PLATON

ŒUVRES COMPLÈTES

LE POLITIQUE

COLLECTION DES UNIVERSITÉS DE FRANCE
publiée sous le patronage de l'ASSOCIATION GUILLAUME BUDÉ

PLATON

ŒUVRES COMPLÈTES

TOME IX

1re partie

LE POLITIQUE

TEXTE ÉTABLI ET TRADUIT
PAR
AUGUSTE DIÈS

Septième tirage

PARIS
LES BELLES LETTRES
2012

Conformément aux statuts de l'Association Guillaume Budé, ce volume a été soumis à l'approbation de la commission technique, qui a chargé M. Paul Mazon d'en faire la révision et d'en surveiller la correction en collaboration avec M. Auguste Diès.

95 boulevard Raspail, 75006 Paris
www.lesbelleslettres.com

Première édition 1935

ISBN : 978-2-251-00226-2
ISSN : 0184-7155

LE POLITIQUE

NOTICE

I

CARACTÈRES EXTÉRIEURS DU DIALOGUE

Le *Politique* est, nous le savons, la troisième pièce d'une tétralogie dont la quatrième ne fut jamais écrite : *Théétète, le Sophiste, le Politique, le Philosophe.* Il se présente comme la suite immédiate du *Sophiste.* Les deux dialogues sont censés se tenir dans la même journée. Les personnages sont les mêmes : Socrate, Théodore, Théétète, Socrate le Jeune et l'Étranger d'Élée. Les deux plus anciens, Socrate et Théodore, ne servent ici encore que d'introducteurs : la discussion se passe tout entière entre l'Étranger et l'un des deux jeunes gens. Mais, cette fois, on laisse reposer Théétète et on le remplace par son compagnon, Socrate le Jeune. Entre cette discussion nouvelle et celle qui l'a précédée il n'y a, d'ailleurs, aucun intervalle réel ni de temps, ni de matière : des trois définitions annoncées au début du dialogue *Le Sophiste*, la première, celle du sophiste, est à peine achevée, que Théodore demande à l'Étranger d'entamer la seconde et de choisir, pour cela, entre le politique et le philosophe. L'Étranger se décide pour le politique. Mais, avant même qu'il ait déclaré son choix, une remarque de Socrate renoue opportunément cette chaîne de personnages, questionneurs, répondants, assistants muets et personnages d'attente, qui marque extérieurement la continuité de la tétralogie. Socrate a interrogé Théétète dans la conversation de la veille (*Théétète*) ; il l'a laissé tout à l'heure (dans *Sophiste*) répondre aux interrogations de l'Étranger ; il continue sa politesse en priant maintenant celui-ci d'interroger Socrate le Jeune. Mais l'Étranger, personnage principal dans les deux pièces centrales de la tétralogie, devra lui-même rendre cette place d'honneur et rentrer dans l'ombre, car Socrate nous annonce qu'il reprendra bientôt son tour de parole et qu'il gardera pour répondant Socrate le Jeune. Ainsi nous est promis une fois de plus le dialogue le *Philosophe*, où Socrate devait recouvrer son rôle de personnage principal.

Le *Politique* se divise très apparemment en trois parties: 1) la définition du Roi comme pasteur du troupeau humain et la critique de cette définition (258 b-277 d); 2) la définition d'un art pris comme paradigme de l'art politique ou royal, le tissage (277 b-287 b); 3) la définition exacte du politique, royal tisserand (287 b-311 c). Si nous voulons apprécier les étendues relatives de ces trois parties, le mieux est de compter les stiques ou lignes d'après une édition comme l'*editio minor* de Tauchnitz, où toutes les lignes sont sensiblement égales et portent en moyenne 38 ou 39 caractères. Nous nous rapprochons ainsi de l'évaluation de Charles Graux pour la ligne moyenne des manuscrits de prose: 34 à 38 caractères, 15 à 16 syllabes. Dans cette petite édition Tauchnitz, la première partie comprend ainsi 841 lignes ou, si nous y ajoutons les 38 lignes du prélude, 879 lignes en tout; la seconde partie, 416 lignes: la troisième, 1 075. L'étendue totale du *Politique* est donc de 2 370 lignes; une ligne de plus que le *Philèbe* (2 369), 191 lignes de plus que le *Sophiste* (2 179), 575 de moins que le *Théétète* (2 945).

II

OBJET ET PLAN DU DIALOGUE

L'objet du dialogue est donc la définition du politique. On nous dira cependant (285 d) que la recherche de cette définition n'est pas un but en soi, mais plutôt un moyen de s'exercer « à devenir meilleurs dialecticiens sur tous les sujets possibles ». Mais nous avons vu que, dans le *Sophiste*, la solution du si grave problème de la possibilité du non-être n'est apparemment cherchée que pour assurer une exacte définition du personnage qu'est le sophiste. Nous ne nous étonnerons donc pas qu'ici comme là on s'attarde avec complaisance aux exercices dialectiques qui préparent cette définition et aux problèmes subsidiaires qu'ils soulèvent. Mais l'importance si hautement proclamée de la dialectique n'empêche pas que le problème proprement politique soit traité à fond et discuté avec une ardeur passionnée, et l'écho qui en résonne soit dans les *Lettres*, soit dans les *Lois*, nous réavertirait, au besoin, de la gravité vitale que ce problème avait pour Platon à l'époque où il écrivait le *Politique*. Tel est donc, en définitive, l'objet de notre dialogue : un problème politique servant de matière à des exercices dialectiques et à des considérations de méthode.

Première définition et mythe. Le problème se pose et se débat d'abord dialectiquement : comment définir l'homme politique ou royal ? Assurément comme un technicien : aussi procède-t-on, pour préciser la technique qui est la sienne, à une classification des techniques ou sciences. Cette classification s'établit par une série de *dichotomies*. Ainsi la science royale est, non pas pratique, mais théorique ; non pas critique, mais directive ; elle dirige, non par une autorité empruntée, mais par son autorité propre, des êtres non pas inanimés, mais vivants, et qui vivent non pas isolément, mais par troupeaux. Et le jeune Socrate est tout fier de pouvoir déclarer que ces êtres sont ou des animaux ou des hommes (262 a). Grosse faute de logique, observe l'Étranger, car nous devons *diviser par espèces*, et ce n'est point diviser par espèces que de prendre, dans un groupe, une fraction pour l'opposer à tout le reste, et de distinguer, par exemple, hommes et bêtes, Grecs et barbares, myriade et tout ce qui n'est pas myriade. Il faut *suivre la forme spécifique* et progresser par étapes, depuis les animaux en troupeaux, par exemple, aux animaux terrestres qui marchent, qui sont sans cornes, ne se croisent pas, n'ont que deux pieds et pas de plumes ! Ainsi le politique serait un pasteur d'hommes (267 d). La définition n'est pas neuve : est-elle suffisante ? Non, car trop de rivaux contestent au politique ce titre de pasteur des hommes ; il n'est pas, comme le bouvier, l'unique et propre nourricier de son troupeau. Une fable, d'ailleurs, nous éclairera : c'est le mythe des régressions périodiques (268 e). Tantôt conduit par Dieu, tantôt laissé à lui-même et refaisant en sens inverse sa révolution jusqu'à ce que s'épuise l'impulsion divine primitive, le monde a ainsi deux cycles alternants et contraires et, entre ces deux cycles, des *tropes* ou renversements de mouvement, qui bouleversent à chaque fois les conditions ordinaires de la vie. Ainsi a-t-il pu se faire que, dans le passage du cycle rétrograde, notre cycle à nous, au cycle divin, la vie progressant à rebours, les adultes d'alors soient redevenus jeunes, puis enfants, puis poussière, et que de cette poussière soient nés de nouveaux hommes, les Fils de la Terre. C'est sur eux que régna Cronos et c'est eux qu'il administra par l'intermédiaire de dieux et de démons. Quand nous faisons du politique un pasteur d'hommes, ne confondons-nous pas le politique du cycle actuel avec le pasteur divin de l'âge de Cronos? Répétons donc que le politique n'est pas le nourricier du troupeau humain, il en est simplement le « soigneur ». Alors nous pourrons distinguer entre les soins imposés de vive force et les soins acceptés de plein gré, c'est-à-dire entre la fonction du tyran et celle du politique. Tiendrons-nous ainsi notre solution, comme le croit le jeune Socrate? Non encore cette fois, car nous avons eu beau développer outre mesure notre mythe, il n'en a pas rejailli assez de lumière sur notre démonstration, qui reste à l'état de dessin grêle, sans relief et sans vie. Recourons à une autre méthode (277 d).

Le paradigme. C'est la méthode du paradigme ou de l'exemple. Pour enseigner de jeunes enfants, on leur présente d'abord, dans des groupes simples et faciles, les éléments à déchiffrer. Ainsi nous faut-il faire pour nous apprendre à nous-mêmes à déchiffrer le grand livre de la réalité. Pour comprendre l'art du politique, nous étudierons donc d'abord l'art du tissage, en nous bornant, d'ailleurs, au tissage des laines. Nous le distinguerons de ses parents en le définissant par une série de divisions dichotomiques où, laissant toujours à gauche ce que nous devons écarter, nous éliminerons successivement la fabrication des antidotes, des armes, des voiles, des toitures, des tapis etc. pour arriver enfin à la fabrication du vêtement. Nous le distinguerons de même de ses auxiliaires, en considérant qu'il y a deux sortes de causes : celles qui sont créatrices ou causantes, et celles qui ne sont que concausantes. Ainsi nous écarterons d'abord les arts qui fabriquent fuseaux, navettes et autres instruments du tissage, puis ceux qui n'ont dans la confection du vêtement qu'une part indirecte : lavage, ravaudage, et, généralement, les opérations que rassemble l'art du foulon. Dans ce qui est proprement le travail de la laine, nous mettrons de côté l'art de carder, l'art de filer, et ne garderons que l'art qui assemble la chaîne et la trame de façon à former un tissu (283 a). Voilà bien des longueurs ; que ne disions-nous, sans tant de détours, « Le tissage est l'art d'entrelacer la chaîne et la trame » ?

La juste mesure. Ce reproche ne doit pas nous troubler plus que de raison ; qu'il nous soit plutôt une occasion de rappeler qu'il y a deux arts de la mesure. L'un se fonde uniquement sur le rapport du grand au petit et du petit au grand ; l'autre sur l'opportunité et la convenance, conditions nécessaires de toute production ou, si l'on veut une formule plus ambitieuse, « nécessités essentielles du devenir ». Le premier est brutal et mécanique, dirions-nous ; le second exige discernement et décision de l'esprit : la *juste mesure*, τὸ μέτριον, c'est le point de perfection indivisible, c'est la moyenne exacte non de quantité, mais de qualité, en deçà et au delà de laquelle il n'y a qu'insuffisance ou démesure. Platon y insiste. Il montre que la réalité de cette juste mesure est une condition aussi absolue de l'existence des arts que la réalité du non-être l'était, dans le *Sophiste*, de l'existence du sophiste et de sa technique d'illusion. Il déclare que, si on est trop souvent incapable d'apercevoir, dans la science de la mesure, cette dualité, c'est qu'on ne s'est pas habitué à diviser les choses par espèces et à considérer minutieusement leurs parentés et leurs dissemblances. Il utilise enfin cette notion de la juste mesure pour apprécier les proportions de l'œuvre littéraire et poser, pour son œuvre littéraire à lui, qui est une quête et une poursuite perpétuelle du vrai, une norme propre d'excellence, à savoir sa puissance d'éducation dialectique : le trop, c'est ce qui ne sert pas à rendre l'esprit inventif, ce qui ne l'excite pas « à trouver les raisonnements qui mettent la vérité en son plein jour » (287 a). Ainsi Descartes et Malebranche ne mépriseront aucun exercice ni problème, si humble soit-il, du moment qu'il est de nature à augmenter « l'étendue et la sagacité de l'esprit ».

Auxiliaires et rivaux.

Nous ferons maintenant pour le roi ce que nous avons fait pour le tisserand, en distinguant et séparant de lui ses auxiliaires et ses rivaux. La politique a, comme le tissage, des arts qui lui fournissent ses instruments. Pour les classer, nous ne pouvons plus suivre une division strictement dichotomique. Mais la dichotomie n'est pas l'essentiel ; ce qui est essentiel, c'est de diviser *par membres naturels*, comme on fait d'une victime, κατὰ μέλη.. οἷον ἱερεῖον, car il faut toujours diviser dans le nombre le plus proche possible : εἰς τὸν ἐγγύτατα ὅτι μάλιστα τέμνειν ἀριθμὸν ἀεί (287 c). Ainsi nous n'aurons, pour nos divisions, d'autre règle absolue que la règle générale qui gouverne la recherche platonicienne : approcher le plus près qu'on le peut du réel et du vrai. Ainsi nous classerons comme auxiliaires du politique les arts qui créent les moyens d'action de la cité : l'espèce primitive (matériaux), l'instrument, le vase, le véhicule, l'abri, le divertissement, l'aliment. Nous séparerons ensuite de lui ses compétiteurs. Ce ne sont pas les esclaves, ni les transmetteurs et commerçants libres, ni même les secrétaires et hérauts, ni enfin les devins et les prêtres, dont l'office est encore, malgré leurs prétentions, un office servile. Les vrais prétendants sont les pires des magiciens et des sophistes : les pseudo-politiques. Platon les appellera tout à l'heure des partisans et des factieux : qui sont-ils ? Nous le verrons en comparant les diverses formes de constitutions.

Les constitutions.

Problème classique et déjà bien rebattu à l'époque de Platon, mais Platon le rénove totalement. On prenait comme critères le nombre, la fortune, les degrés de liberté ou de légalité, et l'on distinguait ainsi cinq constitutions : royauté ou tyrannie, aristocratie ou oligarchie, et, sous un seul nom quelle que fût sa mesure de légalisme, la démocratie. Critères usés, dit Platon, et distinctions sans valeur. Il n'y a qu'un critère qui compte : la science. Il n'y a donc qu'une autorité et qu'un droit ; l'autorité et le droit de qui possède la science, et qui la possède, ce n'est ni la foule ni une caste ou coterie quelconque, c'est un seul, ce sont, tout au plus, deux ou trois. La science est ordonnée au bien : qu'elle le fasse agréer ou qu'elle l'impose de force, qu'importe, pourvu qu'elle le réalise ! — En ce cas, la science n'a plus à se soucier de la loi, et qui possède la science met la loi au rancart ? — Oui, en droit, car légiférer est certes fonction royale, roi et loi sont notions connexes ; mais qui donc, du roi ou de la loi, commandera en dernier ressort ? La loi, c'est l'ignorance, l'entêtement, l'absolutisme qui a tout réglé une fois pour toutes. Le roi, c'est le sens et le flair du chef, ὁ μετὰ φρονήσεως βασιλικός (249 a) : pas plus qu'il n'entreprendra l'impossible tâche de régler un à un les cas particuliers, pas plus il n'acceptera que la règle générale par lui édictée en tel ou tel temps l'entrave pour tous les temps à venir. — Il pourra donc changer les lois, mais naturellement pas sans le gré des citoyens ? — Sans leur gré, s'il le faut, comme fait un médecin qui guérit de force ses malades ou un capitaine qui gouverne à sa guise pour sauver son navire. Son seul code est sa science ; sa seule loi, réussir, c'est-à-dire promouvoir la justice dans la Cité. Une seule chose est donc exigée, la science, mais elle est exigée rigoureusement. Or, les foules ne l'ont pas, ni les oligarchies : aucun gouvernement de fait ne la possède. — Que feront-ils donc ? — Une seule ressource leur reste, un pis aller : puisqu'ils n'ont pas l'infaillibilité que donne la science, renoncer à son autonomie souveraine ; dérober au gouvernement idéal qu'ils ne peuvent réaliser quelques lambeaux de directives, en faire des lois et trouver, dans ces lois proclamées intangibles, une suppléance à l'infaillibilité perdue. A ce prix seulement ils éviteront l'une et l'autre tyrannie : celle des décrets populaires, qui tue toute spontanéité de l'esprit et tout progrès, et celle que crée le caprice ou la passion d'un seul. Car la science équitable d'un seul, les peuples s'y soumettraient avec amour, mais le chef idéal ne naît pas tout fait dans les cités comme il naît dans les ruches, et c'est la défiance trop explicable des peuples qui, du monarque unique, les détourne vers les constitutions imparfaites. Imitations plus ou moins lointaines du gouvernement idéal, elles s'échelonneront suivant leur degré de fidélité au substitut qu'est la loi ou, si elles y sont infidèles, suivant leur degré de faiblesse interne. Ainsi, le gouvernement d'un seul sera monarchie ou tyrannie ; celui de plusieurs, aristocratie ou oligarchie ; celui de tous, démocratie réglée ou déréglée. Mais, à supposer que tous soient infidèles, — et c'est l'état de fait — celui d'un seul, étant déréglé, devient, du meilleur, le pire, et, parce que la démocratie n'est capable ni de grand bien ni de grand mal, c'est en démocratie qu'il vaut alors mieux vivre. Voilà donc, l'idéale monarchie étant écartée comme surhumaine, les six contrefaçons que les hommes appellent des constitutions et qui ne sont, au vrai, que des gouvernements de factions (303 d).

Ayant ainsi clos notre drame et renvoyé de la scène la troupe de centaures et de satyres que sont les rivaux du politique, nous distinguerons maintenant de lui ses parents : le stratège, le juge, le rhéteur. Travail délicat, mais qui sera fait plus promptement que nous ne pouvions l'espérer, si nous observons que, de plusieurs sciences, celle-là est supérieure qui a pouvoir de décider si, et quand, et dans quel sens, les autres doivent s'exercer. Or, et la stratégie et la judicature et la rhétorique sont des sciences pratiques, à tâche limitée, et c'est la politique qui, loin d'être à la tâche comme elles, dicte l'heure et le mode et les conditions de leurs activités. C'est elle, par suite, qui guide et rassemble ces activités différentes et, de leur entrelacs, tisse la vie de la cité (305 e).

Le royal tisserand. Voyons comment s'opère cette royale fonction d'entrecroisement et quelle sorte de tissu elle nous livre. Les disputeurs de métier ont beaucoup joué de l'opposition qui apparaît entre les différentes parties de la vertu et se sont plu à contredire l'opinion commune qui les regarde comme naturellement amies. Cette opposition se manifeste en tous mouvements de la pensée, du corps, de la voix, et le contraste qu'elle crée entre les esprits et les tempéraments, plutôt plaisant dans le jeu des relations quotidiennes, revêt une terrible gravité lorsqu'il s'étend à l'orientation générale de la vie des individus ou des cités. Vouloir, par exemple, la paix à tout prix, ou bien ne respirer que la violence ou la guerre, ce sont là deux façons égales d'exposer une cité à la ruine, car on fait d'elle ou une proie qui s'offre, ou un fléau contre qui se liguent les haines. Qui conjurera de tels périls et ramènera, dans les tempéraments, la mesure et l'harmonie, sinon la science politique ? A elle d'opérer la fusion salutaire. Elle commencera naturellement par étudier, trier et modeler à sa guise les tempéraments : l'épreuve que constituent les jeux de l'enfance et de la jeunesse, une éducation qu'elle surveillera et dirigera constamment, des exercices choisis, des éliminations sèvères, lui livreront, apprêtés et ouvrables, les éléments de son travail de tisseuse. Des énergiques elle fera les fils de sa chaîne; des modérés, l'étoffe souple de sa trame; elle ourdira ensemble la partie éternelle de leurs âmes avec un lien divin, la partie animale avec des liens humains. Le lien divin, c'est une communauté d'opinions vraies et fermes sur le beau et le bien; les liens humains, ce sont les mariages. Mettre l'harmonie dans les esprits est la tâche la plus essentielle ; seule, l'éducation par la vérité empêchera les énergiques de devenir des brutes, et les modérés de sombrer dans l'impuissance et la niaiserie. Quant aux mariages, ce n'est pas assez de ne pas les avilir par la chasse à l'argent. Il faut cesser d'obéir à un instinct trompeur et, soucieux qu'on est de la race, songer non seulement à la perpétuer, mais à la renouveler. Suivant que leur sang est bouillant ou modéré, les familles qui ne se reproduisent qu'entre elles finissent dans la folie furieuse ou dans la déliquescence. Mêler les tempéraments, les associer non seulement dans les familles, mais dans les magistratures et les commandements; ourdir ainsi tous les éléments de la cité, libres ou non libres, calmes ou vifs, doux ou forts, en un tissu souple et résistant, telle est la fonction de la science royale ou politique.

III

DICHOTOMIES ET DIALECTIQUE

Les dichotomies du Politique.

Nous avons vu que le précédent dialogue, après avoir défini le pêcheur à la ligne, entreprenait sur ce modèle de définir le sophiste et en donnait six définitions successives, pour s'attacher enfin spécialement à la cinquième et y nouer son problème de la possibilité de l'erreur, qu'il résout en établissant la communauté des genres et la réalité du non-être. Le dialogue actuel a pour but de définir le politique et entreprend directement cette définition ; c'est seulement après que plusieurs essais sont demeurés insuffisants qu'il se résout à choisir un modèle ou paradigme, l'art du tissage, et, sur ce modèle, achève la définition de l'art politique.

Comme celles du sophiste, les définitions du politique sont

obtenues par dichotomies[1] Interrompue un instant par une leçon de méthode (262 a-264 b), la définition du politique par division des sciences aura finalement l'aspect que voici :

science
pratique ⊥ théorique
critique ⊥ directive
en sous-main ⊥ autodirective
de non-vivants ⊥ de vivants (élevage)
par unités ⊥ par troupeaux
aquatiques ⊥ terrestres
volatiles ⊥ marcheurs
à cornes ⊥ sans cornes
croisants ⊥ non croisants
quadrupèdes ⊥ bipèdes.

D'aspect aussi nettement dichotomique sera (279 c-280 a) la division des biens fabriqués ou acquis, dont le schéma est donné, dans le texte, absolument nu : tout objet fabriqué ou acquis est, en effet,

moyen d'action ou préservatif
antidote ⊥ défense
armure ⊥ clôture
voile ⊥ abri
gîte ⊥ étoffe
sous-tendue ⊥ enveloppante
d'une pièce ⊥ de plusieurs pièces
perforées ⊥ non perforées
faites de fibres ⊥ faites de crins
collés ⊥ entremêlés brin à brin.

La division des sciences ou techniques est suivie d'une récapitulation (267 a/c) qui a pour but de « réenchaîner »

1. Voir spécialement Fr. Lukas, *Die Methode der Eintheilung bei Platon*, Halle-Saale, 1888, patiente et solide étude, en retard seulement pour la chronologie. — J. Stenzel, *Studien zur Entwicklung der platonischen Dialektik*. 2e édit., Teubner, 1931. *Zahl u. Gestalt bei Platon u. Aristoteles*, 2e édit., 1933.

la définition. Aussi reprend-elle, depuis le début, les membres de droite dans leur ordre direct, sans en oublier aucun. Tout autre est la récapitulation qui suit la définition de l'art de tisser les vêtements. Elle remonte l'ordre suivi par la division et, au lieu de reprendre les membres de droite, reprend ceux de gauche. C'est qu'elle veut rappeler quels arts parents du tissage on a écartés pour le définir, et montrer que l'énumération n'est pas achevée. Ne nous étonnons pas que cette récapitulation à rebours oublie au moins une étape (n° 3) et suive un ordre un peu capricieux (5, 8, 9, 7, 6, 4, 2, 1) : Platon, qui tient à conserver au dialogue, fût-il le plus scolaire, son allure de causerie entre gens de bon ton, évite autant qu'il peut une exactitude trop minutieuse et pédante.

Dans les divisions qui suivent, la dichotomie est, sinon pratiquée de façon moins rigoureuse, en tout cas mélangée d'énumérations qui en brouillent ou en voilent le développement. Ainsi (281 d et suiv.) les arts productifs en général, et, ici, ceux qui rentrent dans le tissage sont

causes auxiliaires ou causes causantes

arts d'apprêtage ⊥ travail de la laine

séparant (cardage) ⊥ assemblant

par torsion ⊥ par entrelacement de chaîne
(fabrication du fil) et trame (tissage).

Mais, pour distinguer la chaîne et la trame, on a dû insérer une division nouvelle, en reprenant, sous la rubrique « travail de la laine », le membre de gauche : le cardage. Il livre deux sortes de produits : l'un informe et anonyme, l'autre ayant longueur et largeur et qui se nomme filasse. Cette filasse est alors ou bien tournée au fuseau pour faire un fil solide, qui sera le fil de chaîne, ou bien tournée en un fil plus floche qui sera le fil de trame. C'est ainsi que, sous l'assemblage par torsion (τὸ στρεπτικόν) se placent la στημονονητική d'une part, et, de l'autre, la κροκονητική, qui livrent, à l'assemblage par entrelacement (συμπλεκτικόν), la chaîne et la trame qu'il croisera pour faire le tissu. Les dichotomies sont bien régulières : l'exposé est volontairement entremêlé.

Ces détours qu'on a faits pour définir le tissage, et le

reproche de longueur qu'ils occasionnent, suscitent une division nouvelle. L'art de la mesure (ἡ μετρητική) se divise en deux grandes sections : d'une part, tous les arts qui n'emploient que la mesure relative, d'autre part tous ceux qui prennent comme étalon la juste mesure (τὸ μέτριον), l'opportunité, la convenance. Cette dichotomie n'est pas poursuivie plus avant, mais donne lieu à un important commentaire sur lequel nous reviendrons tout à l'heure.

Quand on veut appliquer aux arts de la Cité la division en arts causants et arts auxiliaires, on s'avise que la dichotomie n'est plus aisément praticable et l'on se résout à diviser par membres naturels, parce qu'il faut toujours diviser dans le nombre le plus proche (287 c) ; mais la division des arts que possède la Cité est plutôt une énumération qu'une classification, et l'on nous dit sans gêne qu'il a fallu quelque peu tirailler pour y faire tout rentrer (289 c). C'est encore par énumération que l'on procède pour exclure, d'une véritable compétition avec l'homme politique, les divers tenants d'offices plus ou moins serviles, depuis les esclaves aux devins et aux prêtres (289 sq). Les vrais compétiteurs sont les sophistes par excellence, ou pseudo-politiques. C'est pourquoi l'on procède à la classification des constitutions, que l'on divise successivement en trois, en cinq, en six ou même sept. Mais l'attention s'est alors détournée de la forme dialectique vers le problème politique, et ce n'est pas ici que la classification des constitutions demande à être étudiée.

Les règles de la dichotomie.

Le *Sophiste* n'a formulé d'une façon expresse qu'une seule règle pour la dichotomie : avancer en suivant toujours sa droite et en éliminant ainsi successivement tous les caractères que l'objet à définir possède en commun avec les autres espèces, jusqu'à ce qu'il ne lui reste plus que sa nature propre (264 e). Le *Politique* est plus explicite. Il ne fait guère de différence pratique entre εἶδος et γένος, si bien que, dans un même passage, ce qui vient d'être appelé espèce est, immédiatement après, appelé genre (262 e) et que, pour faire pendant au γένος ὄργανον (287 d), il cite tout de suite l'espèce vase (παντοδαπὸν εἶδος ἀγγεῖον) puis, comme τρίτον ἕτερον εἶδος (288 a), le véhicule. Le désir de rendre visible cette indécision de la terminologie, au sein même de l'effort que fait notre dialogue pour formuler les règles d'une classification scientifique, est une des raisons qui m'ont déterminé à traduire ici le mot εἶδος ou *forme* par *espèce*[1]. Si Platon, en effet, s'inquiète peu de distinguer entre εἶδος et γένος, il tient fort, en principe, à la distinction entre μέρος et εἶδος. Il déclare nettement que toute espèce est partie, mais que toute partie n'est pas espèce (263 e). Pour entrer dans une division naturelle, il faut que la partie porte avec soi la forme spécifique. La loi fondamentale est donc que chaque membre de la dichotomie soit une espèce. Les préceptes qui suivent n'en sont que des conséquences : 1) ne pas diviser le genre en deux parties d'importance inégale, en choisissant arbitrairement un petit groupe pour l'opposer à tout le reste, négligemment écarté sous un nom quelconque (Grecs et Barbares, la myriade et le reste des nombres, animaux et hommes ou animaux et grues, 262 a-263 d) ; 2) donc diviser « par moitiés », c'est-à-dire évidemment par segments logiquement équivalents et qui, entre eux, épuisent le genre, étant contradictoires (262 b) ; 3) ainsi on ne brûlera pas les étapes, on ne négligera aucune des subdivisions nécessaires, et l'on n'en viendra pas, par exemple, à l'élevage en troupeaux avant d'avoir divisé les animaux en sauvages et apprivoisables (263 e) ; 4) on descendra ainsi de dichotomie en dichotomie tant qu'on pourra obtenir une division où chaque terme soit à la fois espèce et partie, et alors seulement on se permettra « de détacher et de dresser en face de tout le reste (du genre hommes) les Phrygiens, les Lydiens ou autres unités » (262 e). Le meilleur commentaire de cette dernière règle nous sera donné par le *Philèbe*, lorsqu'il nous prescrira de ne point nous perdre dans l'infini détail des unités ou groupes sporadiques avant d'avoir parcouru et nombré toutes les étapes entre l'unité du genre et cet infini de dispersion (16 d/e). Si le *Politique* nous présente, pour la division des marcheurs, deux méthodes successives (265 a sq.), c'est bien un peu pour se donner l'occasion de la plaisanterie sur

1. Voir, dans C. Ritter, *Neue Untersuchungen über Platon*, München, 1910, le § 6, εἶδος, ἰδέα *und verwandte Wörter in den Schriften Platons*, spécialement p. 230-235 ; pour la terminologie et les règles de la dichotomie, Lukas, *op. laud.*, p. 256-261.

« la diagonale de la diagonale » ou de celle sur « le bipède à plumes », mais c'est aussi pour nous montrer qu'une division hâtive commet toujours la faute d'opposer une petite partie à une grande. A ces règles données pour la division, ajoutons celle que le dialogue commente si instamment à propos de la définition, à savoir qu'elle doit convenir au défini et au seul défini : ainsi la notion du roi « pasteur d'hommes » convient au politique du temps de Cronos, non au politique actuel, et le caractère « nourricier du troupeau humain » convient à beaucoup d'autres qu'au politique (267 d-68 c).

La division par espèces.

Si la grande loi de la dichotomie est de ne pas admettre de parties qui ne soient des espèces, c'est que la dichotomie n'est qu'une des formes de cette méthode générale de division par espèces (τὴν μέθοδον τοῦ κατ' εἴδη δυνατὸν εἶναι διαιρεῖν 286 d) qui, pour le *Politique* comme pour le *Phèdre* et le *Sophiste,* est la méthode propre du dialecticien. C'est pour y exercer les disciples qu'on leur donne à discuter des sujets aussi graves que celui du gouvernement de la Cité (285 d), et c'est à son rendement à ce point de vue qu'on doit apprécier les justes proportions d'une discussion, non pas à son étendue matérielle (287 a). Que ce διαιρεῖν κατ' εἴδη, au moment même où il s'applique à une méthode précise de division en vue d'une définition, garde encore son attache foncière au *principe de distinction* qui, à côté du principe de permanence, s'est affirmé dès l'origine dans la théorie platonicienne des formes ou Idées, c'est ce que montrent les formules du *Politique* comme celles du *Sophiste*. Si l'on manque à distinguer la juste mesure de la mesure mathématique brutale, c'est, nous dit le *Politique* (385 a/b), qu'on n'est pas habitué à diviser les choses par espèces pour les étudier. Aussi, sur le seul vu de quelques ressemblances, on met tout de suite ensemble des choses qui diffèrent, et, d'autres fois, on fait tout le contraire, parce qu'on ne divise pas « en suivant les parties », alors qu'un groupe de choses qui se ressemblent, il faudrait ne pas l'abandonner avant d'avoir épuisé le compte des différences qui y constituent des espèces, et, une multitude où apparaissent des dissemblances de toutes sortes, ne pas se juger quitte avant d'y avoir relevé les ressemblances qu'on pourra grouper en un genre. C'est bien ici le double mouvement exigé dans le *Phèdre* : « vers une forme unique mener, grâce à une vision d'ensemble, ce qui est en mille endroits disséminé », et « être capable de détailler par espèces, en observant les articulations naturelles » (265 d/e, Robin). Ici comme là, les divisions doivent être exhaustives et nombrées : ἐὰν μή τις τὰς φύσεις διαριθμήσηται (*Phèdre* 274 e) a son écho dans τὰς διαφορὰς ἴδῃ πάσας ὁπόσαιπερ ἐν εἴδεσι κεῖνται (*Polit.* 285 b). Ce qui marque une division exhaustive, c'est qu'elle ne s'arrête qu'à l'indivisible (μέχρι τοῦ ἀτμήτου, *Phèdre* 277 b), à un bloc désormais insécable (ἄτομον) et n'offrant plus de division qui mérite une dénomination propre (*Soph.* 229 b), c'est-à-dire n'offrant plus de division où chaque partie obtenue soit en même temps espèce (γένος ἅμα καὶ μέρος... ἑκάτερον τῶν σχισθέντων, *Polit.* 262 e). Ce qui marque enfin une division naturelle, c'est, pour nos trois dialogues, qu'elle suive les joints marqués par la nature : au κατ' ἄρθρα ᾗ πέφυκεν du *Phèdre* (265 e) répond le κατὰ μέλη... οἷον ἱερεῖον du *Politique* (287 c), mais aussi bien les *sutures* du *Sophiste* (διπλόη 267 e), les *commissures* (διαφυή) et les *lignes de partage accommodantes* (τομὴ ὑπείκουσα) du *Politique* (259 c, 261 a). De telles précisions, d'ailleurs, dans cette exigence d'une division naturelle, ne sont que des insistances et, pour ainsi dire, des surcharges, et ne doivent pas nous faire oublier que la division « naturelle » est essentiellement impliquée dans les simples formules κατ' εἴδη ou κατὰ γένη διαιρεῖσθαι, où les mots εἴδη, γένη, gardent toujours leur sens originel de « types de structure » et de « groupes familiaux ». Nous ne devons pas davantage méconnaître, dans le διαιρεῖσθαι de ces formules de division, le sens de « distinction », de séparation entre ce qui est même et ce qui est autre[1]. Il apparaît nettement là où le *Politique* explique, comme nous l'avons vu, pourquoi trop de gens confondent mesure brute et juste mesure (285 a/b), mais il apparaît aussi bien dans cette formule du *Sophiste* (253 d) où κατὰ γένη διαιρεῖσθαι signifie « ne point prendre pour une autre une espèce qui est la même, ni, pour la

1. Stenzel, tout en insistant avec raison sur l'originalité du *Sophiste* et du *Politique*, accentue beaucoup trop, à mon avis, la différence entre les deux sens. Cf. *Studien*, p. 50 et suiv.

même, une espèce qui est autre » et dans ces lignes du même dialogue (259 c/d) où l'on oppose, à une critique capable seulement « de montrer que le même est autre, n'importe comment, et l'autre, même », celle qui sait discuter une assertion selon le point de vue exact auquel cette assertion s'est placée pour affirmer une ressemblance ou une différence. Comment peut-on méconnaître l'identité foncière de pareilles formules avec celle où la *République*, opposant éristique et dialectique, caractérise la première par l'impuissance où elle est d'examiner une assertion en distinguant par espèces (διὰ τὸ μὴ δύνασθαι κατ' εἴδη διαιρούμενοι τὸ λεγόμενον ἐπισκοπεῖν, 454 a), c'est-à-dire en considérant à quel point de vue deux natures sont dites différentes ou sont dites semblables (τί εἶδος τὸ τῆς ἑτέρας τε καὶ τῆς αὐτῆς φύσεως καὶ πρὸς τί τεῖνον, 454 b) ?

Du Gorgias au Sophiste et au Politique.

La division par espèces est d'ailleurs antérieure, chez Platon, à la *République* elle-même et, dès le *Gorgias*, elle aime à se présenter sous forme de dichotomies rigoureuses, dans la division des arts (450 c), dans la définition de la rhétorique comme art de flatterie (463 sq.). Mais, dit-on, cette dernière division du *Gorgias* est totalement commandée par des considérations de valeur : « Ce qui détermine la place hiérarchique de chaque science, c'est le but qu'elle poursuit, bien ou plaisir, et c'est la connaissance qu'elle a ou n'a pas de ce Bien, fin de l'action ». Le *Sophiste*, au contraire (227 b/c), déclare que « toute considération de valeur est étrangère à la dialectique »[1]. Ajoutons que le *Politique* rappelle expressément cette déclaration du *Sophiste* et la fait sienne (266 d). Mais quel sens a-t-elle ? Celui-ci : quand nous cherchons les espèces de la cathartique, peu nous importe qu'un art ait un nom plus ou moins relevé, qu'il emploie, par exemple, l'éponge ou la potion et qu'il ait un plus ou moins grand degré de bienfaisance ; du moment

1. Stenzel, art. *Logik* dans Real. Encyclopädie d. Cl. Altertumswissenschaft (*RE*), XIII, 1 (1926), col. 1007-1010, où il croit (*Zahl u. Gestalt*, p. 145, n. 1) avoir réfuté à l'avance le rapprochement que fait Friedländer (*Platon* II, p. 256, n. 1), entre cette division du *Gorgias* et les dichotomies du *Sophiste* et du *Politique*.

qu'il purifie, il rentre sous le genre des arts cathartiques. De même, l'art du tueur de poux rentre dans les arts de la chasse au moins au même titre que l'art du stratège (*Soph.* 227 b). Enfin, l'oie est un bipède au même titre que l'homme, et le gardeur d'oies a le droit, sous ce rapport, de concourir avec le Roi (*Polit.* 266 d). Est-ce que cela empêche le *Sophiste,* quand il veut précisément définir la cathartique, de diviser l'art de trier en deux espèces, dont l'une sépare seulement le semblable du semblable, alors que l'autre sépare le meilleur du pire et mérite ainsi le nom de purificatrice (226 c/d)? Est-ce que le même dialogue ne définit pas le sophiste comme un fabricant d'illusions, comme un imitateur *que ne guide pas la science,* un *doxomime* (267 e sq.), après qu'il l'a précisément défini comme une contrefaçon de purificateur (231 a sq.)? C'est de la même manière que, dans le *Gorgias,* médecine et gymnastique, justice et législation se doublent chacune de leur contrefaçon, et ce qui caractérise chacune de ces contrefaçons, c'est qu'elle est routine et non technique, c'est qu'elle ne connaît ni la nature du malade ni la nature du remède et ne saurait dire pourquoi elle applique tel à tel. *Présence ou absence de la science,* voilà ce qui, en réalité, dans le *Gorgias* comme dans le *Sophiste*, fait de telle activité une technique véritable et, de telle autre, une contrefaçon routinière, et crée par là, entre les deux, une opposition de valeur. Comment la notion du bien réel ou du bien illusoire (τοῦ βελτίστου, τοῦ ἡδίστου *Gorg.*, 464 d. τὸ μὲν χεῖρον ἀπὸ βελτίονος *Soph.* 226 d sq.) n'apparaîtrait-elle pas nécessairement là où il s'agit de techniques destinées à entretenir ou à rétablir un état normal, une santé du corps ou de l'âme? Comment, d'autre part, ne voit-on pas que le *Phèdre,* au moment où il veut sinon couvrir, au moins orner de l'autorité d'Hippocrate la méthode platonicienne d'analyse et de synthèse, se replace exactement dans cette opposition entre technique et routine où se plaçait le *Gorgias*, et fonde, précisément sur la nécessité où sont médecine et rhétorique de savoir pourquoi elles appliqueront à tel corps ou telle âme tel remède ou tel discours (270 b), l'exigence d'une classification exacte, appuyée sur l'examen rigoureux des «natures» (corps-remède, âme-discours), de leur simplicité ou composition, de leurs propriétés respectives et de leur mutuelle action (270 d-271 a/b)?

Dialectique et dichotomie.

La dialectique, art du dialogue, c'est-à-dire, *art de chercher à deux,* ou, si l'on veut, *art de penser à deux*, puisque la pensée solitaire est elle-même, pour Platon, un dialogue (*Théét.* 189 e-190 a, *Soph.* 263 e sq.) a trouvé, dans sa propre expérience, dans le développement même de son effort essentiel et dans les problèmes que suscitait ou que rencontrait cet effort, la source de ses découvertes successives. Sa loi suprême, progresser dans la recherche en conservant ou rétablissant l'accord en soi ou entre soi, lui a fait découvrir la condition de cet accord dans la définition initiale ou finale, et la condition d'une définition stable dans l'existence de réalités à la fois permanentes et distinctes, qui sont les εἴδη τῶν ὄντων, types de structure, essences constitutives. A la permanence et la distinction était lié le double mouvement de συνάγειν et de διαιρεῖν. Que ce διαιρεῖν ait tendu spontanément à la dichotomie, au δίχα διαιρεῖν, comment s'en étonner dans une philosophie qui se définit essentiellement par le dualisme âme et corps, intelligible et sensible, réalité et apparence ? N'est-ce pas d'ailleurs toute pensée qui obéit spontanément à cette loi d'antithèse dichotomique, par où l'esprit semble vouloir prolonger le plan de symétrie sur lequel est bâti le corps [1] ? Les vers de Parménide et d'Empédocle sont tissés de telles antithèses, et les oppositions pythagoriciennes, qui rangent à droite tout ce qui est meilleur (Arist. fr. 200 R.), nous expliquent même l'estime préférentielle que Platon accorde, dans la division dichotomique, à la progression κατὰ τοὐπὶ δεξιά (*Soph.* 264 e). Notre systématique moderne, en botanique, en zoologie, ne poursuit-elle pas, aussi loin qu'elle le peut, cet effort de classification dichotomique ? Comme Platon, elle n'abandonne qu'en disant : κατὰ μέλη τοίνυν..., ἐπειδὴ δίχα ἀδυνατοῦμεν. Même après avoir dit cela, Platon n'en reviendra pas moins naturellement à la dichotomie dès qu'il en trouvera l'occasion ; il la pratiquera concurremment avec la division en trois, en quatre, dans le *Timée,* dans les *Lois,* et même immédiatement, dans le *Philèbe,* où nous trouverons pourtant le commentaire le plus précieux de cette division « dans le nombre le plus proche » à laquelle se

1. *Phèdre,* 265 c : ὥσπερ δὲ σώματος ἐξ ἑνὸς διπλᾶ καὶ ὁμώνυμα πέφυκε, σκαιά, τὰ δὲ δεξιὰ κληθέντα κτλ.

range, faute de mieux, le *Politique* [1]. Ce qu'il y a de nouveau dans le *Sophiste* et le *Politique*, ce n'est donc ni la division par espèces, ni la division dichotomique ; c'est l'utilisation systématique de la dichotomie en vue de la définition, c'est la continuité rigoureuse avec laquelle se développent les divisions, ce sont les règles expressément formulées, dans notre *Politique*, pour justifier cette rigueur, c'est le privilège en vertu duquel cette méthode dichotomique concentre en elle-même et semble, au moins momentanément, monopoliser à son profit les vertus et les prérogatives de la dialectique platonicienne.

Or, des privilèges et des monopoles de cette sorte marquent tous les tournants de l'évolution de la dialectique. Dans le *Cratyle*, la fonction saillante du dialecticien est de diriger et de juger le travail du législateur dans l'institution des noms (390 c), parce que le problème à résoudre est de savoir si la science n'est pas toute faite dans le langage et si la texture même des mots n'impose pas, par exemple, la conception d'une nature essentiellement fluente. Dans la *République*, elle est de synthétiser ce que les diverses sciences ont de vertu ascensionnelle, de prolonger et d'achever leur élan vers le Bien, et le dialecticien est défini par cette vue synthétique (ὁ μὲν γὰρ συνοπτικὸς διαλεκτικός, 537 c), parce qu'il s'agit de former des chefs d'État et de tendre toutes leurs puissances vers l'ultime fin de tout acte et de tout être. Si, dans le *Phèdre*, « se trouve la description la plus élaborée et la plus précise que Platon ait jamais donnée de sa méthode dialectique » [2], c'est que Platon veut substituer, à la psychagogie que prétend être la rhétorique, sa psychagogie à lui, fondée sur la science et l'amour du vrai, et que, pour cela, il transpose à son propre plan la théorie oratoire du καιρός, l'appropriation des εἴδη τῶν λόγων aux personnes et aux circonstances, et, s'aidant des médecins, s'aidant surtout de lui-même, transforme des procédés de tâtonnement et de flair en une méthode scientifique de division et de synthèse. A cette leçon de méthode les discours servent de paradigmes et, par suite, sont pleins

2. Comparer *Politique* 287 c et *Philèbe* 16 d (voir notre note, ici p. 49). Nous aurons bientôt l'occasion d'étudier la dialectique dans le *Philèbe*.

1. L. Robin, *Platon*, t. IV, 3, notice, p. CLIII.

des définitions et divisions que prône avec une telle insistance la théorie. Si le cadre du *Sophiste* est fait de définitions par éliminations successives, si ces éliminations se font par divisions dichotomiques, en laissant à gauche, sous chaque genre, tout ce qu'exclut la différence constitutive de l'espèce, c'est que, nous l'avons vu, le *Sophiste* avait à établir, contre une éristique issue principalement de l'éléatisme, la possibilité de l'assertion fausse, qui dit être ce qui n'est pas, et pour cela, à ramener la notion de non-être à celle d'altérité : aucune détermination ne s'affirme sans se distinguer, sans nier de soi ce dont elle se distingue, et les dichotomies qui séparent le genre en deux différences mutuellement contradictoires sont l'illustration anticipée de cette thèse. Si le dialecticien est défini « celui qui sait discerner quels genres sont susceptibles, quels genres sont incapables de s'associer mutuellement, ᾗ τε κοινωνεῖν δύναται καὶ ὅπῃ μή, διακρίνειν κατὰ γένος » (253 d/e), c'est qu'il a fallu, pour préparer cette réduction du non-être à l'autre, montrer que les genres sont, comme les lettres de l'alphabet, soumis à des relations définies [1]. Un système des genres est donc possible, et, dans chaque domaine particulier de la science, aussi bien que dans la totalité idéale de la science, les classifications représentent de tels systèmes [2].

Les exercices de classification dans l'Académie.

Il n'y a plus de débat sur le non-être dans le *Politique*, mais ce dialogue est si intimement lié au précédent qu'il en conserve naturellement le cadre et l'esprit. Un esprit à la fois scientifique et scolaire : ici comme là, les classifications dichotomiques sont expressément présentées comme des exercices d'entraînement dialectique. Assouplir le disciple, le rendre apte à discuter correctement « tous les problèmes possibles » (285 d/e), tel est le but déclaré, et nous pouvons croire que les exercices quotidien-

1. Cf. A Diès, Notice au *Sophiste* (éd. Budé, 1925), p. 273-280, et *La Définition de l'Être et la nature des idées dans le Sophiste de Platon*, Paris, 1909, p. 2-6, 107-115 ; *Autour de Platon*, p. 491 et suiv.

2. Cf. Stenzel, *RE*, XIII, 1, col. 1010 ; *Studien*, p. 41/2, 52 et suiv. Quelles que soient ses obscurités et ses outrances, Stenzel a eu le grand mérite de montrer la portée générale de cette méthode de classification.

nement pratiqués à l'Académie comportaient une grande diversité de matières. Mais, quand nous voyons Aristote, au début même du *De Partibus animalium*, critiquer la dichotomie telle que « certains » la pratiquent et telle que la contiennent « les divisions écrites », nous ne pouvons guère ignorer qu'il vise l'Académie et que les espèces de tableaux muraux désignés sous ce nom de γεγραμμέναι διαιρέσεις servaient de guides ou de mementos à des exercices qui avaient souvent pour objet des classifications d'animaux ou de plantes. Thompson le premier, puis Campbell, et bien d'autres après eux, ont relevé, à ce propos, le fragment du comique Épicrate cité par Athénée [1]. Cette scène plaisante nous montre

1. Athénée, II, 59 d (vol. I, p. 139, Kaibel) :

τί Πλάτων
καὶ Σπεύσιππος καὶ Μενέδημος ;
πρὸς τίσι νυνὶ διατρίβουσιν ;
ποία φροντίς, ποῖος δὲ λόγος
διερευνᾶται παρὰ τούτοισιν ;
τάδε μοι πινυτῶς, εἴ τι κατειδὼς
ἥκεις, λέξον, πρὸς Γᾶς...
B. Ἀλλ' οἶδα λέγειν περὶ τῶνδε σαφῶς·
Παναθηναίοις γὰρ ἰδὼν ἀγέλην
μειρακίων...
ἐν γυμνασίοις Ἀκαδημείας
ἤκουσα λόγων ἀφάτων, ἀτόπων.
Περὶ γὰρ φύσεως ἀφοριζόμενοι,
διεχώριζον ζῴων τε βίον
δένδρων τε φύσιν λαχάνων τε γένη·
κᾆτ' ἐν τούτοις τὴν κολοκύντην
ἐξήταζον τίνος ἐστὶ γένους.
A. Καὶ τί ποτ' ἄρ' ὡρίσαντο καὶ τίνος γένους
εἶναι τὸ φυτόν ; δήλωσον, εἰ κάτοισθά τι.
B. Πρώτιστα μὲν ⟨οὖν⟩ πάντες ἄναυδοι
τότ' ἐπέστησαν καὶ κύψαντες
χρόνον οὐκ ὀλίγον διεφρόντιζον·
κᾆτ' ἐξαίφνης, ἔτι κυπτόντων
καὶ ζητούντων τῶν μειρακίων,
λάχανόν τις ἔφη στρογγύλον εἶναι,
ποίαν δ' ἄλλος, δένδρον δ' ἕτερος.
Ταῦτα δ' ἀκούων ἰατρός τις
Σικελᾶς ἀπὸ γᾶς
κατέπαρδ' αὐτῶν ὡς ληρούντων.
A. Ἦ που δεινῶς ὠργίσθησαν χλευάζεσθαί τ' ἐβόησαν ;

les jeunes gens de l'Académie s'exerçant, sous la surveillance de Platon, à diviser par genres les animaux, les arbres,

τὸ γὰρ ἐν λέσχαις † ταῖσδε † τοιαῦτα ποιεῖν ἀπρεπές.
B. Οὐδ' ἐμέλησεν τοῖς μειρακίοις.
Ὁ Πλάτων δὲ παρὼν καὶ μάλα πρᾴως,
οὐδὲν ὀρινθείς, ἐπέταξ' αὐτοῖς
πάλιν ⟨ἐξ ἀρχῆς τὴν κολοκύντην⟩
ἀφορίζεσθαι τίνος ἐστὶ γένους·
οἳ δὲ διῄρουν.
Que font Platon, Speusippe et Ménédème ?
A quoi présentement passent-ils leur temps ?
Quel souci, quel problème occupe leurs recherches ?
Dis-moi cela du fond de ta sagesse, si tu en sais
quelque chose, par la Terre...
B. Mais je peux en parler avec exactitude,
car, aux Panathénées, j'ai vu un troupeau
de jeunes garçons...
dans les gymnases de l'Académie,
et j'ai ouï des choses ineffables, effarantes.
Ils définissaient, en effet, les êtres de la nature,
distinguaient les animaux d'après leur genre de vie,
les arbres d'après leur nature, les légumes d'après leurs familles.
Et, parmi ceux-ci, c'est la citrouille
qu'ils examinaient, cherchant de quelle famille elle est.
A. Et qu'ont-ils bien pu définir ? dans quelle famille
rangeaient-ils cette plante ? Explique, si tu sais.
B. Tout d'abord, tous ensemble, sans souffler mot,
ils la considérèrent et, penchés sur elle,
songèrent assez longtemps.
Puis, soudain, alors que, toujours penchés,
les jeunes garçons poursuivaient leur recherche,
« C'est un légume rond », dit l'un.
« Une herbe », l'autre. « Un arbre », le troisième.
Oyant cela, un médecin,
venu de la terre sicilienne,
leur pète et rit au nez, disant qu'ils déraisonnent.
A. Quelle terrible colère ils durent prendre, et crier qu'on les insulte,
car, faire cela en compagnie, c'est inconvenant !
B. Nos jeunes gâs n'y prirent même pas garde,
et Platon, qui était là, en toute suavité,
sans une ombre d'humeur, leur donna l'ordre
de recommencer l'examen de la citrouille
et de déterminer à quelle famille elle appartient.
Eux, alors, de diviser...

les... légumes, et cherchant, en particulier, à quelle famille (γένος) se rattache la citrouille. Les mots typiques de la langue des dialogues, qui sont d'ailleurs les mots de la langue commune, simplement spécialisés par l'usage dialectique, se retrouvent ici dans une série impressionnante : διατρίβουσιν... διερευνᾶται... περὶ φύσεως ἀφοριζόμενοι... διεχώριζον (λαχάνων) γένη... (τὴν κολοκύντην) ἀφορίζεσθαι τίνος ἐστὶ γένους... διήρουν. Speusippe et Ménédème professent à côté de Platon et sous sa direction, et cela nous porte à une date où Speusippe devait être au moins dans sa quarantaine, donc après 367, l'époque où Aristote est sur les bancs de l'Académie, l'époque aussi où nous devons supposer que se succèdent le *Sophiste* et le *Politique*. Ménédème dut réformer selon l'esprit platonicien la constitution de sa patrie, Pyrrha ; on ne nous cite rien de lui qui nous rappelle cette autre préoccupation du *Politique* : les exercices de classification. Mais, pour Speusippe, un simple coup d'œil sur la nomenclature de ses œuvres et les quelques fragments qui nous en restent nous montre que cette préoccupation était essentielle [1]. De ses Ὅμοια en dix livres, Athénée nous cite, pour le second livre, toute une série de noms de plantes et d'animaux qu'il classait suivant leurs ressemblances [2], et les autres livres devaient classer de la même façon des matières aussi diverses que celles qui remplissent les divisions du *Sophiste* et du *Politique*. Quand on voit que ce second livre et l'*Histoire des Animaux* d'Aristote énumèrent souvent, sous les mêmes classes, presque toutes les mêmes espèces [3], on ne

1. Cf. P. Lang, *De Speusippi academicis scriptis accedunt fragmenta*, Bonn 1911. Pour les Ὅμοια, voir p. 57-60 le texte des citations d'Athénée ; p. 15-21, le commentaire de Lang ; p. 21-26, les autres traités dialectiques : Διαιρέσεις καὶ πρὸς τὰ ὅμοια ὑποθέσεις, Περὶ γενῶν καὶ εἰδῶν παραδειγμάτων, Ὅροι κτλ.

2. Stenzel insiste avec raison (*RE*. III. A. 2, art. *Speusippos*, surtout col. 1641 et suiv.) sur l'étroite parenté qu'il y a entre ces ὅμοια et le rôle que joue cette idée de ressemblance ou dissemblance dans notre *Politique* (278 b, 285 a-e), mais aussi dans *Soph*. 231 a, *Phèdre* 261 d-262b, *Parm*. 127 e sq., *Protag*. 331 d, *Théét*. 154 a, *Philèbe* 13 c ; on pourrait aussi bien en appeler à *Cratyle* 386 d-e, à *Rép*. 454 c, et à tant d'autres textes où s'exprime le double principe de *permanence* et de *distinction*, critère de séparation entre la dialectique et l'éristique.

3. Cf. Lang, p. 8-15 ; il conclut : « satis magnam inter Aristotelis

saurait méconnaître tout ce que ces exercices « dialectiques » de l'Académie ont préparé de matière autant que de méthode à la science aristotélicienne.

IV

LE MYTHE

Il y a, dans le mythe du *Politique,* trois fables entremêlées : une fable cosmique, une fable anthropologique, une fable sociale.

La fable cosmique est celle des deux cycles alternants. Elle se fonde sur l'opposition, essentielle au platonisme, entre l'élément divin immuable et l'élément corporel, sujet au changement. Si beau que soit le Ciel ou Monde, engendré par Dieu, la *République* nous a dit (530 a/b) que, matériel et visible, il ne pouvait avoir un mouvement parfaitement régulier ; et le *Timée* (36 c/d) décomposera ce mouvement en deux cercles qui se croisent et que parcourent les deux révolutions opposées de la substance du Même et de la substance de l'Autre. Ces deux mouvements qui se croiseront dans le *Timée,* Platon les fait ici se succéder périodiquement[1] : tantôt Dieu conduit le monde en lui imprimant une rotation directe, et tantôt il le laisse aller. Le monde alors tourne sur lui-même dans le sens opposé à sa première rotation et poursuit ce mouvement inverse jusqu'à épuisement : ainsi garde-t-il encore, par la continuité de cette marche à rebours, toute l'uniformité compatible avec son « altérité » et immutabilité native, mais celle-ci peu à peu reprend le dessus et le ferait sombrer dans un océan de dissemblance, si Dieu ne le reprenait en main pour le relancer dans son mouvement direct.

et Speusippi animalium ordines simillitudinem intelleximus intercedere ita, ut saepius in iisdem ordinibus eaedem fere animalium species ab utroque enumerentur », et ajoute que ces ressemblances seraient évidemment multipliées si nous possédions tout Speusippe.

1. J. Adam (*The Republic of Pl.* II, p. 207-8, note, et p. 295-202) a voulu retrouver, dans ces deux cycles, les deux harmonies du nombre géométrique de Platon. Or, ce nombre est seulement celui de la génération humaine. Cf. A. Diès, *Le nombre nuptial de Platon,* C. R. Acad. Inscr. 1933, p. 228-235.

On a tenté d'expliquer de bien des manières ce double mouvement cosmique, mais une seule explication est vraiment satisfaisante. Platon nous dit que le monde « parcourt un circuit rétrograde pendant des milliers et des milliers de périodes, parce que sa masse énorme tourne en parfait équilibre sur un pivot extrêmement petit » (270 a). P. M. Schuhl, s'appuyant sur cette indication, sur l'allusion de notre dialogue aux images fabriquées qui facilitent les démonstrations (277 e, 285 a) et sur les modèles mécaniques dont A. Rivaud nous a si savamment révélé l'emploi dans le Xe livre de la *République* et dans le *Timée*[1], a très heureusement conclu que Platon a ici en vue « un appareil représentant les mouvements du ciel, bien équilibré et mobile sur un pivot[2] ». L'appareil, suspendu par le haut à un crochet, est mis en mouvement à la main, par un geste « analogue à celui des *Moires* dans la *République* ». Pendant qu'il tourne, le fil qui le suspend se tord. Quand la main s'écarte, le fil tend à se détordre : le mouvement initial se poursuit pendant quelque temps, puis « après un moment de trouble, où les deux impulsions s'opposent (272 e-273 a) », l'appareil commence de se mouvoir dans le sens rétrograde et y persiste très longtemps, en vertu de sa masse équilibrée sur une base très petite[3]. Mais Platon se garde bien d'arrêter notre esprit sur un tel mécanisme : « Ce n'est pas le dessin ni une représentation manuelle quelconque, c'est la parole et le discours qui conviennent le mieux, dès qu'il s'agit d'exposer un sujet vivant à des esprits capables de suivre. Aux autres seulement, il faut une représentation matérielle » (277 c). Aussi, l'essentiel pour lui étant l'opposition des principes intelligible et sensible et les conséquences de leur domination successive, ne se prive-t-il point de mélanger les images, pourvu qu'elles conviennent à son but. Le monde est un vaisseau, le démiurge est son capitaine, qui, tantôt, lâche les commandes du gouvernail et, du poste où il s'est retiré, surveille les vicissitudes du mouvement rétrograde, tantôt, voyant le danger extrême, se rassied à son gouvernail, redresse le

1. A. Rivaud, *Études platoniciennes,* I (Revue d'histoire de la philosophie, II, 1 (1928), p. 1-26).

2. P. M. Schuhl, *Sur le mythe du Politique* (Revue de Métaphysique et de Morale, XXXIX (1932), p. 47-58).

3. *Ib.*, p. 50/1.

vaisseau et le remet dans sa route, de peur qu'il ne se disloque et ne s'abîme « dans l'océan sans fond de la dissemblance ». En de telles images se poursuit l'opposition du sensible et de l'intelligible, du principe corporel inhérent au monde et du νοῦς κυβερνήτης qui le dirige, du désordre essentiel à la matière encore privée de Dieu et de l'ordre cosmique dont Dieu est l'auteur ; de l'infinie dispersion où s'émiette l'altérité, et de l'Un qui la rassemble et la limite[1]. Nous percevons ainsi, dans le mythe cosmique, les sons les plus profonds de ce perpétuel discord, de cette oscillation entre l'un et le multiple, entre le semblable et la dissemblable, dont se composera l'accord mouvant et vivant que réalisent, dans notre dialogue, et la science dialectique et l'art du tissage et l'art de ce royal tisserand, le politique.

La fable anthropologique est celle des origines humaines, doubles comme les cycles. Empédocle, que Platon transpose ici en plusieurs endroits, de même qu'il annonçait deux périodes successives, de l'Un au multiple et du multiple à l'Un, annonçait aussi, « pour les choses mortelles, une double naissance, un double évanouissement[2] ». Des mondes ne pouvaient naître évidemment, dans son système, qu'à mi-chemin des deux cycles, quand ni la Haine ni l'Amour n'ont encore achevé leur œuvre de dispersion ou de réunion totales. Le monde de la Haine se formait donc dans la descente de l'Un au multiple, et celui de l'Amour dans la remontée du multiple à l'Un. Les fragments que nous avons sont trop dis-

1. Pour le νοῦς κυβερνήτης, cf. *Phèdre* 247 c ; pour le monde privé de Dieu, *Polit.* 273 b et *Timée* 53 b ; pour l'altérité-dispersion, notre note 1, p. 30.

2. Cf. fragment 17 (Diels, *Vorsokratiker*[5], p. 315) :

> δίπλ' ἐρέω· τότε μὲν γὰρ ἓν ηὐξήθη μόνον εἶναι
> ἐκ πλεόνων, τοτὲ δ' αὖ διέφυ πλέον' ἐξ ἑνὸς εἶναι
> δοιὴ δὲ θνητῶν γένεσις, δοιὴ δ' ἀπόλειψις.

Sur les rapports entre Empédocle et le *Politique*, voir surtout E. Bignone, *Empedocle*, Turin, 1916, p. 213 et suiv., 231 et suiv., 588. P. Friedländer, *Platon* I. Berlin-Leipzig, 1928, p. 237 et n. 1, insiste sur quelques concordances précises, sans connaître Bignone. Sur les sources générales du mythe du *Politique*, cf. P. Frutiger, *Les mythes de Platon*, Paris, 1930, p. 241-244, qui ignore aussi Bignone, mais marque bien (p. 242, n. 1) les différences essentielles entre Empédocle et Platon.

persés pour que nous puissions dire à quel moment et de quelle façon naissaient les hommes dans chacun de ces mondes très différents, et c'est souvent en s'aidant du *Politique* même que les récents historiens du poète d'Agrigente ont essayé de classer les étapes de sa description [1]. Platon, lui, n'oppose pas des cycles de naissance du monde, mais des cycles d'histoire du monde : ce qui l'intéresse immédiatement, c'est l'opposition de mondes humains. Toutefois, l'un de ceux-ci correspond nettement au monde de la Haine d'Empédocle et l'autre, au monde de l'Amour, car, si Platon refuse d'attribuer ces révolutions alternantes et contraires « à je ne sais quel couple de dieux dont les volontés s'opposeraient » (269 e), il ne les caractérise pas moins l'une et l'autre soit par l'absence, soit par la présence et la direction de Dieu. Or, le monde d'où Dieu est absent est, tout comme celui de la Haine, le monde où nous vivons ou tout monde qui le reproduira dans la succession indéfinie des cycles. Quand le mouvement se renverse, Dieu reprenant la direction, la révolution produite par cette τροπή arrête un instant le cours de croissance des vivants, puis détermine une croissance à rebours, qui, ramenant peu à peu à la poussière et à l'évanouissement total tout ce qui survivait du cycle précédent, fait place nette pour la génération à venir. Or, celle-ci doit, par définition, sortir adulte de la terre, et nous n'avons pas besoin de chercher d'autre explication à ce rebroussement de la croissance et à ce rajeunissement progressif dont l'aboutissement est la tombe, que la nécessité où était Platon de faire, de cette tombe, le berceau ou plutôt la matrice des γηγενεῖς [2]. Aucune des sources historiques invoquées par les commentateurs ne s'impose. Les Φιλιππικαὶ

1. Voir, en particulier, dans Bignone, Appendice II, *Cosmogonia e Zoogonia di Empedocle*, et, pour les concordances avec Platon, *ib.*, p. 587/9. Sur cette double zoogonie, voir aussi A. Rivaud, *Recherches sur l'Anthropologie grecque*, 2e article (Revue Anthropologique, XXI (1911), n° 12, p. 460 et suiv.) ; J. Burnet, *Aurore de la Philos. gr.* (tr. Reymond) Paris, 1919, p. 276 et suiv. P. Tannery (*Pour l'histoire de la science hellène*, 2e édit., 1930, p. 318), n'admet qu'un monde unique.

2. Il a compté cette légende, dès le début, au nombre des épisodes en lesquels s'est fragmenté le « grand mythe » (268 c-209 b), et note plus loin (271 b) l'étroite connexion entre cette inversion de la croissance et la naissance des γηγενεῖς.

Ἱστορίαι de Théopompe sont assurément postérieures au *Politique*, et sa description de la Terre des Méropes a trop de traits semblables à l'Atlantis de Platon pour qu'on ne soupçonne pas une imitation du *Politique* dans ces arbres de l'Anostos, dont on ne peut manger les fruits sans redevenir jeune homme, puis enfant, puis nourrisson, et finalement disparaître[1]. Hésiode, décrivant les misères de la cinquième race, dit bien que l'heure à laquelle Zeus anéantira cette race d'hommes périssables est celle « où ils naîtront avec des tempes blanches », et ce εὖτ' ἂν γεινόμενοι πολιοκρόταφοι τελέθωσιν a fait penser aux σώματα πολιὰ φύντα de notre dialogue[2]. Mais les occasions sont inverses, car les πολιοκρόταφοι d'Hésiode sont les hommes de la race actuelle en sa période la plus inique, et les πολιὰ φύντα de Platon sont les derniers hommes de l'âge d'or, les derniers nés des γηγενεῖς. Et surtout ces hommes ne naissent pas « avec des tempes blanches », mais, nés adultes comme tous les Fils de la Terre, ils sont pris tout de suite dans le rebroussement de la marche des âges qui marque le début du mouvement autonome du monde, c'est-à-dire le début du retour à notre monde actuel, et, partant de cet état adulte, ils progressent dans le sens direct : ils grisonnent, dépérissent et, finalement, retournent à la terre en mourant de vieillesse (273 e-274 a). C'est que chaque renversement de mouvement commence par détruire ce qui est, pour faire place nette à ce qui viendra.

1. Sur l'*Histoire Philippique*, cf. A. Croiset, *Hist. de la litt. Gr.*, t. IV, p. 665-674, et surtout, comme plus récents, S. Witkowski, *Historjografja grecka*, t. II, Cracovie, 1926, p. 282-291 ; Rich. Laqueur, dans Pauly-Wissowa, V. A 2, col. 2205-2223. Sur l'*Anostos* et le *Politique*, cf. Rohde, *Kleine Schriften*, II, p. 22/5 ; Pöhlmann, *Die Soziale Frage*, II, p. 362-470 ; E. Salin, *Platon u. die Griechische Utopie* (1921), p. 199-207 ; Wilamowitz, *Platon*, I, 675 ; P. Frutiger, *Les Mythes de Pl.*, p. 243. Théopompe, d'après les fragments 108 et 334, aurait achevé son livre seulement après 324.

2. Les « tempes blanches » (*Travaux et Jours*, vers 181), sont la traduction de P. Mazon (Hésiode, éd. Budé, 1928). Dans son édition commentée (Hésiode, *Les travaux et les jours*, Paris, 1914), P. Mazon rapprochait Hésiode et le *Politique*, mais notait que « l'idée, dans Platon, est d'ailleurs assez différente ». Campbell (*ad loc.*) traduit bien πολιὰ φύντα par « having grown grey ». Voir aussi Frutiger, *Les mythes de Pl.*, p. 243, n. 5, avec sa bibliographie. Mais Fowler (Loeb class. libr. *Plato III*, 1925) traduit encore « born with hoary hair ».

Il est, d'ailleurs, tout à fait improbable que les Fils de la Terre aient jamais pu naître, dans le mythe platonicien, « avec des tempes blanches ». N'est-il pas plus naturel de penser que « la vieillesse misérable sur eux ne pesait pas »[1] ? Ne doivent-ils pas, « se réglant sur le nouveau train de l'Univers », qui est l'inverse du train actuel, suivre aussi un cours de vie inverse de celui que suivent les hommes de notre monde (274 a) ? Alors, nés adultes, comme les σπαρτοί de Cadmos, ils progressent à rebours, redeviennent jeunes hommes, puis enfants, puis tout petits enfants et, enfin, poussière, d'où renaissent de nouveaux adultes[2]. Ainsi l'on comprend que s'engendrer les uns les autres leur soit tout à fait impossible (271 a).

On comprend aussi, dans ces conditions, ce qui leur arrive quand le mouvement du monde se renverse une nouvelle fois, et que, cessant d'être mû directement par Dieu, le monde commence de tourner dans le sens rétrograde (272 e et suiv.). Une secousse violente marque d'abord ce passage d'un sens à l'autre, et fait ravage parmi les vivants de toutes les espèces. Puis la marche des âges s'arrête, pour repartir dans un sens contraire à celui qu'elle suivait. Et qu'arrive-t-il ? « Les vivants que leur décroissance avait réduits presque à rien se remettent à croître » : donc, pour les vivants du monde que Dieu guide, la marche directe des âges était la décroissance. Alors, prenant le rebours de cette marche directe, « les corps nouvellement nés de la terre se prirent à grisonner, puis à dépérir et à se reperdre dans la terre ». C'était, pour des adultes, la façon la plus rapide d'aller à la limite et de disparaître, pour faire place au nouveau train de vie. Car le nouveau train de vie est déjà commencé, et c'est le nôtre, celui que nous sommes naturellement portés à regarder comme direct, et qui, en fait, est rétrograde pour le mythe platonicien, comme le mouvement cosmique dont il est l'image. L'humanité nouvelle s'accouple, enfante, nourrit : elle est devenue autonome et responsable, tout comme le monde[3].

1. Οὐδέ τι δειλὸν γῆρας ἐπῆν, Hésiode, *Travaux et Jours*, trad. Mazon (1928).

2. Campbell (p. 68) dit de même « already full-grown ». Voir aussi Rodier, *Etudes de Philos. Gr.*, p. 31.

3. Καθάπερ τῷ κόσμῳ προσετέτακτο αὐτοκράτορι εἶναι κ. τ. λ. (274 a).

La troisième fable est celle des deux humanités primitives : celle de l'âge d'or ou règne de Cronos, et celle qui vit au début du règne de Zeus ; l'une avant la chute ; l'autre, après la chute[1]. La première est régie directement par Dieu, qui, confiant à des dieux ou génies divins le soin des différentes régions cosmiques et des différents genres ou troupeaux de vivants, garde naturellement la surveillance d'ensemble, mais aussi le gouvernement particulier du troupeau humain. C'est la paix idyllique parmi les animaux comme parmi les hommes, et, pour ceux-ci, c'est la vie de nature pure. Pas de constitution politique ; pas de possession de femmes ni d'enfants, puisque la seule maternité est celle de la Terre ; pas de travail, puisque la terre produit tout d'elle-même, à profusion ; pas de maisons, puisqu'il n'y a pas de saisons qui ne soient parfaitement tempérées ; pas de craintes, puisqu'il n'y a ni guerres ni animaux sauvages, et qu'hommes et bêtes s'entretiennent fraternellement (272 a-c). La seconde sorte de vie primitive est celle qui s'établit avec le mouvement autonome du monde. Les hommes se trouvent tout à coup devant cette chose pour eux jusqu'alors inconnue : la nécessité (χρεία). Les dieux ne les paissent plus. La nature est déchue, nue, hostile ; il faut la cultiver et la dompter, et l'homme doit faire comme fait maintenant son âge : croître, progresser, ou mourir. Mais les dieux ont pitié ; ils donnent et les premières leçons et les premiers secours : le feu, les techniques, les semences (274 a-e).

Il est facile de trouver, dans la littérature antérieure, des parallèles plus ou moins complets à ces deux tableaux : la race d'or d'Hésiode et sa cinquième race, qui transposent déjà de vieilles traditions ; les deux vers de Xénophane, le *Prométhée* d'Eschyle, le Μικρὸς διάκοσμος de Démocrite, les *Suppliantes* d'Euripide, les *Sauvages* de Phérécrate, le *Sisyphe* de Critias, et, chez Platon, le mythe de Protagoras, écho probable des *Antilogies* : tant d'autres textes enfin, qui traitaient directement ou touchaient en passant ce thème des premiers âges[2]. Mais aucun parallèle ne vaut pour nous celui

1. Sur cette question, cf. Rodier. *Note sur la politique d'Antisthène : Le mythe du Politique* (dans *Etudes de Philos. Grecque*, 1926, p. 30-36). — L. Robin, *Platon et la science morale* (*Revue de Métaph. et de Morale*, 1913, *extrait*, p. 8 et suiv.).

2. Pour Hésiode, cf. P. Mazon, *Les travaux et les jours*, Paris,

que nous offrent les *Lois*, aux livres III et IV. C'est dans le livre IV qu'apparaît le règne de Cronos (713 b-714 b) : des démons, race plus divine et meilleure que les hommes, gouvernant les cités humaines, comme les hommes, race animale supérieure, gouvernent les troupeaux de bœufs et de chèvres ; sous ce gouvernement, la terre produisant tout d'elle-même en abondance, et le monde vivant en paix, dans la justice, la légalité, la pudeur. En somme, un extrait de notre mythe du *Politique* [1]. Mais, au début du Livre III, les *Lois* nous offrent un autre tableau : la civilisation détruite périodiquement par de grands cataclysmes ; quelques pâtres réfugiés sur les hautes montagnes, avec leurs familles et de maigres troupeaux ; tout le passé englouti, aucune technique ni aucun instrument ne survivant, les métaux inconnus, les hommes vivant par petits groupes familiaux isolés. Mais, dans cette vie rudimentaire, aisance matérielle large pour des besoins non développés, mœurs pures parce qu'il n'y a ni pauvreté ni richesse, et parce que l'innocence de l'esprit garde inébranlée la foi dans les grands principes religieux et sociaux (676 a-679 e) [2]. Et le développement de cette vie patriarcale se poursuit jusqu'au groupement des familles, à la naissance des lois,

1914, commentaire, p. 57-76. Pour toute la série des œuvres sur ce thème, cf. W. Nestle, *Spuren der Sophistik bei Isocrates* (Philologus, LXX, 1, 1911, surtout p. 24-29) et *Platons ausgewählte Schriften*, IV, *Protagoras*, 7e édit., 1931, qui donne, en appendice à l'introduction, les textes parallèles au mythe de Protagoras ; A. Rivaud, *Recherches sur l'Anthropologie grecque* (1er art. Rev. Anthropol. XXI, 5, p. 151-181) ; Uxkull-Gyllenband, *Griechische Kulturentstehungslehren*, 1924 ; P. M. Schuhl, *Essai sur la formation de la pensée grecque*, Paris, 1934, p. 347 et suiv.

1. Même extrait, plus court, dans *Critias*, 109 b/c : les dieux paissent les hommes comme ceux-ci paissent les animaux, non toutefois par le fouet, mais par « le gouvernail de la persuasion, οἷον οἴακι πειθοῖ » ; les hommes autochtones (109 d). Sur les ressemblances verbales avec le *Politique*, cf. Friedländer, *Platon*, I, p. 236.

2. Le *Critias*, ayant mentionné les autochtones, passe aux cataclysmes, au recommencement forcé qui les suit (109 e-110 a), et nous peint la vie fruste des montagnards qui survivent, « l'esprit uniquement tendu vers la satisfaction de leurs besoins ». Cf. Rivaud, *Platon*, t. X, p. 258. Mais la *République* (371 b-372 d) donne, aux hommes de sa cité primitive, la même vie frugale et heureuse que les *Lois* donnent aux hommes de l'époque patriarcale.

des villes, à la grande guerre et aux troubles qui en sont la suite, aux origines légendaires des trois grands États de Lacédémone, Argos, Messène. Alors seulement, on quitte le terrain des hypothèses et des légendes, et l'on entre dans le réel et l'historique : ὥστε οὐ περὶ κενόν τι ζητήσομεν τὸν αὐτὸν λόγον, ἀλλὰ περὶ γεγονός τε καὶ ἔχον ἀλήθειαν (684 a).

Que conclure de ces parallèles ? D'abord que Platon est partout conscient, dans ces peintures de l'humanité primitive, de nous présenter des constructions de l'esprit. Secondement, que, non seulement pour le règne de Cronos dans le *Politique* et les *Lois*, mais aussi bien pour le début du règne de Zeus dans le *Politique* et pour les survivants du déluge dans les *Lois*, il transpose à sa façon des traditions déjà diversement traitées avant lui. Enfin que, dans chacune de ces transpositions, il choisit, de la tradition, les traits et les couleurs qui vont à son dessein actuel, c'est-à-dire à l'impression qu'il veut produire et à la leçon qu'il veut formuler. Par exemple, comparons à la fois *Politique* 274 a-e (les hommes dans le monde que Dieu vient d'abandonner) et *Lois* 676 a-679 e (les hommes au lendemain du déluge) au tableau démocritien de l'humanité primitive (Diodore I, 8 ; Tzetzès, *Scholies à Hésiode*, dans Gaisford *Poet. gr. min.* III, 58) que nous pouvons prendre comme le plus systématique des tableaux similaires[1]. Nous verrons que le *Politique* 1) choisit, dans cette vie des premiers hommes, seulement les traits qui marquent leur misère ; 2) qu'il laisse de côté les jouissances et les vertus simples de cette vie ; 3) que, cependant, comme amorce des progrès futurs, il introduit les secours divins. Les *Lois*, au contraire, parlent bien du dénuement des hommes au lendemain du déluge, mais insistent beaucoup davantage sur leur simplicité, leur bonheur et leur vertu, et développent, en somme, les quelques traits dont la *République* (371 b-372 d) se servait pour esquisser le

1. C'est K. Reinhardt (*Hekataios von Abdera u. Demokrit*, Hermes, 1911, p. 492-513) qui a montré que Diodore, I, 7-8, transcrit, d'après Hécatée, le μικρὸς διάκοσμος de Démocrite. Epicure, par Lucrèce, livre V, et Diogène de Œnoanda ; enfin, un autre auteur, qu'utilisent Katrarios dans son dialogue *Hermippos* et Tzetzès dans ses scholies à Hésiode, sont les autres témoins de cette cosmogonie et anthropologie de Démocrite. Les textes sont rassemblés dans Diels, *Vorsokratiker*, Nachträge zum 2ten Bd (Berlin, 1922), p. XI-XIV. Voyez le tableau *infra*, p. LXVI-LXVII.

tableau de la Cité saine. C'est que *Lois* et *République* opposent l'innocence heureuse d'une société rudimentaire au trouble moral qu'éveille la civilisation, alors que le *Politique* oppose, à la vie d'une humanité dont Dieu est le pasteur, la vie d'une humanité laissée à elle-même, et met naturellement en relief la misère inhérente à tout monde et toute société « d'où Dieu est absent ».

Mais la comparaison la plus intéressante est à faire entre *Politique* 272 a-c et *Lois* 713 c-714 a, peignant tous les deux l'âge de Cronos. Si les deux tableaux sont les mêmes, en effet, le commentaire qui les accompagne diffère quelque peu de l'un à l'autre. D'abord, la question est posée, dans le *Politique*, de savoir si les hommes du temps de Cronos étaient plus heureux que ceux d'aujourd'hui. Quelle est la réponse? Que tout dépend de l'usage qu'ils ont fait de leur loisir. Il leur permettait « de dialoguer entre eux et avec les bêtes, διὰ λόγων συγγίγνεσθαι ». L'ont-ils fait de façon philosophique, cherchant à progresser les uns par les autres, à accroître le trésor de l'humaine sagesse (272 b-d)? C'est-à-dire, ont-ils pratiqué la dialectique? Voilà noué, dans une parenthèse bien intentionnelle, le fil qui relie notre mythe aux exercices et questions dialectiques dont il est précédé et suivi, aussi bien qu'à ce critère de gain dialectique auquel on mesurera la valeur du présent dialogue et de tout autre dialogue (285 c-287 a).

Un autre fil relie le mythe au problème politique, à savoir cette leçon qu'on tire expressément, que la définition du roi comme pasteur d'hommes s'applique seulement aux pasteurs divins du règne de Cronos (275 c). Ainsi est rejetée dans la légende cette image du Roi-Pasteur, classique depuis Homère. Mais, dans les *Lois*, le mythe est précédé de deux déclarations. La première est que la meilleure constitution politique de l'ère présente sera celle qui reproduit l'image de ce gouvernement des pasteurs divins (713 b). Que manque-t-il donc à ce gouvernement divin, dans le mythe du *Politique*, pour être le modèle d'une constitution humaine idéale? Le *Politique* nous l'a dit : qu'on y cultive la raison et la dialectique. Or, Platon a dessiné, dans la *République*, une telle constitution idéale, où les gouvernants, formés par cette culture rationnelle, modèlent la Cité sur le paradigme céleste, et le *Politique* lui-même, parmi toutes les constitutions humaines, en mettra une à part, qui, dira-t-il, est comme un dieu parmi les hommes (303 b). La seconde déclaration est celle-ci : Saturne n'a eu recours aux pasteurs divins que parce que nul homme n'est capable d'administrer en maître absolu les affaires humaines sans se gonfler de démesure et d'injustice (713 c). Or, le *Politique* nous le dit lui-même, non à propos du mythe, mais à propos des constitutions imparfaites : elles ne sont nées que de la défiance des hommes, qui ne peuvent croire que le monarque absolu soit capable de gouverner sans tyrannie (301 d). Enfin, le mythe des *Lois* se termine en transposant cet idéal du gouvernement divin : il n'y a de salut pour les Cités que si elles l'imitent autant que possible, c'est-à-dire si elles obéissent à ce qu'il y a d'éternel en nous et prennent pour lois les commandements de l'intellect : τὴν τοῦ νοῦ διανομὴν ἐπονομάζοντας νόμον (714 a). Et le *Politique* va nous dire : ce qui vaut mieux que la loi, c'est la raison incarnée dans le Roi idéal (οὐ τοὺς νόμους, ἀλλ' ἄνδρα τὸν μετὰ φρονήσεως βασιλικόν, 294 a) ; mais, à son défaut, l'unique salut des Cités sera de copier de leur mieux et de transcrire en lois intangibles les prescriptions de ce gouvernant idéal (297 d et suiv.)

Nous n'aurons pas besoin de réclamer l'indulgence pour cette longue comparaison entre le *Politique* et les *Lois*, si nous avons par là réussi à faire entrevoir au lecteur comment, dans notre dialogue, fable et démonstration logique se compénètrent. Si la distribution de la doctrine entre les deux n'est pas la même dans les *Lois* et dans le *Politique*, si celui-ci réserve uniquement à la démonstration logique certains traits que les *Lois* vont incorporer dans la fable, c'est que, dans le *Politique*, Platon doit discuter et batailler, — batailler avec lui-même, tout le premier — pour établir ces traits de doctrine. Mais la fable les prépare et les contient en puissance. Platon a placé là cette fable comme un repos au beau milieu d'exercices logiques abstrus. Naturellement, il lui plaît de s'en excuser par la suite, et de la trouver trop développée pour la leçon qui est censée en être l'unique but (277 b, 286 b). Naturellement aussi, certains critiques ont eu plaisir à le prendre au mot et pensent qu'on eût mieux fait de prouver, en quelques lignes et sans tout ce déploiement, que la définition du Roi comme pasteur d'hommes était trop large [1].

1. Par exemple, W. Willi, *Versuch einer Grundlegung der plato-*

D'autres se sont évertués autour de la cosmologie que suppose ce mythe, soit pour en dénoncer la contradiction, soit pour en rétablir l'accord avec celle du *Timée*. Mais qui dit mythe dit poésie et chant. Quand une pensée se dilate et se libère ainsi dans la poésie et le chant, l'accord qu'il faut lui demander n'est pas l'accord avec les détails d'un système : c'est un accord de ton et d'harmonie. L'efficacité à laquelle il faut la juger n'est pas non plus celle d'une preuve particulière à donner : c'est celle de la tonalité doctrinale qu'elle crée. Nous allons voir que cette tonalité n'est point détruite ni contrariée par celle dans laquelle se meut la discussion du problème politique.

V

DU PARADIGME A LA NOTION DE JUSTE MESURE

Le paradigme. Le *Sophiste*, dès son début, pour se préparer à définir la sophistique, s'était résolu à faire d'abord « sur quelque sujet plus facile, l'essai de la méthode applicable à une telle recherche » et avait choisi pour cela, comme exemple (παράδειγμα), la définition du pêcheur à la ligne (218 d). Il ne prétendait pas faire là quelque chose d'absolument nouveau, mais simplement se conformer à cette règle, « admise par tous et de tout temps », que pour traiter avec succès des sujets très importants, il faut d'abord s'exercer sur de plus petits et plus faciles. Antérieurement, en effet, le *Théétète* avait utilisé le σμικρὸν παράδειγμα que constitue le rapport contradictoire de six osselets à quatre, puis à douze osselets, pour faire comprendre un argument de dialectique relativiste (154 c), et, sans prononcer le mot de paradigme, s'était expressément servi de la généralisation du jeune Théétète sur les irrationnelles comme d'un modèle à suivre dans l'essai de définition de la science [1].

nischen Mythopoiie, Zurich, 1925, p. 35. Friedländer (*Platon,* I, p. 238/9) en profite au contraire pour montrer que le but du mythe dépasse cette correction logique : Platon réintègre la Cité dans le Tout cosmique et la fait participer à sa misère aussi bien qu'à sa destination divine.

1. *Théét.*, 148 d : πειρῶ μιμούμενος τὴν περὶ τῶν δυνάμεων ἀπόκρισιν, ὥσπερ ταύτας πολλὰς οὔσας ἑνὶ εἴδει περιέλαβες, οὕτω καὶ τὰς πολλὰς ἐπιστήμας ἑνὶ λόγῳ προσειπεῖν.

C'est ainsi que, dans un dialogue bien antérieur au *Théétète*, Socrate définissait la figure, puis la couleur, pour que, sur de tels παραδείγματα, le jeune Ménon s'essayât à définir la vertu (74 b-77 a). Le rapport mutuel des parties du visage servait, dans le *Protagoras* (330 a), de paradigme au rapport mutuel des parties de la vertu. Ce qu'il y avait de nouveau dans le *Sophiste*, c'était donc seulement l'insistance scolaire sur cette méthode et le long développement donné au paradigme choisi. Ces traits sont plus marqués encore dans notre *Politique*. Nécessité du paradigme pour qui doit traiter de grands sujets (τι τῶν μειζόνων), appuyée sur le fait que le paradigme réveille et fixe la réminiscence (277 d); nécessité d'une définition du paradigme lui-même ; appel au paradigme des lettres que l'enfant s'exerce à épeler, à la méthode de distinction et d'identification successives qu'il pratique dans cet exercice et dont le résultat est la notion synthétique ; élargissement de cet alphabet scolaire jusqu'aux proportions de l'alphabet universel, et de cet exercice d'enfant jusqu'aux efforts difficiles et plus ou moins heureux que nous devons faire pour déchiffrer le grand livre de la réalité; enfin, choix du tissage, et spécialement du tissage des laines, pour servir de paradigme à l'art politique (279 a-b), voilà le dessin fortement appuyé de cette leçon sur le paradigme.

Comme elle a servi à introduire et la définition de l'art vestimentaire et la distinction entre le tissage et ses parents ou auxiliaires, et enfin la définition du tissage comme art d'entrelacer la chaîne et la trame, elle réapparait, une fois ces définitions achevées, avec l'exercice scolaire dont elle s'illustre (285 b-286 c). Ce n'est pas pour apprendre à l'enfant l'orthographe d'un mot particulier qu'on le lui fait épeler si soigneusement, c'est pour l'habituer à déchiffrer n'importe quel mot. Ainsi nos exercices sur le tissage et même sur le politique ont une fin qui les dépasse et qui est de nous rendre meilleurs dialecticiens sur tous les sujets possibles. C'est que l'exercice dialectique, l'art de rendre raison et de se faire rendre raison des choses, est le seul moyen que nous ayons pour connaître les réalités incorporelles, qui sont les plus belles et les plus grandes [1]. Pour les autres, en

1. Ces ἀσώματα, κάλλιστα ὄντα καὶ μέγιστα, n'ont rien à voir avec les μέγιστα τῶν γενῶν du *Sophiste* 254 d, quoi qu'en dise

effet, nous avons un recours facile dans les images sensibles qui les représentent. De ces αἰσθηταί τινες ὁμοιότητες ἃς οὐδὲν χαλεπὸν δηλοῦν (285 e), plusieurs dialogues nous offriraient des exemples, et particulièrement la *République* avec ses ombres, avec ses images des eaux et des miroirs (510 a); mais aussi le *Cratyle*, lorsqu'il nous montre que, sans aucun son ni langage, nous pouvons nous faire voir les uns aux autres les réalités sensibles (δηλοῦν ἀλλήλοις τὰ πράγματα) par la mimique naturelle du corps, par le geste et l'attitude, qui exprimeront aussi bien le lourd ou le léger que la course du cheval ou d'un autre animal, de même que, par les sons, nous mimons les brebis, les coqs et les autres animaux (422 e-423 e). Sons, formes, couleurs, voilà les ressemblances naturelles qui nous permettent d'exprimer les choses sans discours et sans peine. Enfin, le *Politique* lui-même nous a déjà parlé de dessins et de représentations manuelles (277 c); la *République* et le *Timée* en connaissent qui reproduisent les mouvements mêmes des astres [1]. Mais les réalités incorporelles n'ont, nous le savons, ni sons, ni formes, ni couleurs. Aussi n'ont-elles pas d'images ou de copies sensibles et ne supportent-elles qu'une explication rationnelle. Or, cette explication rationnelle, dialectique, exige un entraînement, des exercices, et les exercices méthodiques prennent naturellement pour sujets préparatoires des exemples faciles (286 b). On chercherait en vain, dans cette leçon sur le paradigme, quelque trait qui soit exclusivement propre à la méthode dichotomique et ne puisse s'expliquer par la méthode générale de division et de synthèse et par la théorie des Formes telle que nous la présentent les dialogues antérieurs au *Sophiste* et au *Politique*. Platon y résume et, si je puis dire, y scolarise sa pratique ordinaire. Mais cette opposition entre réalités corporelles et incorporelles, dans laquelle se prolonge ou plutôt resurgit la question du paradigme, fait partie d'un exposé qui se présente comme une digression et qu'on a trop

J. Stenzel, *Studien z. Entwicklung d. plat. Dialektik*, p. 94, et *Zahl u. Gestalt bei Platon u. Aristoteles*, p. 156. Cf. *Supplément critique du Bulletin de l'Association Guillaume Budé*, VI (1934), p. 103.

1. *Timée*, 40 c, les mentionne expressément; la *République* (X, 616 c et suiv.) les suppose. Cf. A. Rivaud, *Etudes platoniciennes*, I, dans Revue d'histoire de la philosophie, II, 1, 1925, p. 1-26. Cf. ici, plus haut (p. XXXI), l'interprétation de P. M. Schuhl.

souvent le tort de considérer comme tel. Or, la notion qu'il introduit ainsi, à un endroit qui est matériellement le centre du dialogue, en est vraiment le centre dynamique[1]. C'est la notion de la *juste mesure* : τὸ μέτριον.

La juste mesure. Certains commentateurs ont pensé que ces considérations sur l'excès et le défaut, amenées par une remarque sur le circuit qu'on a fait pour définir le tissage (283 b), devaient répondre à quelque critique récente[2]. Mais il est plus simple d'observer qu'elles ont été préparées dans notre dialogue même, ne fût-ce que par le reproche fait au mythe, qui a trop allongé la démonstration (277 b). et surtout que de pareilles plaintes ou de pareilles excuses sur la longueur d'un exposé sont, dans la série des dialogues, en commençant par le *Sophiste* et remontant jusqu'aux tout premiers, fréquentes et presque habituelles. Ce sont formules de style, et qu'on trouverait tout aussi bien chez les rhéteurs. C'est chez les rhéteurs que le débat sur la longueur ou la brièveté du discours était devenu un lieu commun, et c'est à un rhéteur, à Prodicus, que le *Phèdre* emprunte la solution sur laquelle insistera notre *Politique*. Prodicus, en effet, se vante d'être le seul à avoir découvert quels discours réclame l'Art : « Ni longs ni courts, mais de juste mesure[3]. » Le *Théétète*, lorsqu'il oppose, aux orateurs que presse « l'eau qui s'écoule », les philosophes maîtres de leur loisir, traduit déjà cette juste mesure de Prodicus par le seul terme que la philosophie et la science puissent admettre. Son mot : « point ne leur importe longueur ou brièveté dans l'argument, pourvu qu'ils atteignent le vrai », devance la formule du *Politique* : « rendre les auditeurs plus aptes à la dialectique et plus habiles à trouver les raisonnements qui mettent au jour la vérité[4] ». Platon n'avait donc pas besoin

1. A. Rivaud l'a déjà nettement indiqué (*Le problème du devenir*, p. 316). Voir aussi J. Souilhé, *La notion platonicienne d'intermédiaire*, p. 122/6, p. 154/5.

2. Cf. C. Ritter, *Neue Untersuchungen über Platon*, München, 1910, p. 90.

3. *Phèdre* 267 b : καὶ μόνος αὐτὸς εὑρηκέναι ἔφη ὧν δεῖ λόγων τέχνην· δεῖν δὲ οὔτε μακρῶν οὔτε βραχέων, ἀλλὰ μετρίων.

4. *Théét.* 172 d : καὶ διὰ μακρῶν ἢ βραχέων μέλει οὐδὲν λέγειν, ἂν μόνον τύχωσι τοῦ ὄντος. Cf. ici, 287 a, διαλεκτικωτέρους καὶ τῆς τῶν

d'une attaque sur le terrain littéraire pour introduire ici sa leçon sur le μέτριον, et, si brillante qu'elle soit de ce point de vue littéraire, ce n'est pas là qu'elle a son centre d'intérêt. Le débat sur la longueur du discours ne sert ici que de transition — de transition d'ailleurs facile et naturelle, pour amener une notion dont le poids porte tout entier sur le thème que le dialogue poursuit depuis le début à travers ces méandres dialectiques ou mythiques, et sur lequel il va maintenant s'étendre à loisir : la politique.

Si Platon ne nous le disait pas lui-même ici de la façon la plus expresse, les *Lois*, qui si souvent prolongent ou côtoient notre dialogue, suffiraient à nous en avertir : la « juste mesure » est la seule norme qui puisse régir et définir un bon gouvernement. Pourquoi les rois d'Argos et de Messène ruinèrent-ils, avec leur propre fortune, la fortune de toute la Grèce ? Parce que leur avidité ignora le précepte d'Hésiode, et ne sut pas voir « que la juste mesure contient plus que la démesure, τὸ μέτριον τοῦ ἀμέτρου πλέον » (690 e). Juste mesure de voilure, juste mesure de nourriture, juste mesure d'autorité, voilà ce qui sauve le vaisseau, le corps, le gouvernant, car « il n'est pas un homme sur terre, s'il est jeune et n'a de compte à rendre à personne, qui puisse porter le poids du souverain pouvoir et ne pas devenir un insensé, odieux à ses meilleurs amis, et qui ruine de ses mains sa propre puissance ». Empêcher de tels malheurs, de grands législateurs le pourraient seuls, connaissant la juste mesure (691 c-d). Ce qui sauva Sparte, ce fut d'abord un dieu, qui, dédoublant la royauté, « la restreignit à la juste mesure » (691 e). Puis un homme divin tempéra le pouvoir royal par celui des vingt-huit gérontes et, finalement, un troisième sauveur établissant les éphores, la royauté trouva, dans la mesure (μέτρον), son salut et celui de la cité, alors que des législateurs comme Téménos et Cresphonte s'imaginèrent qu'il suffisait de la sainteté des serments pour contenir dans la juste mesure (ᾠήθησαν ὅρκοις μετριάσαι) une âme jeune, fière d'une autorité qui contenait en puissance la tyrannie (692 b). L'homme qui, des trois monarchies d'Argos, Messène et Lacédémone,

ὄντων λόγῳ δηλώσεως εὑρετικωτέρους. Les *Lois* diront qu'il est puéril de se préoccuper des dimensions du discours : τὰ γάρ, οἶμαι, βέλτιστα, ἀλλ' οὐ τὰ βραχύτατα οὐδὲ τὰ μήκη τιμητέον (722 a).

eût su ne faire qu'une seule monarchie, tempérée dans la juste mesure (δυνάμενος μετριάσαι τὰς ἀρχὰς κτλ), celui-là eût évité à la Grèce l'invasion perse (692 c). Si, en effet, on ne tempère l'une par l'autre monarchie et démocratie, ni l'une ni l'autre ne réalisera la juste mesure. Les Perses l'avaient, sous Cyrus, cette juste mesure entre l'esclavage et la liberté, mais Cyrus, excellent général, manqua d'une droite éducation et ne sut pas lui-même élever ses fils, qu'il laissa aux mains des femmes (694 c). Et Platon de continuer à prouver, par l'histoire, que jamais homme élevé à la façon dont le sont ordinairement les enfants des riches et des tyrans ne fut un homme remarquable [1].

Ce n'est pas le lieu de faire ici la liste des passages où les *Lois* nous parlent du μέτριον et des notions qui lui sont connexes [2], mais ne craignons pas d'être sortis de notre sujet et de la mesure qu'il réclame en analysant ces quelques pages du « Discours sur l'Histoire universelle » que constitue le livre III. Sous cette devise de la « juste mesure », répétée presque à chaque phrase, une politique est prônée qui, nous le verrons, est celle même à laquelle se résout notre dialogue. Ou plutôt, ce n'est pas une politique, c'est la politique, en tant qu'art humain et non déchaînement d'une force aveugle, qui n'est réalisable que sous ce signe du μέτριον. Voilà pourquoi la prétendue digression sur la juste mesure est introduite au cœur même du *Politique*. Déjà, pour le *Gorgias*, ce qui caractérisait toute technique, peinture, architecture, construction de navires, médecine, c'était de viser au meilleur, de chercher à réaliser, par un arrangement convenable de tous les éléments, l'ordre et la proportion harmonieuse (τάξιν τε καὶ κόσμον, 503 e-4 a). Pour le *Politique*, c'est de

1. Il prend comme exemples, après Cambyse, Darius « qui n'était point fils de roi », puis Xerxès, aussi mal élevé par Darius que Cambyse et ses frères par Cyrus. Sur l'intention critique à l'égard de la *Cyropédie*, cf. Platon-Budé, t. VI, Introduction, p. XL, mais noter aussi l'application possible à Denys II, que son père a laissé dépourvu de toute éducation et de tous maîtres, ἀνομιλήτῳ μὲν παιδείας κτλ. (*Lettre* VII, 332 d).

2. Cf. pour les richesses, 666 c, 746 a, 806 d, 920 c ; pour les discours (disant ce qu'il faut), 811 d, 885 e ; pour la conduite morale, 811 d, 816 b, 836 a, 955 e ; pour la quantité (ce qui suffit), 842 c, etc.

viser à la juste mesure, à ce qui convient, à ce qui est à propos, à ce qui se doit. Si elles ne pouvaient, par une telle norme, parvenir à éliminer le trop ou le trop peu, — la démesure —, c'en serait fait de leur existence. Ainsi l'objet même de notre enquête, l'art du tissage et la politique dont il est le paradigme, serait aboli, si nous ne distinguions, de la mesure purement brutale, pour laquelle n'existent que les quantités relatives « plus grand » et « plus petit », cette mesure idéale, cette moyenne parfaite qu'est le μέτριον. Et Platon, pour souligner le plus fortement possible ce rôle dynamique du μέτριον dans notre dialogue, met hardiment en parallèle cette notion de la juste mesure avec celle du non-être. Si le non-être n'est pas, disait-il dans le *Sophiste,* il n'y a pas d'art d'illusion, donc pas de sophistique. Il dit ici : « Si la juste mesure existe, les arts existent, et si les arts existent, la juste mesure existe ; mais, que l'une de ces existences soit abolie, l'autre est à jamais impossible » (284 d). Ainsi Platon déclare expressément que la notion de la juste mesure joue, dans l'enquête sur la politique, le même rôle de condition indispensable et de pivot que jouait la notion du non-être dans l'enquête sur le sophiste. Il est curieux d'observer l'opposition que contient, sans l'exprimer, ce parallélisme. La notion métaphysique du non-être soutient, dans le *Sophiste*, non seulement la thèse de la possibilité de l'illusion et de l'erreur, mais aussi le mécanisme logique de mutuelle exclusion et négation par lequel, des deux différences contenues sous le même genre, l'une est rejetée dans l'oubli et le néant au moins provisoire, pendant que l'autre se pose et s'affirme, pour engendrer à son tour deux nouvelles différences qui, elles aussi, s'excluront mutuellement. Chacune des dichotomies qui encadrent le *Sophiste* et toute la première partie de notre *Politique* n'est logiquement rigoureuse que si, entre l'une et l'autre différence, il n'y a aucun milieu. Mais toute action et particulièrement toute production a comme loi nécessaire de réaliser un certain achèvement, et tout achèvement est milieu ou limite entre l'inachevé et l'outré, entre le trop peu et le trop. Le passage du *Gorgias* auquel nous avons déjà fait appel nous dit que cet achèvement est forme, εἶδος (503 e)[1], et, si nous voulions appliquer

1. Ce n'est pas au hasard que chaque artisan recueille et emploie

aux formes intelligibles ou aux espèces logiques cette notion d'achèvement (πέρας), nous comprendrions comment, dans la dichotomie, entre l'inachèvement ou l'indétermination qu'est le reste du genre et l'achèvement ou détermination qu'est la différence spécifique, il ne peut y avoir de milieu ; mais, d'autre part, considérant l'effort qui essaie de réaliser cette forme, nous songerions qu'il peut rester en deçà ou passer au delà, et l'achèvement ou la forme se situerait ainsi comme un milieu entre deux indéterminations ou deux infinis (ἄπειρα), qui sont le trop ou le trop peu. C'est pourquoi l'on exige de la dichotomie qu'elle progresse en divisant par moitiés, διὰ μέσων (*Politique*, 262 b) c'est-à-dire en tenant continuellement le milieu entre une extension conceptuelle trop étroite et une extension débordante. C'est pourquoi aussi l'œuvre de toute technique réalise un juste milieu ou une juste mesure. Si, avec Platon ici, nous comparons cette juste mesure, achèvement précis et limite exacte, avec la mesure brute qui compare deux grandeurs l'une à l'autre, nous dirons que cette mesure brute n'est que relative [1], et que la juste mesure est un absolu. C'est qu'elle est fin (τέλος), donc autosuffisance (ἱκανόν), et qu'elle rentre ainsi dans la catégorie du beau et du bien (*Philèbe*, 54 c). Aussi verrons-nous le *Philèbe* définir le Bien soit κάλλει καὶ ξυμμετρίᾳ καὶ ἀληθείᾳ (64 e-5 a), soit par tout ce qui est μέτρον, μέτριον, καίριον (66 b) [2]. Les synonymes qui accompagnent ici la juste mesure (284 e) sont ce qui convient (τὸ πρέπον), ce qui est à propos (ὁ καιρός), ce qui se doit (τὸ δέον) et Platon résume en ces quelques notes toute une richesse de tradition morale, littéraire, scientifique [3]. Mais,

les matériaux qu'il emploie, ἀλλ' ὅπως ἂν εἶδός τι αὐτῶν σχῇ τοῦτο ὃ ἐργάζεται.

1. Cf. *Politique*, 283 d/e, 284 d/e.

2. Sur ce dernier passage, cf. *Autour de Platon*, livre III, ch. IV, *L'échelle finale des biens dans le Philèbe*, p. 385-399.

3. Sur la notion générale de mesure, cf. H. Kalchreuter, *Die* Μεσότης *bei und vor Aristoteles*, Tübingen, 1911 ; A. Moulard, *Metron, étude sur l'idée de mesure dans la philosophie antésocratique*. Angers, 1923. Pour τὸ δέον, cf. *Cratyle*, 418 b/e : « l'obligatoire (*déon*), qui est une forme du bien, a l'air d'être une chaîne (*desmos*) » (trad. Méridier). Pour καιρός, cf. Hippocrate, *des lieux dans l'homme*, § 44 (Littré, VI, p. 338) : « La médecine est de mesure

si précis et si absolu, si irremplaçable que soit, en toute œuvre d'art, littérature, technique ou morale, le point de perfection, nous savons et nous aimons à dire, nous modernes, combien ce point de perfection est relatif. Platon le sait aussi. Il connaît une convenance littéraire (τὸ πρέπον) qui mesure et adapte les proportions à un but d'agrément, et, sans s'en faire esclave, il ne refuse pas de s'y prêter en passant. Mais il n'accepte pas d'écourter à cette mesure le développement d'une démonstration, et, pour le discours philosophique, n'accepte d'autre critère d'achèvement et de juste proportion que sa puissance d'éducation dialectique (*Politique*, 286 d-87 b). Ce n'est d'ailleurs pas seulement chaque art ou chaque discipline qui, pour lui, a son μέτριον propre; c'est dans l'intérieur même de chaque discipline que la juste mesure varie avec le sujet, les conditions, les circonstances. Sans doute la politique ou la législation a une norme générale très haute : elle prêche au citoyen de fuir la démesure et, pour cela, d'imiter Dieu, qui est « la mesure de toutes choses à beaucoup plus juste titre que le premier homme venu » (*Lois*, 716 c). Sans doute, elle doit à tous une justice égale et n'avoir d'égard ni aux privilèges d'une oligarchie, ni au caprice d'un tyran, ni à la puissance du grand nombre, mais qu'est-ce que cette justice égale ? L'égalité brutale est facile à réaliser : le sort aveugle et la fève y pourvoient. Mais l'égalité vraie est proportionnelle et très difficile à fixer, car « elle doit distribuer à chacun la juste mesure qui convient à sa nature propre » : la justice politique est ainsi « d'assurer, entre inégaux, une égalité définie par la nature de chacun » (757 c-e). Il ne suffit donc pas de prôner et d'imposer le μέτριον ; il faut « le préciser et le délimiter dans chaque cas » (719 e). Délimitation peu aisée, Zeus seul en est capable ; et, si énergiquement que le législateur doive désirer et poursuivre cette justice idéale, la nécessité s'imposera souvent, pour maintenir en paix les foules aisément séditieuses, de mêler, à ce μέτριον achevé et exact, une mesure d'uniformité brutale (757 d-e). Quand nous voyons le *Politique* opposer, dans sa dernière partie,

fugitive (ὀλιγόκαιρος) ; celui qui le comprend a là un point fixe, et il sait quelles sont les réalités et non réalités (τὰ εἴδεα καὶ τὰ μὴ εἴδεα) dont la connaissance constitue la mesure (καιρός) en médecine ». Tout le paragraphe est sur la mesure, l'excès et le défaut.

l'uniformité aveugle et entêtée de la loi au libre et souple discernement du roi souverain, puis reconnaître que ce critère vivant et infaillible est un rêve et retomber à la loi comme à un pis aller, tout en l'assouplissant autant que possible par la recherche des mélanges heureux et des fusions harmonieuses, ne comprenons-nous pas mieux pourquoi Platon, avant d'aborder cette dernière partie, a introduit, au centre même de son dialogue, l'opposition entre la mesure brutale et la juste mesure ?

VI

LE PROBLÈME POLITIQUE

L'exposé du problème politique peut être commenté, commodément pour nous, sous les cinq titres suivants : 1) Le Chef et ses contrefaçons ; le critère unique : la science.

2) La rigueur de la thèse : toute puissance et toute licence de la science ; l'illégalité idéale.

3) L'adaptation au possible : la légalité nécessaire.

4) Le régime de l'imparfait : les constitutions partisanes.

5) La fonction synthétique du royal tisserand.

Le chef et ses contrefaçons.

Après avoir facilement éliminé, de la compétition avec le politique, les tenants de toute fonction tant soit peu serve, esclaves, commerçants, secrétaires et hérauts, devins et prêtres eux-mêmes, nous nous trouvons devant le chœur qui s'agite autour des affaires publiques : celui des pseudo-politiques, ou, pour traduire cela en langage moderne, celui des politiciens. Contrefaçons du politique, ils sont, comme la contrefaçon du philosophe dans le précédent dialogue (*Soph.* 232 et suiv. et *passim*) des sophistes et illusionnistes, des charlatans et des magiciens consommés. C'est pour les mieux distinguer de l'homme politique et royal qu'on s'engage dans l'examen et le classement des constitutions. Nous avons vu, dans l'Introduction à la *République*, de quelle façon naturelle et presque nécessaire s'était développée, dans la lutte de propagande des Cités et des partis, cette comparaison littéraire des formes de gouvernements. Les cinq constitutions distinguées ici par

Platon le sont déjà dans Hérodote (III, 80-82), car, si le débat ne porte nominalement que sur la démocratie, l'oligarchie et la monarchie, celle-ci prend tout de suite, dans le discours de ses adversaires Otane et Mégabyse, et les traits et le nom de la tyrannie; quant à l'oligarchie, encore que le nom d'aristocratie ne lui soit pas donné, c'est bien comme gouvernement des meilleurs (ἀνδρῶν τῶν ἀρίστων) que Mégabyse la propose, et c'est comme dégénérant en factions (στάσιες) que Darius la combat. Naturellement, si Otane définit la démocratie par l'isonomie, l'élection, la délibération en commun et le contrôle populaire, Mégabyse n'y voit qu'incompétence, irréflexion et démesure. Isocrate affirme bien qu'il n'y a que trois formes ; oligarchie, démocratie, monarchie (*Panathen.* 132) ; mais, quand les *Lois* viendront d'énumérer à la file démocratie, oligarchie ou aristocratie, royauté ou tyrannie (712 b), elles nous diront (714 b) que c'est là ὅσα λέγουσιν οἱ πολλοί. De fait, Xénophon fera tenir à Socrate cette même division, en employant les critères mêmes que mentionne ici Platon : consentement des gouvernés, conformité aux lois, taux des fortunes, nombre des gouvernants (*Mém.* IV, 6, 12). Quant au critère unique par lequel Platon les remplace, la science, nous ne nous étonnerons pas de le trouver aussi dans les *Mémorables* : n'est-ce pas l'exigence socratique fondamentale ? « Ce qui fait les rois et les chefs, ce n'est pas le sceptre, ce n'est pas l'élection par le premier venu, ni le sort, ni la violence ou la brigue menteuse ; c'est la science du commandement. » Que cette science exigée du chef soit, ici, comme partout chez Platon, science du bien, c'est-à-dire science de ce qui assurera le salut de la Cité, c'est ce que montrent les exemples, si habituels au platonisme, du médecin et du pilote (293 b, 297 e, etc.).

L'illégalité idéale. Que cette science si difficile du gouvernement des hommes soit un rare privilège, la *République*, à défaut d'autres dialogues, nous l'atteste par le soin qu'elle prend et de choisir et d'éprouver et de former longuement, par l'étude et la pratique, ses candidats-gouvernants. Quelle n'appartienne ni à une foule ni à une camarilla ou un parti, mais seulement à un seul ou à quelques-uns, ce n'est pas une nouveauté non plus, encore que, pour son gouvernement idéal, la *République* ne fasse guère de différence entre la monarchie ou l'aristocratie (445 d)[1]. Mais ce que Platon lance ici et pousse à bout comme une nouveauté un peu scandaleuse, c'est le droit de la science à mettre de côté la loi. Est-ce donc une nouveauté absolue? De fait, le lecteur en appelle tout de suite au *Criton* et à la prosopopée des lois (50 a-54 d), au *Gorgias* et au duel entre Socrate et Calliclès autour du droit de la force (482 c-505 b). Mais n'est-ce pas un appel inopérant? La différence est grande entre l'insoumission du particulier à la loi commune, ou la révolte du surhomme contre « l'isonomie » qui protége les faibles, et le parti que prend un chef, sûr de sa compétence et de sa volonté de justice, de substituer sa science à la loi. Pour les gouvernants que formait la *République*, la loi suprême, l'unique loi n'était-elle pas l'Idée du Bien, et ne devaient-ils pas commencer par faire de l'âme de la Cité une toile nue (501 b), pour y reporter, de ce Bien qu'ils contemplent enfin après s'y être entraînés toute leur vie, l'image la plus fidèle qu'ils pourraient? Or, cette mise à nu de la toile ne se faisait pas sans une violence souveraine, car elle balayait tout, non seulement les lois et coutumes préexistantes, mais tous ceux qui, ayant vécu sous ces lois et ces coutumes, ne présentaient plus une âme neuve et docile : tous les adultes (541 a). Ce qu'il y a de nouveau ici, c'est donc seulement la rigueur avec laquelle Platon tire les conséquences de ce double principe, que le seul et vrai chef est celui qui sait, et que le salut de l'Etat est la suprême et unique loi. Ainsi, pour le technicien, l'unique loi est le bien pour lequel est faite sa technique : le médecin pour sauver son malade, le capitaine pour sauver son navire, fait table rase, non seulement de tout code écrit, mais aussi des opinions et des volontés mêmes de ceux qu'il sauve (293 a/b, 295 d). Aux objections naturelles des critiques modernes, observant que l'analogie est trompeuse[2], que le patient ou le passager ont d'avance et par libre choix renoncé leurs volontés entre les mains du médecin ou du capitaine, la *République* a déjà répondu : de même que la raison commande de droit aux parties inférieures de l'âme, de

1. « Je dis donc que ces deux formes n'en font qu'une ; car, qu'il y ait plusieurs chefs ou qu'il n'y en ait qu'un, ils ne changeront rien aux lois fondamentales de l'État, s'ils ont reçu l'éducation et l'instruction que nous avons décrites » (trad. Chambry).

2. Cf. E. Barker, *Greek Political Theory*, p. 277.

même celui qui l'incarne à celui en qui elle n'est pas maîtresse (431 a/b).

Ce qu'il y a aussi de nouveau, c'est ce merveilleux parallèle entre la raideur obstinée de la loi et la souplesse que requiert l'action politique (294 b et suiv.). Si nous cherchons dans le passé un parallèle à ce thème nouveau, l'insistance avec laquelle Platon nous parle ici de « la lettre écrite, τὰ γράμματα » nous rappellera cette opposition rhétorique, si originalement transposée par le *Phèdre*, entre la parole écrite et la parole improvisée. Le *Phèdre* nous a dit lui-même que la loi est un discours écrit et le législateur un logographe (258 b). Comme le véritable orateur, l'homme d'action, le chef, improvise. Le discours écrit, la loi, dit et ordonne à tous, sans distinction, toujours les mêmes choses (*Phèdre*, 275 d/e, *Polit.* 294 b), alors qu'il y a une telle diversité entre les hommes, et, par suite, dans aucun art et dans aucune matière, aucune place pour un absolu qui vaille pour tous les cas et pour tous les temps (*Polit.* 294 b). Le chef, comme l'orateur, sait « de combien de formes l'âme est susceptible[1] » et par quelles raisons on agit sur chacune ; et non seulement il sait cela par l'avoir appris, mais il considère « ce qu'elles sont dans la pratique et pratiquement appliquées » et possède « un flair assez fin pour en suivre la piste. » Aussi est-il capable de donner, à tel homme que voici, dans telle circonstance précise, les raisons ou les ordres qui conviennent (*Phèdre*, 271 d-272 b). Comme le *Phèdre* utilisait, avec la même passion de science exacte que les médecins, la théorie du καιρός si ordinairement employée par les rhéteurs pour les seules fins de la vraisemblance, ainsi le *Politique* nous a montré que, dans toute technique, un achèvement exact et précis n'est possible que par le μέτριον, le πρέπον, le δέον, le καιρός (284 d). Assurément, le chef écartera l'impossible entreprise de dicter, à chaque individu, en chaque circonstance, son devoir personnel. Comme le chef de gymnase ou le médecin, il formulera ses prescriptions en gros, pour la majorité des cas. Mais, qu'il les écrive ou non, il ne s'entravera pas de ses propres mains en regardant ces prescriptions ou ces lois comme intangibles. La juste mesure générale qu'elles réalisent à tel moment ne sera plus juste à tel autre. Il faut

1. Je cite entre guillemets la traduction de L. Robin.

donc l'assouplir aux conditions nouvelles. Ainsi, libre à l'égard de tout code ou discours écrit par lui-même ou par d'autres, l'orateur ou le chef selon Platon, dans la liberté souveraine de son enseignement vivant ou de son action vivante, avec son propre art dialectique ou sa propre science lui tenant lieu de code écrit, réalisera non pas une vraisemblance passagère ou une accommodation flatteuse aux passions du moment, mais l'immortelle vérité, la justice parfaite, fondée sur l'intellect et la science (*Phèdre* 276 e-277 a, *Polit.* 297 b)[1].

Platon est tellement résolu à pousser sa thèse jusqu'au bout, qu'il en vient à se renier lui-même. Cette entrave des lois existantes, le chef la supprimera-t-il, au besoin, même par la violence ? Oui, quoi qu'en pensent la plupart des gens, qui interdisent au réformateur de substituer, aux « lois des ancêtres », d'autres lois, même meilleures, s'il n'obtient le consentement de tous ses concitoyens (296 a). Nous pourrions encore ici récuser la contradiction qu'apporte le *Criton* : « exécuter ce qu'ordonne l'Etat et la Patrie, ou la faire changer d'idée par les moyens légitimes. Quant à la violence, n'est-elle pas impie envers une mère, envers un père, et bien plus encore envers la patrie ? » (51 a, tr. Croiset) Car il s'agit toujours, dans le *Criton*, de la révolte et de la violence du particulier. Mais la *République* envisageait-elle cette violence comme possible de la part même de son réformateur philosophe, quand elle prévoyait qu'il ne ferait pas de politique dans sa patrie, « à moins que le ciel ne lui en donne l'occasion » (592 a) ? En tout cas, la *Lettre* VII interprète ainsi son devoir : si son pays ne lui semble pas bien gouverné, « qu'il parle, mais seulement s'il ne doit pas parler en l'air ou s'il ne risque pas la mort : mais qu'il n'use pas de violence pour renverser la constitution de sa patrie, quand on n'en peut obtenir de bonne qu'au prix de bannissements et de massacres » (331 d, tr. Souilhé). On pourrait penser que, dans le *Politique*, Platon se sent plus libre que dans la *République* parce qu'il s'agit, peut-être, non d'Athènes, mais de la Sicile. Ecrit après le troisième voyage de Platon, soit avant, soit après l'expédition

1. Après avoir écrit ce qui précède, je me suis aperçu que Friedländer, *Platon*, I, chap. v, *Das geschriebene Werk*, utilise admirablement, pour l'explication du *Politique*, cette opposition entre discours écrit et discours parlé (p. 134 et suiv.). Nos commentaires sont cependant différents.

de Dion contre Denys, le *Politique* serait ou la justification anticipée, ou l'approbation *post actum*, non seulement de « la leçon par le fait » que Dion donna à Denys en le renversant (Lettre VII, 333 a), mais même du meurtre d'Héraclide, auquel Dion, après une longue patience, se vit finalement contraint par les complots toujours renaissants de son ancien ami[1]. De telles hypothèses n'ont, en elles-mêmes, rien d'impossible, car, encore que les Lettres ne fassent aucune allusion au meurtre d'Héraclide, elles nous certifient que les plans de Dion étaient bien, aux yeux de Platon, ceux du réformateur selon son cœur. Il voulait réaliser la justice (335 c); il voulait, délivrant Syracuse de la servitude, lui donner ensuite les meilleures lois (336 a). Mais ce serait nous tromper gravement de croire et que Platon a vu, en Dion, l'homme qui devait réaliser, dans toute sa rigueur, la thèse du droit absolu de la science, et que Platon a soutenu, ici, cette thèse comme réalisable dans toute sa rigueur. Car, dans le souvenir et le culte d'amitié que Platon lui consacre, Dion lui apparaît comme un homme que ses plans médités et sa volonté foncière portaient vers l'établissement « d'une constitution et d'une législation vraiment juste et bonne qui s'imposerait sans le moindre meurtre, sans le moindre exil ». La rupture violente avec Denys, ou plutôt l'injustice de Denys qui suscita cette riposte défensive, vint au travers de ces plans et de cette volonté. Au lendemain du triomphe de Dion sur Denys, ces plans et cette volonté ont recommencé de le conduire, mais le désastre final est venu quand même de cette rupture, par les fausses amitiés dans lesquelles il avait cru trouver assistance. Au lendemain de sa mort, c'est encore de pareils plans et de pareils conseils que Platon adresse aux Syracusains : en son nom à lui, Dion, adopter, à la fois, « la liberté sous le pouvoir royal », et « l'autorité royale responsable et soumise à des lois » (*Lettre* VII, 355 e). Enfin, si Platon, ici, dans le *Politique*, pousse à bout la thèse du droit absolu de la science, c'est pour lui donner tout l'éclat de son idéalité abstraite avant précisément de la mettre de côté comme un idéal et comme

1. Après l'expédition, cf. Geffcken, *Griechische Literaturgeschichte*, II (1934), p. 135 et note 119. Avant, cf. la thèse d'Eberz, *Die Tendenzen der platonischen Dialoge, Theaitetos Sophistes Politikos*, Archiv f. Gesch. d. Philos. XXII, 2, 252-263 ; 4, 456-492 (cf. *Autour de Platon*, p. 344).

une abstraction, de la même façon qu'il l'a revêtue d'une poésie éclatante, dans le mythe, sous la figure du pastorat divin, pour mieux montrer que le chef, dans la réalité de ce monde, doit être un homme qui commande à des hommes.

La légalité nécessaire.

Ni un homme, en effet, ni les hommes n'ont cette science absolue, parfaite raison pénétrée de parfaite justice. La foule n'a pas cette science et prétend s'en passer ; aussi elle la craint, la hait, l'entrave tant qu'elle peut, la persécute jusqu'à la mort. Les pages du *Politique* sur cette lutte contre la compétence en tous domaines et sur la tyrannie de lois intangibles, fabriquées à la grosse, au petit bonheur (298 a-299 e), sont parmi les plus belles que Platon ait écrites depuis le *Gorgias* et la *République* : le souvenir de la mort de Socrate anime encore de sa rancœur leur puissante ironie. Quant à l'individu parfait, « tout de suite unique par sa supériorité de corps et d'âme », il n'éclôt pas dans la ruche humaine ; et, quelque supériorité qu'ait un homme, le pouvoir absolu l'affole et fait de lui un monstre (301 d). D'autre part, si dépourvues de science que soient les lois existantes, elles garderont quand même, des tâtonnements d'où elles sont issues, quelque vertu ordonnatrice : aucune activité humaine ne sera possible si celui que le sort, non la science, appelle à la diriger, est laissé libre d'agir à sa guise. Il faut donc des lois, et des lois intangibles (300 a-c). Platon répétera plus tard ce raisonnement, qui va de l'illégalité idéale à la légalité refuge. Il faut aux hommes des lois, dira-t-il, si l'on ne veut qu'ils vivent comme des bêtes fauves, car l'homme, tel qu'il est, n'a ni assez de clairvoyance ni assez de maîtrise de soi pour se passer de leur direction. Pas assez de clairvoyance pour comprendre que le bien de l'individu réside dans le bien commun. Pas assez de maîtrise de soi, même s'il le comprenait, pour être capable, lorsqu'il sera maître absolu et irresponsable, de ne pas sacrifier le bien commun à son caprice. « Si, en effet, un homme naissait, par grâce divine, avec cette science parfaite, il n'aurait aucun besoin de lois qui le gouvernent : la science est au-dessus de toute loi et de toute réglementation, et le droit exige que l'Intellect ne soit soumis ni asservi à rien, mais qu'il commande à tout, s'il est, comme le veut sa nature, toute vérité et toute liberté. Malheureusement, il n'est tel nulle part, sauf de rares exceptions. Aussi faut-il nous résoudre au second parti, et choisir la réglementation et la loi, qui voient et considèrent la majorité des cas, mais ne sauraient les embrasser tous » (*Lois*, IX, 874 e-875 d).

Nous avons vu déjà que les livres III et IV des *Lois* prêchent la même doctrine : qu'un homme jeune et qui ne doit de comptes à personne ne saurait résister au violent attrait de la tyrannie (691 c-d) : qu'il est vain de croire qu'on le retiendra sur cette pente par la sainteté des serments (692 b) ; qu'un tyran jeune, noble d'esprit et de cœur, aidé d'un sage législateur, serait, en réalité, l'agent le plus rapide que l'on puisse concevoir pour l'introduction d'une monarchie légale et sage (709 e-710 d) ; qu'un tel despote, moyen idéal d'accélération pour la transformation rêvée, est un prodige qui ne se rencontre plus, et qu'il est, à vrai dire, un mythe (711 c-712 a) ; enfin, que Cronos, ne voulant pas confier à des hommes ce pouvoir absolu qu'ils tournent infailliblement en démesure et injustice, en avait chargé des génies divins, et qu'il nous faut imiter ce régime en donnant le pouvoir à notre intellect immortel et aux lois qu'il inspire (713 c-714 a). L'histoire du monde, contée dans le livre III, entend prouver par le fait cette doctrine En tout cela, Platon, de temps à autre, peut faire la leçon à des contemporains. Quand il parle de la mauvaise éducation qui perdit Cyrus et qui perd si souvent les fils des puissants et des riches, et de la négligence avec laquelle il administra sa maison (693 c), nous ne pouvons guère manquer de croire qu'il vise Xénophon et sa *Cyropédie*. De même, lorsqu'ici (301 e), il observe « qu'il ne pousse point de rois dans les Cités comme il en éclôt dans les ruches », nous ne pouvons oublier le discours du Mède à Cyrus (V, 1, 24)[1] Mais, que là, ou qu'à propos de la définition du roi-pasteur, il puisse viser Xénophon, ou, comme on l'a souvent pensé, Antisthène[2], ce qui est plus important, c'est que Platon se vise premièrement lui-même. Pour battre sa coulpe, parfois : qui donc, si ce n'est lui, a cru qu'il pourrait arrêter un prince, jeune et tout puissant, sur le chemin de la tyran-

1. Cf. notre note 1, p. 74.

2. Cf. Th. Gomperz, *Les Penseurs de la Grèce* (tr. Raymond), II, p. 607. Il observe, d'ailleurs, après Hirzel, *Hermes*, VIII, 127 et suiv., que Platon a lui-même identifié pasteur et gouvernant (*Rép.*, 416 a et suiv., 440 d).

nie par la sainteté des serments ? Mais, quelques déboires qu'il ait eus avec Denys II, et si douloureusement que l'aient affecté l'échec et la mort de Dion, il n'en garde et n'en caresse pas moins, comme une fable, comme un rêve, son idéal de la souveraineté absolue de la science. L'adaptation au possible, ce n'est pas d'aujourd'hui qu'il la pratique et la formule : elle est au cœur de sa philosophie et de sa politique. Mais sa *République*, son suprême idéal, est toujours restée pour lui un rêve, oui, non une chimère (540 d).

Les constitutions partisanes.

Puisqu'il faut nous rabattre sur des lois, et des lois intangibles, et descendre aux constitutions imparfaites, nous réintroduirons, dans la classification de ces constitutions, les critères que nous avions écartés en faveur du gouvernement de la science. Celui-ci jouissait d'une liberté et d'une infaillibilité souveraines : les constitutions imparfaites ne réaliseront quelque peu de bien qu'autant qu'elles se lieront à des lois, copiées, du moins loin qu'on pourra, sur les directives mêmes de l'irréalisable idéal. D'ailleurs, il faut nous y résoudre, elles seront toujours, plus ou moins, des gouvernements de factions, des constitutions partisanes (*Polit.* 303 c, *Lois* 715 b, 832 c). Ainsi, avec le plus ou moins de conformité aux lois, reviennent en considération le nombre, la fortune. D'après leur légalisme ou illégalisme, le gouvernement d'un seul sera monarchie ou tyrannie ; celui de plusieurs, aristocratie ou oligarchie ; celui de tous, démocratie ordonnée ou licencieuse. Misérables ils sont tous et le seront toujours, parce que le flair souverain de la science n'est pas là pour les garder sur la bonne piste, à travers les méandres qu'impose l'action. Et pourtant, Platon admire ici (301 e-302 b) quelle force innée de résistance possède une Cité, puisque, parmi les ruines qu'accumulent les siècles (cp. *Lois*, 676 b-c), malgré leur faiblesse originelle, certaines Cités se dressent encore comme des îlots de permanence. Un autre point de vue aussi l'intéresse : la valeur pratique de ces constitutions, ce qu'on pourrait appeler leur degré d'habitabilité. Il est en proportion de leur force si elles sont conformes aux lois ; de leur faiblesse, si elles méprisent les lois. Dans le premier cas, la monarchie vient en tête, puis l'aristocratie, enfin la démocratie réglée ; dans le second, c'est la démocratie, même déréglée, qui est la plus supportable, l'oligarchie restant au second rang, et, naturellement, la tyrannie au dernier. On a peine à voir comment Aristote a pu lire à la fois si bien et si mal ce passage du *Politique* pour faire sien le jugement de Platon en disant que « de tous les gouvernements vicieux, la démocratie est le plus tolérable », et cependant le chicaner sur ce que lui, Platon, aurait dit « le meilleur » et n'aurait pas su voir qu'oligarchie et démocratie sont toujours vicieuses (*Politique,* IV, 1389 b, 5 et suiv.). Platon ne juge ici la démocratie plus tolérable que parce qu'elle est neutre, « sans grande puissance ni pour le bien ni pour le mal, les pouvoirs y étant trop émiettés ». Mais il a cru, avant la mort de Socrate, pouvoir collaborer à une démocratie sage (*Lettre* VII, 325 b) et, dans les *Lois,* il réclamera, comme idéal vivable, un mélange de monarchie et de démocratie (693 d-e).

Ayant écarté de la constitution idéale, c'est-à-dire de « la septième, qui est comme un dieu parmi les hommes », toutes ces constitutions vicieuses, nous avons éliminé les rivaux du politique, les pires sophistes et illusionnistes. Pour distinguer de lui ses parents et auxiliaires, stratège, juge, rhéteur, Platon n'a qu'à reprendre sa distinction du début (260 e) entre les dirigeants qui tiennent leur pouvoir d'autrui et ceux qui tiennent leur pouvoir d'eux-mêmes : la politique ou science royale est « autodirective », et stratégie, judicature, rhétorique, travaillent sous sa direction. Mais c'est là revenir aux réflexions de Socrate dans l'*Euthydème* (289-293). Avec cette différence, toutefois, que, dans ce dialogue, l'art politique ou royal est, aussi bien que l'art du général, subordonné à une science suprême ; la science du bien. Différence purement apparente, d'ailleurs, puisqu'ici, comme dans la *République,* science politique et science du bien sont confondues dans une même science et réunies dans une même tête.

Le royal tisserand. Pour mieux définir la politique, Platon a choisi le paradigme du tissage. Dans cet art, le dialecticien qu'il est, toujours amoureux « des divisions et des compositions », a pris plaisir à distinguer cette double fonction d'assemblage et de séparation : d'une part, cardage, puis passage de la navette à travers la chaîne ; de l'autre, fabrication des fils par torsion des brins, puis croisement de la chaîne et de la trame (282-203 b). Mais le tissage sera proprement défini par la fonction d'assemblage : « c'est l'art d'entrelacer la chaîne et la trame ». Ainsi en sera-t-il de l'art politique. Là aussi, discrimination et séparation tiennent une grande place. Avant de faire un mélange, il faut d'abord trier et rejeter tout ce qui n'y doit pas rentrer (308 e). La distinction entre les éléments ouvrables et ceux qui ne le sont pas se fait, dans la Cité, aussitôt que le futur citoyen peut révéler son caractère. Première épreuve, les jeux de l'enfance ; puis l'éducation par des éducateurs qualifiés, que la science royale surveille et dirige, comme le tissage fait pour les cardeurs et autres auxiliaires. Ces épreuves et cette éducation, toutes tendues vers la discrimination et la formation du citoyen parfait, nous les connaissons par la *République*, mais c'est dans les *Lois* que, outre les magistrats qui président à la musique et à la gymnastique, Platon instituera un véritable ministre de l'éducation nationale, choisi pour cinq ans parmi les gardiens des lois (765 d et suiv.). La discrimination permet l'épuration : par la mort ou l'exil, pour les éléments que leur nature mauvaise rend inéducables ; par la relégation au rang d'esclaves, pour les natures trop dépourvues. Ainsi la *République* usait soit de la mort (410 a), soit de la relégation à une caste inférieure (415 b-c). Quant aux éléments utiles et bons, le royal tisserand les tissera tous ensemble dans sa toile, qu'ils soient semblables ou dissemblables (308 c-309 a).

C'est que le tissage entrelace deux sortes de fils très différentes : ceux de la trame et ceux de la chaîne. Ainsi faisait d'ailleurs la dialectique, entrelaçant le même et l'autre dans une structure une et définie : l'εἶδος, forme ou espèce. Ainsi fera le démiurge, tissant ensemble deux espèces de causes contraires (69 a). Ainsi doit faire ici le politique, qui, bien loin de s'effrayer des contradictions de la matière sociale, en usera pour tisser une Cité plus forte et plus belle. Dans cette opposition du caractère énergique et du caractère tranquille, Platon reprend un thème qu'il a souvent traité. L'unité des vertus et l'opposition des vertus avaient déjà occupé les Sophistes ; Socrate en discute avec Protagoras et embarrasse déjà celui-ci avec l'opposition du courage et de la sagesse (349 b et suiv.). Le *Charmide* (169 b sq.), la *République* (503 c-d), le *Théétète* (144 a-b) ont particulièrement insisté sur le divorce fréquent de ces qualités, courage et sagesse, vivacité et pondération, force et douceur, et le vieux professeur de mathématiques, Théodore, a loué avec chaleur, en son élève Théétète, la réalisation exemplaire de cette merveilleuse union de qualités opposées que la *République* exige du futur philosophe. Lorsqu'on étend ici cette « lutte factieuse » jusqu'au rythme des mouvements et de la voix, jusqu'aux réalisations du musicien et du peintre (306 d-307 d), nous nous souvenons qu'harmonies et rythmes étaient, pour la *République* (398 d-400 e), les grands facteurs de cette atmosphère de grâce mesurée et de saine beauté où devait grandir ce gouvernant idéal. Mais c'est à la prétendue digression sur le μέτριον que nous ramène cette observation sur la relativité de nos jugements de valeur : dès qu'une qualité devient excessive ou se manifeste hors de propos, nous cessons de la louer et la regardons comme un vice (307 b, etc.). Ainsi réapparaissent les idées de norme, de convenance, d'opportunité, dont s'entourait, comme d'un voisinage familier, l'idée de juste mesure (284 e). De cette généralité, l'observation descend naturellement tout de suite à l'application sociale et politique. Le parallèle entre le tempérament pacifique et le tempérament guerrier (307 e-308 a) est à la fois un beau couplet littéraire et une constatation d'éternelle sagesse. Mais tout cela tend à mettre en lumière le rôle indispensable d'égalisateur que joue le parfait politique. L'opposition des contraires est une loi nécessaire de la vie sociale autant que de la vie cosmique ; ils ne sont ennemis que par leur excès et, fléchis sous la loi qui les modère, s'unissent dans une harmonie bienfaisante : cette alliance, réalisée à la fois par la contrainte et la persuasion, par la nécessité qu'assouplit l'intelligence, est le grand mot de la métaphysique et de la politique platonicienne. Pour tisser la Cité, le royal tisserand doit, une fois rejetés les éléments impurs, entrelacer ensemble fils de la trame et fils de la chaîne, tempéraments vifs et tempéraments tranquilles, caractères pacifiques et caractères guerriers. L'éducation, d'abord, puis les mariages, voilà les deux grands facteurs de cette synthèse, et le *Politique* proteste, avant les *Lois,* contre la stagnation et l'appauvrissement vital où s'obstinent si souvent les familles par amour de la race ou par amour de l'argent. Ce n'est pas seulement dans la Cité, c'est dans ses chefs ou dans son chef que doit se réaliser cette alliance et cet entrelacement de la modération et de l'énergie. Travail de patience, de vision claire, de décision libre et souple, l'effort constant du politique est d'ourdir maille par maille et de perpétuellement réourdir ce merveilleux tissu. Ici, comme dans la *République*, son rôle est non seulement de toujours considérer l'ensemble, mais de créer et d'entretenir l'ensemble : il est à la fois le συνοπτικός et le σύνδεσμος τῆς πόλεως.

Ce tissu souple et harmonieux, Platon l'a réalisé dans son dialogue. Avec une coquetterie dont il est assez coutumier, il s'est plu à en entremêler les fils de façon parfois inattendue et s'est excusé avec ingénuité de ses digressions. Mais nous avons vu qu'exercices de division et de définition, discussions de méthode, mythe, paradigme, tissage et définition du métier politique, se tenaient par un lien commun, par l'idée de cette fusion créatrice du même et de l'autre, et nous avons cru saisir, au centre même de cette œuvre complexe et une, la notion qui y répand sa tonalité maîtresse et son harmonie : la juste mesure. Nous n'avons certes pas résolu toutes les difficultés que soulève ce dialogue, et, par exemple, nous achevons cette notice sans prétendre donner une réponse décisive aux lecteurs qui désireraient naturellement savoir à quelle date il dut être écrit. Nous restons fidèle, par esprit de méthode et par conviction, à l'ordre de succession établi par les recherches stylistiques : *Sophiste*, *Politique*, *Philèbe*, *Timée*, *Critias* et *Lois*. Nous verrons prochainement, en étudiant le *Philèbe*, combien celui-ci offre de ressemblances avec le *Politique*, ou plutôt combien il en garde de souvenirs, soit d'idées, soit de formules. Nous avons constaté, tout au long de notre exposé, combien multiples étaient ces ressemblances et ces souvenirs dans les *Lois*, auxquelles les *Lettres* VII et VIII font souvent écho. Or, la composition des *Lois* s'est forcément étendue sur plusieurs années. Pour essayer de dire avec quelque certitude quelles parties des *Lois* sont contemporaines soit du *Politique*, soit des dialogues postérieurs, il faudrait qu'on eût poursuivi d'une façon plus détaillée la comparaison stylistique de ces diverses parties avec les dialogues en question. Jusque-là, les dates auxquelles se risque la critique seront toujours fondées sur des interprétations doctrinales, et, en particulier, pour le *Politique*, sur la portée que l'on donnera aux formules « absolutistes » que l'on y rencontre. Nous avons vu qu'Eberz affirmait une date entre

360 et 357, et Geffcken (p. 134, et note) suppose que le *Politique* justifie le meurtre d'Héraclide. De son côté, Renata von Scheliha (*Dion, Die platonische Staatsgründung in Sizilien*, Leipzig, 1934, p. 76) pense qu'il fut écrit pendant l'expédition même de Dion, comme manifeste pour la fondation du nouveau royaume, et ne semble pas avoir vu, dans le dialogue, les corrections apportées au droit absolu du chef idéal. E. Barker, qui tient juste compte de ces corrections, estime que le *Politique* a dû être écrit entre 367 et 361, parce que Platon avait encore, dans cet intervalle, l'espoir de voir s'établir à Syracuse une monarchie sage et qu'il travaillait avec Denys II aux préambules législatifs des lois (*Lettre* III, 316 a). Il fait valoir aussi qu'il y a loin encore de la notion du royal tisserand à la combinaison de monarchie et de démocratie prônée par les *Lois* (III, 693 d)[1]. Mais souvenons-nous que le *Politique* est un dialogue scolaire, qui tient volontairement l'équilibre entre l'élément politique et l'élément dialectique, avec une pointe de préférence apparente pour ce dernier, et que, dans les questions de gouvernements et de constitutions, il devait forcément se borner aux généralités doctrinales. D'autre part, nous avons vu avec quelle insistance et quelle étroite ressemblance de formules se répète, dans le livre III et le début du livre IV des *Lois*, l'affirmation du *Politique* (301 d) sur l'impuissance de l'homme à porter le pouvoir absolu ; or, dans les *Lois* au moins, il est impossible de ne pas sentir, en ces réflexions, la désillusion éprouvée par Platon à propos de Denys II, et l'on ne peut guère songer à regarder les livres III et IV comme antérieurs à 361. Il est vrai que la formule du *Politique* ne comporte pas des précisions comme φύσις νέα καὶ ἀνυπεύθυνος (691 c) et ψυχὴν νέαν, λαβοῦσαν ἀρχὴν κτλ. (692 b). Quelque tentation que j'aie de regarder le *Politique* comme assez tardif, je ne saurais bâtir une date sur de telles impressions. Wilamowitz[2] se borne à dire que *Sophiste* et *Politique* furent publiés en même temps, entre le deuxième et le troisième voyage, et que les préoccupations de ce voyage projeté et des réformes à opérer empêchèrent la composition du *Philosophe*. Andreae (*Der Staatsmann*, p. XVI et suiv.) précise : ils furent publiés proba-

1. *Greek political theory*, p. 271.
2. *Platon*, I, p. 551.

blement en 365 pour servir de thèmes d'exercices à l'École pendant l'absence de Platon. Nous ferons peut-être mieux d'avouer, pour l'instant, notre incertitude.

En terminant cette notice, je dois d'abord mon hommage de gratitude à la mémoire de Lucien Herr. Quelques observations écrites par lui, avec sa spontanéité et sa franchise habituelles, sur une épreuve de mon *Parménide*, me furent communiquées sans qu'il l'eût prévu et nous mirent ainsi en relations. Ces relations devinrent vite cordiales de part et d'autre, et Lucien Herr revit, avec une complaisance toujours empressée, les épreuves du *Théétète*, puis du *Sophiste*. Ses observations et corrections me furent précieuses, et j'étais tellement sûr d'avoir toujours, avec lui, dans l'effort d'interprétation scientifique et d'intelligence sympathique des dialogues, une très libre communauté d'esprit, que je lui demandai de vouloir bien être le reviseur du *Politique*. Il s'y était mis de si bonne volonté que, avant d'avoir en mains mon manuscrit, il avait lui-même traduit, pour son usage, une grosse partie du dialogue, et ses brouillons m'ont permis, une fois ma propre traduction faite, des comparaisons et corrections utiles.

Je ne saurais dire ce que je dois à M. Paul Mazon, qui a été pour moi plutôt un collaborateur qu'un reviseur, et je souhaite seulement que cette édition et traduction du *Politique* ne reste pas finalement trop indigne de sa science et de son goût. M. Ch. Dugas, professeur à l'Université de Lyon, a bien voulu m'aider de sa haute compétence à propos de la mention du potier (288 a)[1]. Le R. P. Ed. des Places a lu en épreuves tout le dialogue avec son acribie habituelle. Qu'ils veuillent bien accepter ici mes remerciments.

Le t. II de L. Stefanini, *Platone*, a malheureusement paru trop tard (Padova, Cedam, 1935) pour qu'il me fût permis de l'utiliser.

1. Campbell disait déjà : « The exact bearing of this would be more evident if we knew more of the detail of Greek life ». M. Ch. Dugas est d'accord avec moi pour dire (p. 53, n. 1) que κεραμικῆς ne pourrait s'appliquer qu'à l'ὄχημα-support, mais déclare que le mot, dans ce passage, continue à lui paraître bizarre, d'autant plus que les ἀγγεῖα constituent la seconde catégorie d'objets. Aucune des corrections proposées jusqu'ici ne m'a paru mériter d'être mentionnée dans l'apparat.

Sans m'astreindre à les suivre en tout, j'ai trouvé d'utiles secours dans les traductions suivantes : *Platons Dialog Politikos* übersetzt u. erlaütert von O. Apelt, Leipzig, 1922 — *Plato III, the Statesman, Philebus* par Harold N. Fowler, London, Heinemann, 1925 (texte et trad.) — *Platons Staatsschriffen. III. Der Staatsmann,* texte, trad. et notes, par W. Andreae, Jena, 1926. — *Platon Politikos,* Prague, Leichter, par Fr. Novotny (trad. tchèque), 1934. Mais mon livre de chevet a été naturellement L. Campbell, *The Sophistes and Politicus of Plato with a revised text and english notes*, Oxford, 1867. Il aurait fallu le citer presque à toutes les pages, tellement la plupart non seulement de ses idées générales, mais aussi de ses notes, sont devenues un bien commun, dont on ne songe plus à rechercher et citer la source.

TABLEAU ANNEXE A LA NOTE 3 DE LA PAGE XXXVIII

Politique (274 b_8-d_5).	*Lois*.	Démocrite.	*Protagoras*.
1. αὐτοὶ δὲ ἀσθενεῖς ἄνθρωποι καὶ ἀφύλακτοι γεγονότες διηρπάζοντο ὑπ' αὐτῶν (τῶν θηρίων).	1. *Manque*.	1. καὶ πολεμουμένους μὲν ὑπὸ τῶν θηρίων ἀλλήλοις βοηθεῖν ὑπὸ τοῦ συμφέροντος διδασκομένους (Diod. 8, 1) = καὶ ἀλλήλοις κατὰ θηρίων προσεβοήθουν καὶ συνεμάχοντο γυμνοὶ γυμναῖς ταῖς χερσί (Tzetzes).	1. ἀπώλλυντο οὖν διὰ τῶν θηρίων διὰ τὸ πανταχῇ αὐτῶν ἀσθενέστεροι εἶναι (parce qu'ils avaient les arts, mais pas encore la politique, 322 b).
2. καὶ ἔτ' ἀμήχανοι καὶ ἄτεχνοι κατὰ τοὺς πρώτους ἦσαν χρόνους, ἅτε τῆς μὲν αὐτομάτης τροφῆς ἐπιλελοιπυίας, πορίζεσθαι δὲ οὐκ ἐπιστάμενοί πω διὰ τὸ μηδεμίαν αὐτοὺς χρείαν πρότερον ἀναγκάζειν. Ἐκ τούτων πάντων ἐν μεγάλαις ἀπορίαις ἦσαν.	2. καὶ δὴ τοὺς τοιούτους γε ἀνάγκη που τῶν ἄλλων ἀπείρους εἶναι τεχνῶν καὶ τῶν ἐν τοῖς ἄστεσι πρὸς ἀλλήλους μηχανῶν εἴς τε πλεονεξίας καὶ φιλονικίας κτλ (677 b).	2. τοὺς οὖν πρώτους τῶν ἀνθρώπων μηδενὸς τῶν πρὸς βίον χρησίμων εὑρημένου ἐπιπόνως διάγειν... (Diod. 8,5). καθόλου γὰρ πάντων τὴν χρείαν αὐτὴν διδάσκαλον γενέσθαι τοῖς ἀνθρώποις (Diod. 8,7).	2. τὸν δὲ ἄνθρωπον γυμνόν τε καὶ ἀνυπόδητον καὶ ἄστρωτον καὶ ἄοπλον (321 c).
3. *Manque*, mais cf. *Rép.* 372 b εὐωχήσονται ... ἡδέως ξυνόντες ἀλλήλοις, οὐχ ὑπὲρ τὴν οὐσίαν ποιούμενοι τοὺς παῖδας, εὐλαβούμενοι πενίαν ἢ πόλεμον.	3. πόλεως δὲ καὶ πολιτείας πέρι καὶ νομοθεσίας ... ἆρ' ὡς ἔπος εἰπεῖν οἰόμεθα καὶ μνήμην εἶναι τὸ παράπαν; (678 a)... καὶ τοίνυν στάσις ἅμα καὶ πόλεμος ἀπολώλει κατὰ τὸν τότε χρόνον πολλαχῇ.	3. φιλαλληλίαν δὲ μόνον ἀσκοῦντες ἀγελαῖον διέζων τὸν βίον... βίον ἁπλοῦν καὶ ἀπέριττον καὶ φιλάλληλον εἶχον δίχα πυρὸς ἐπιγνώσεως, οὐ βασιλεῖς, οὐχ	

	... πρῶτον μὲν ἠγάπων καὶ ἐφιλοφρονοῦντο ἀλλήλους δι' ἐρημίαν, ἔπειτα οὐ περιμάχητος ἦν αὐτοῖς ἡ τροφή (678 e). ἀγαθοὶ μὲν δὴ διὰ ταῦτά τε ἦσαν καὶ διὰ τὴν λεγομένην εὐήθειαν (679 c).	ἄρχοντας, οὐ δεσπότας κεκτημένοι, οὐ στρατείας, οὐ βίας, οὐχ ἁρπαγάς, ἀλλὰ φιλαλληλίαν μόνον κτλ. (Tzetzes).	
4. Ὅθεν δὴ τὰ πάλαι λεχθέντα παρὰ θεῶν δῶρα ἡμῖν δεδώρηται μετ' ἀναγκαίας διδαχῆς καὶ παιδεύσεως, πῦρ μὲν παρὰ Προμηθέως ... καὶ πάνθ' ὁπόσα τὸν ἀνθρώπινον βίον συγκατεσκεύακεν ἐκ τούτων γέγονεν, ἐπειδὴ ... δι' ἑαυτῶν τε ἔδει τήν τε διαγωγὴν καὶ τὴν ἐπιμέλειαν αὐτοὺς αὐτῶν ἔχειν.	4. Liste des inventeurs d'arts (677 d). οὐκοῦν προϊόντος τοῦ χρόνου, πληθύοντος δ' ἡμῶν τοῦ γένους, εἰς πάντα τὰ νῦν καθεστηκότα προελήλυθεν πάντα; ... οὐκ ἐξαίφνης γε, ὡς εἰκός, κατὰ σμικρὸν δὲ ἐν παμπόλλῳ τινὶ χρόνῳ (678 b). οὐκοῦν ἐξ ἐκείνων τῶν διακειμένων οὕτω τὰ νῦν γέγονεν ἡμῖν σύμπαντα, πόλεις τε καὶ πολιτεῖαι καὶ τέχναι καὶ νόμοι, καὶ πολλὴ μὲν πονηρία, πολλὴ δὲ καὶ ἀρετή; (678 b).	4. γνωσθέντος δὲ τοῦ πυρὸς καὶ τῶν ἄλλων τῶν χρησίμων κατὰ μικρὸν καὶ τὰς τέχνας εὑρεθῆναι καὶ τἄλλα τὰ δυνάμενα τὸν κοινὸν βίον ὠφελῆσαι (Diod. 8, 7). ἐπεὶ δὲ προμηθέστεροι γεγονότες καὶ προβουλευτικώτεροι τὸ πῦρ ἐφεῦρον, καὶ θερμοτέρων, ἤγουν πανουργοτέρων, πραγμάτων ὠρέχθησαν. καὶ τὴν τοῦ ἀπερίττου καὶ ἐλευθέρου βίου μετέστρεψαν διαγωγὴν καὶ εἱμαρμένην κτλ. (Tzetzes).	4. ἀπορίᾳ οὖν ἐχόμενος ὁ Προμηθεὺς ἥντινα σωτηρίαν τῷ ἀνθρώπῳ εὕροι, κλέπτει Ἡφαίστου καὶ Ἀθηνᾶς τὴν ἔντεχνον σοφίαν σὺν πυρί ... καὶ οὕτω δὴ δωρεῖται ἀνθρώπῳ (mais l'homme ne possède pas encore par là la politique, 321 c/d. C'est pour cela que l'ordre des événements est inversé dans le mythe de Protagoras).

PLAN SCHÉMATIQUE DU DIALOGUE

(Les chiffres entre parenthèses indiquent le nombre de lignes du texte ; ces chiffres sont gras pour les grandes divisions logiques.)

PRÉLUDE. — Liaison avec le *Sophiste*. — Objet du dialogue : définir le politique.. . . . . 257 a-258 b (**38**).

I. Définition du politique comme pasteur du troupeau humain, critique de cette définition. . . . . 258 b-277 d (**841**).

  1. Classification des sciences. . . 258 b-262 a_1 (164).
  2. Digression sur la méthode. . . 262 a_2-264 b_5 (94).
  3. Reprise de la classification et critique (les rivaux du politique). . . . . 264 b_6-268 d_4 (190).
  4. Le mythe des pasteurs divins. . 268 d_5-274 d (270).
  5. L'enseignement du mythe. . . 274 e-277 c (123).

II. Le paradigme du tissage. . . . . . 277 d-287 a (**416**).

  1. Définition du paradigme. . . 277 d-277 e (56).
  2. Le tissage et ses rivaux. . . . 279 a-281 d_4 (110).
  3. Ses auxiliaires (causes propres et causes auxiliaires). . . . 281 d_5-283 a (71).
  4. La juste mesure. . . . . . 283 b-287 b_2 (179).

III. Notion définitive du politique : le royal tisserand. . . . . 287 b_3-311 c (**1075**)

  1. Auxiliaires et rivaux subalternes du politique. . . . . . 287 b_3-291 b (180).
  2. Les vrais rivaux du politique. . 291 c-303 d_3.
     a) Le seul critère de valeur des constitutions : la science. . . . . 291 e-297 b_2 (251).
     b) Critère substitut : la légalité.. . . . . 297 b_4-303 d_2 (284).
  3. Les grands auxiliaires du politique.. . . . . 303 d_3-305 e_7 (101).
  4. La fonction unitive du royal tisserand . . . . 305 e_8-311 c (259).

SIGLES

B = Cod. Bodleianus 39 (IXe s.)
T = Cod. Venetus Append. Class. 4, cod. 1 (XIe s.).
Y = Cod. Vindobonensis 21 (XIVe s.).
W = Cod. Vindobonensis 54, suppl. philol. gr. 7 (XIIe s.).

Ven. 184 = Cod. Venetus 184 (XVe s.).
Ven. 185 = Cod. Venetus 185 (XVe s.).
Parisinus 1809 (XVe s.).
Parisinus 1814 (XVIe s.)[1].

Athen. = Athenaei Naucratitae Dipnosophistarum libri XV rec. G. Kaibel, 3 vol. Teubner, 1887-1890.

Clem. Strom. = Clemens Alexandrinus ed. O. Stählin, Bd. II et III, Hinrichs, 1905-1909.

Eus. = Eusebii Praeparatio Evangelica ed. H. Gifford, 5 vol. Oxford, 1903 (les chiffres romains indiquent le livre; les chiffres arabes, les pages d'après l'éd. Fr. Viguier, Paris, 1628).

Eusebii B = Parisiensis, B. N. n° 465 (XIIIe s.).

Eusebii I = Venetus B. Marc. n° 341 (XVe s.).

Eusebii O = Bononiensis, B. Univ. 3643, XIIIe s. (de excellentia Bononiensis O et Veneti I in libris VI-XV constituendis, uide Heikel apud Gifford I, p. XXXVI).

Proclus in Tim. = Procli Diadochi in Platonis Timaeum commentaria ed. E. Diehl, 3 vol. Teubner, 1903-06.

Simpl. = Simplicii in Aristotelis de Caelo commentaria ed. I. B. Heiberg, Reimer, 1893.

Stob. = Joannis Stobaei Anthologium ed. Wachsmuth Hense, 5 vol. Weidmann, 1884-1923.

Theod. = Theodoreti græcarum affectionum curatio rec. J. Raesler. Teubner, 1905.

1. J'ai fait personnellement la collation de B sur la reproduction photographique publiée par la maison Sijthoff (Leyde, 1898; préface de Th. G. Allen) et celle de T Y W sur des photographies appartenant à l'Association Guillaume Budé; mais, bien qu'ayant fait, pour mon usage, cette collation de façon complète, je ne me suis pas cru autorisé à encombrer l'apparat critique des nombreux détails sans portée qu'une telle collation rencontre et n'ai retenu que ce qui me semblait vraiment utile ou notable.

LE POLITIQUE

SOCRATE, THÉODORE, L'ÉTRANGER, SOCRATE LE JEUNE

257 a Socrate. — Que de grâces je te dois, Théodore, pour m'avoir fait connaître Théétète, et aussi l'étranger !

Théodore. — Mais, crois bien que tout à l'heure, Socrate, tu m'en devras le triple, lorsqu'ils t'auront parfait le portrait du politique, puis du philosophe.

Socrate. — Ah ça, faudra-t-il donc dire que, de la bouche du plus grand maître de calcul et de géométrie, nous avons entendu cette énormité ?

b Théodore. — Laquelle donc, Socrate ?

Socrate. — Traiter ces hommes comme des quantités égales, alors que leur différence de valeur dépasse toute proportion exprimable par votre art [1] !

Théodore. — Par notre Dieu, Socrate, par Ammon [2] ! voilà une bonne critique, et juste, et qui souligne ma faute de calcul avec une belle sûreté de mémoire. Je te revaudrai cela quelque jour. Mais, toi, Etranger, que ta complaisance à notre égard ne se relâche point, et sans désemparer, choi-
c sis, du politique ou du philosophe, celui qu'il te plaira de nous exposer le premier.

1. Il n'y a proportion (ἀναλογία) que là où il y a rapport (λόγος), et celui-ci suppose des termes homogènes (Adraste, dans Théon 73, 16 Hiller). Théodore pèche en ce qu'il suppose, non seulement un rapport, mais un rapport égal entre des êtres incomparables (ἀσύμβλητα). Platon a déjà souligné, à propos du sophiste, le danger des analogies (*Soph.* 231 a).

2. Socrate, dans le *Théétète*, a mentionné Cyrène, patrie de Théodore, et Jupiter Ammon avait son oracle dans une oasis du désert de Libye (Siwa). Crésus le consulta, au dire d'Hérodote (I, 46). Cf. Naville, *C. R. Ac. Inscr.* 1906, p. 25 sq.

ΠΟΛΙΤΙΚΟΣ

ΣΩΚΡΑΤΗΣ ΘΕΟΔΩΡΟΣ ΞΕΝΟΣ
ΣΩΚΡΑΤΗΣ Ο ΝΕΩΤΕΡΟΣ

ΣΩ. Ἦ πολλὴν χάριν ὀφείλω σοι τῆς Θεαιτήτου γνωρί- 257a
σεως, ὦ Θεόδωρε, ἅμα καὶ τῆς τοῦ ξένου.

ΘΕΟ. Τάχα δέ γε, ὦ Σώκρατες, ὀφειλήσεις ταύτης τριπλασίαν· ἐπειδὰν τόν τε πολιτικὸν ἀπεργάσωνταί σοι καὶ τὸν φιλόσοφον.

ΣΩ. Εἶεν· οὕτω τοῦτο, ὦ φίλε Θεόδωρε, φήσομεν ἀκηκοότες εἶναι τοῦ περὶ λογισμοὺς καὶ τὰ γεωμετρικὰ κρατίστου ;

ΘΕΟ. Πῶς, ὦ Σώκρατες ; b

ΣΩ. Τῶν ἀνδρῶν ἕκαστον θέντος τῆς ἴσης ἀξίας, οἳ τῇ τιμῇ πλέον ἀλλήλων ἀφεστᾶσιν ἢ κατὰ τὴν ἀναλογίαν τὴν τῆς ὑμετέρας τέχνης.

ΘΕΟ. Εὖ γε νὴ τὸν ἡμέτερον θεόν, ὦ Σώκρατες, τὸν Ἄμμωνα, καὶ δικαίως, καὶ πάνυ μὲν οὖν μνημονικῶς ἐπέπληξάς μοι τὸ περὶ τοὺς λογισμοὺς ἁμάρτημα. Καὶ σὲ μὲν ἀντὶ τούτων εἰς αὖθις μέτειμι· σὺ δ' ἡμῖν, ὦ ξένε, μηδαμῶς ἀποκάμῃς χαριζόμενος, ἀλλ' ἑξῆς, εἴτε τὸν πολιτικὸν ἄνδρα πρότερον εἴτε τὸν φιλόσοφον προαιρῇ, προελό- c
μενος διέξελθε.

a 3 γε Y et s. l. T : om. BW ‖ 4 τόν τε πολεμικόν Y ‖ 7 τοῦ : τοι TY ‖ **b** 2 θέντος Heindorf : -τες ‖ 3 ἀλλήλων om. B ‖ 5 ὦ Σώκρατες post Ἄμμωνα W.

L'Etranger. — C'est ce que nous allons faire, Théodore, puisqu'aussi bien nous avons mis une fois la main à l'œuvre et qu'il ne faut point quitter avant que nous n'ayons achevé notre programme. Mais, dans la circonstance, quel parti dois-je prendre au sujet de Théétète ?

Théodore. — Qu'est-ce à dire ?

L'Etranger. — Lui donnerons-nous quelque répit, en le remplaçant par son compagnon d'exercices, le Socrate que voici ? Ou bien que conseilles-tu ?

Théodore. — Fais-ce que tu proposes, remplace-le ; car ils sont jeunes tous les deux et supporteront plus facilement cette épreuve jusqu'au bout si nous les laissons respirer.

d Socrate. — Ils pourraient d'ailleurs bien, Etranger, avoir tous les deux avec moi quelque lointaine parenté. En tout cas l'un me ressemble, dites-vous, par les traits du visage[1] ;
258 a l'autre a le même nom, et cette appellation semblable nous donne comme un air de famille. Nous devons assurément à des parents d'accueillir toujours volontiers les entretiens qui nous font renouer connaissance avec eux. Avec Théétète, j'ai eu moi-même hier ce commerce de discours, et, tout à l'heure, je viens de l'entendre te répondre ; mais, avec Socrate, je n'ai fait ni l'un ni l'autre. Il faut pourtant l'examiner, lui aussi. Mon tour d'interroger viendra plus tard ; pour cette fois, c'est à toi qu'il doit répondre.

L'Etranger. — Ainsi ferons-nous. Eh bien, Socrate, tu entends ce que dit Socrate ?

Socrate le Jeune. — Oui.

L'Etranger. — Et tu consens à ce qu'il demande ?

Socrate le Jeune. — Volontiers.

b L'Etranger. — Pas d'obstacle de ton bord, à ce que je vois : il convient sans doute encore moins qu'il y en ait du mien. Eh bien, après le sophiste, c'est le politique, à mon avis, qu'il nous faut étudier. Or, dis-moi, devrons-nous, oui ou non, le placer, lui aussi, parmi les gens qui savent ?

Socrate le Jeune. — Oui.

L'Etranger. — Il nous faut donc diviser les sciences, comme nous le faisions tout à l'heure en étudiant le personnage précédent ?

1. Cf. *Théétète* (143 e), où Théodore dit de Théétète : « Il n'est pas beau, il a comme toi le nez camus et les yeux à fleur de tête. »

ΞΕ. Ταῦτ', ὦ Θεόδωρε, ποιητέον, ἐπείπερ ἅπαξ γε ἐγκεχειρήκαμεν, καὶ οὐκ ἀποστατέον πρὶν ἂν αὐτῶν πρὸς τὸ τέλος ἔλθωμεν. Ἀλλὰ γὰρ περὶ Θεαιτήτου τοῦδε τί χρὴ δρᾶν με ;

ΘΕΟ. Τοῦ πέρι ;

ΞΕ. Διαναπαύσωμεν αὐτὸν μεταλαβόντες αὐτοῦ τὸν συγγυμναστὴν τόνδε Σωκράτη ; ἢ πῶς συμβουλεύεις ;

ΘΕΟ. Καθάπερ εἶπες, μεταλάμβανε· νέω γὰρ ὄντε ῥᾷον οἴσετον πάντα πόνον ἀναπαυομένω.

ΣΩ. Καὶ μὴν κινδυνεύετον, ὦ ξένε, ἄμφω ποθὲν ἐμοὶ d
συγγένειαν ἔχειν τινά. Τὸν μέν γε οὖν ὑμεῖς κατὰ τὴν τοῦ
προσώπου φύσιν ὅμοιον ἐμοὶ φαίνεσθαί φατε, τοῦ δ' ἡμῖν ἡ
κλῆσις ὁμώνυμος οὖσα καὶ ἡ πρόσρησις παρέχεταί τινα 258 a
οἰκειότητα. Δεῖ δὴ τούς γε συγγενεῖς ἡμᾶς ἀεὶ προθύμως
διὰ λόγων ἀναγνωρίζειν. Θεαιτήτῳ μὲν οὖν αὐτός γε συν-
έμειξα χθὲς διὰ λόγων καὶ νῦν ἀκήκοα ἀποκρινομένου,
Σωκράτους δὲ οὐδέτερα· δεῖ δὲ σκέψασθαι καὶ τοῦτον.
Ἐμοὶ μὲν οὖν εἰς αὖθις, σοὶ δὲ νῦν ἀποκρινέσθω.

ΞΕ. Ταῦτ' ἔσται. Ὦ Σώκρατες, ἀκούεις δὴ Σωκράτους ;

ΝΕ. ΣΩ. Ναί.

ΞΕ. Συγχωρεῖς οὖν οἷς λέγει ;

ΝΕ. ΣΩ. Πάνυ μὲν οὖν.

ΞΕ. Οὐ τὰ σὰ κωλύειν φαίνεται, δεῖ δὲ ἴσως ἔτι ἧττον b
τἀμὰ διακωλύειν. Ἀλλὰ δὴ μετὰ τὸν σοφιστὴν ἀναγκαῖον,
ὡς ἐμοὶ φαίνεται, τὸν πολιτικὸν ἄνδρα διαζητεῖν νῷν·
καί μοι λέγε πότερον τῶν ἐπιστημόνων τιν' ἡμῖν καὶ τοῦτον
θετέον, ἢ πῶς ;

ΝΕ. ΣΩ. Οὕτως.

ΞΕ. Τὰς ἐπιστήμας ἄρα διαληπτέον, ὥσπερ ἡνίκα τὸν πρότερον ἐσκοποῦμεν ;

c 4 καὶ om. BW ‖ 8 ἀναπαύσομεν BW ‖ **258 a** 2 γε W : τε ‖ 4 ἀποκριναμένου BW ‖ 6 εἰς : καὶ Y ‖ b 1 κωλύειν : -ύσειν W et (σ s. l.) T ‖ 3 τὸν πολιτικὸν ἄνδρα YW : πολ. τὸν ἄνδρα BT (sed τὸν πολ... T[2]) ‖ 7 ἡνίκ' ἂν ἐσκοποῦμεν τὰ κατὰ τὸν πρότερον W.

Socrate le Jeune. — Peut-être bien.

L'Etranger. — Mais, à mon avis, Socrate, celui-ci n'est pas à chercher dans la même section.

Socrate le Jeune. — Et alors ?

c L'Etranger. — Il faut le chercher dans une autre.

Socrate le Jeune. — Apparemment.

L'Etranger. — De quel côté donc trouverait-on ce sentier du politique ? Car il faut le découvrir, et le bien séparer des autres pour le marquer d'un caractère qui n'appartienne qu'à lui, puis donner, à tous les sentiers qui s'en écartent, une seule marque spécifique différente, et amener ainsi notre esprit à se représenter l'ensemble des sciences comme partagé en deux espèces.

Socrate le Jeune. — Quant à cela, Etranger, c'est ton affaire, je pense, et non la mienne.

d L'Etranger. — Il faudra pourtant bien aussi qu'elle soit tienne, Socrate, quand nous l'aurons éclaircie.

Socrate le Jeune. — Bien dit.

L'Etranger. — Eh bien, l'arithmétique et certains autres arts de la même famille ne sont-ils pas dépouillés de toute attache à l'action, et ne se bornent-ils pas à fournir une connaissance ?

Socrate le Jeune. — En effet.

L'Etranger. — Ceux au contraire qui concernent le charpentage ou toute autre autre construction manuelle ont leur science liée, pour ainsi dire, originellement à l'action, et
e prêtent leur concours à celle-ci jusqu'à ce que soient produits les corps qu'elle fait naître à l'existence.

Socrate le Jeune. — Comment donc !

L'Etranger. — Divise alors l'ensemble des sciences d'après ce principe[1], et donne à une partie le nom de science pratique, à l'autre, celui de science purement théorique.

Socrate le Jeune. — Que ce soient donc là, puisque tu le veux, les deux espèces comprises dans l'unité que constitue l'ensemble de la science.

1. Imagerie habituelle à Platon : la recherche dialectique est une chasse (ici 254 a, 285 d) ; elle suit à la piste (253 b, 290 d) l'objet à définir, marque l'endroit où les autres s'en séparent (cf. Soph. 222 a, ἐκτρέπεσθον). Par un tour très naturel, la technique du politique et le sentier qu'il suit sont identifiés.

ΝΕ. ΣΩ. Τάχ' ἄν.

ΞΕ. Οὐ μὲν δὴ κατὰ ταὐτόν γε, ὦ Σώκρατες, φαίνεταί μοι τμῆμα.

ΝΕ. ΣΩ. Τί μήν ;

ΞΕ. Κατ' ἄλλο. c

ΝΕ. ΣΩ. Ἔοικέν γε.

ΞΕ. Τὴν οὖν πολιτικὴν ἀτραπὸν πῇ τις ἀνευρήσει ; δεῖ γὰρ αὐτὴν ἀνευρεῖν, καὶ χωρὶς ἀφελόντας ἀπὸ τῶν ἄλλων ἰδέαν αὐτῇ μίαν ἐπισφραγίσασθαι, καὶ ταῖς ἄλλαις ἐκτροπαῖς ἓν ἄλλο εἶδος ἐπισημηναμένους ἁπάσας τὰς ἐπιστήμας ὡς οὔσας δύο εἴδη διανοηθῆναι τὴν ψυχὴν ἡμῶν ποιῆσαι.

ΝΕ. ΣΩ. Τοῦτ' ἤδη σὸν οἶμαι τὸ ἔργον, ὦ ξένε, ἀλλ' οὐκ ἐμὸν γίγνεται.

ΞΕ. Δεῖ γε μήν, ὦ Σώκρατες, αὐτὸ εἶναι καὶ σόν, ὅταν d ἐμφανὲς ἡμῖν γένηται.

ΝΕ. ΣΩ. Καλῶς εἶπες.

ΞΕ. Ἆρ' οὖν οὐκ ἀριθμητικὴ μὲν καί τινες ἕτεραι ταύτῃ συγγενεῖς τέχναι ψιλαὶ τῶν πράξεών εἰσι, τὸ δὲ γνῶναι παρέσχοντο μόνον ;

ΝΕ. ΣΩ. Ἔστιν οὕτως.

ΞΕ. Αἱ δέ γε περὶ τεκτονικὴν αὖ καὶ σύμπασαν χειρουργίαν ὥσπερ ἐν ταῖς πράξεσιν ἐνοῦσαν σύμφυτον τὴν ἐπιστήμην κέκτηνται, καὶ συναποτελοῦσι τὰ γιγνόμενα ὑπ' e αὐτῶν σώματα πρότερον οὐκ ὄντα.

ΝΕ. ΣΩ. Τί μήν ;

ΞΕ. Ταύτῃ τοίνυν συμπάσας ἐπιστήμας διαίρει, τὴν μὲν πρακτικὴν προσειπών, τὴν δὲ μόνον γνωστικήν.

ΝΕ. ΣΩ. Ἔστω σοι ταῦθ' ὡς μιᾶς ἐπιστήμης τῆς ὅλης εἴδη δύο.

b 10 κατὰ ταὐτόν : κατ' αὐτόν W καὶ ταὐτόν T || **c** 3 ἀνευρήσει W : ἂν εὑρήσῃ B (-ει Y) ἀνευρ*σ* T || 4 ἀνευρεῖν : εὑρεῖν W || 6 ἐπισημαινομένους Y || ἁπάσας : πάσας BT[1] || 8 τοῦτ' ἤδη : τοῦτοδὴ W τουτί Y || **d** 4 ἆρ' οὖν... e 7 δύο habet Stob. IV, xviii, 17 || ταύτῃ : -ης Stob. || **e** 1 συναποτελοῦσι : νῦν ἀπο -οῦσαν Stob.

L'Etranger. — Regarderons-nous alors le politique à la fois comme roi, comme maître des esclaves et chef de la maison, en ne voyant, sous toutes ces appellations, qu'une seule chose, ou bien dirons-nous qu'il y a là autant d'arts que nous avons prononcé de noms ? Mais suis-moi plutôt dans une autre voie.

Socrate le Jeune. — Laquelle ?

259 a L'Etranger. — Celle-ci : suppose qu'un simple particulier soit capable de donner des conseils à un médecin public, ne devra-t-on pas l'appeler du même titre professionnel que l'homme auquel il donne ses conseils ?

Socrate le Jeune. — Si.

L'Etranger. — Eh quoi, alors qu'un homme règne sur toute une région, s'il s'en trouve un autre, simple particulier, qui soit de force à le conseiller, ne dirons-nous pas que ce dernier possède la science dont le souverain devrait être pourvu lui-même ?

Socrate le Jeune. — Nous le dirons.

b L'Etranger. — Mais la science qui convient au véritable roi, c'est la science royale ?

Socrate le Jeune. — Oui.

L'Etranger. — Et celui qui l'aura, qu'il soit au pouvoir ou dans le privé, n'en recevra pas moins, du droit même de son art, le titre royal ?

Socrate le Jeune. — Ce serait juste, en tout cas.

L'Etranger. — D'autre part, il en sera de même du chef de maison et du maître des esclaves.

Socrate le Jeune. — Comment donc !

L'Etranger. — Eh quoi, entre l'ampleur d'une grosse maison et le volume d'une petite cité, y a-t-il quelque différence au regard du commandement[1] ?

Socrate le Jeune. — Aucune.

c L'Etranger. — Il est donc manifeste, pour répondre à la question que nous nous posions, que tout cela relève d'une science unique ; et, qu'on veuille l'appeler royale, politique, économique, nous ne disputerons point là-dessus.

Socrate le Jeune. — A quoi bon, en effet ?

1. Cf. Xén. *Mém.* III, 4, 12 : l'administration privée et l'administration de l'État πλήθει μόνον διαφέρει. Aristote (*Polit.* I, 1) attaque directement le présent passage du *Politique*.

ΞΕ. Πότερον οὖν τὸν πολιτικὸν καὶ βασιλέα καὶ δεσπότην καὶ ἔτ' οἰκονόμον θήσομεν ὡς ἓν πάντα ταῦτα προσαγορεύοντες, ἢ τοσαύτας τέχνας αὐτὰς εἶναι φῶμεν ὅσαπερ ὀνόματα ἐρρήθη ; μᾶλλον δέ μοι δεῦρο ἕπου.

ΝΕ. ΣΩ. Πῇ ;

ΞΕ. Τῇδε. Εἴ τῳ τις τῶν δημοσιευόντων ἰατρῶν ἱκανὸς 259 a
συμβουλεύειν ἰδιωτεύων αὐτός, ἆρ' οὐκ ἀναγκαῖον αὐτῷ προσαγορεύεσθαι τοὔνομα τῆς τέχνης ταὐτὸν ὅπερ ᾧ συμβουλεύει ;

ΝΕ. ΣΩ. Ναί.

ΞΕ. Τί δ' ; ὅστις βασιλεύοντι χώρας ἀνδρὶ παραινεῖν δεινὸς ἰδιώτης ὢν αὐτός, ἆρ' οὐ φήσομεν ἔχειν αὐτὸν τὴν ἐπιστήμην ἣν ἔδει τὸν ἄρχοντα αὐτὸν κεκτῆσθαι ;

ΝΕ. ΣΩ. Φήσομεν.

ΞΕ. Ἀλλὰ μὴν ἥ γε ἀληθινοῦ βασιλέως βασιλική ; b

ΝΕ. ΣΩ. Ναί.

ΞΕ. Ταύτην δὲ ὁ κεκτημένος οὐκ, ἄντε ἄρχων ἄντε ἰδιώτης ὢν τυγχάνῃ, πάντως κατά γε τὴν τέχνην αὐτὴν βασιλικὸς ὀρθῶς προσρηθήσεται ;

ΝΕ. ΣΩ. Δίκαιον γοῦν.

ΞΕ. Καὶ μὴν οἰκονόμος γε καὶ δεσπότης ταὐτόν.

ΝΕ. ΣΩ. Τί μήν ;

ΞΕ. Τί δέ ; μεγάλης σχῆμα οἰκήσεως ἢ σμικρᾶς αὖ πόλεως ὄγκος μῶν τι πρὸς ἀρχὴν διοίσετον ;

ΝΕ. ΣΩ. Οὐδέν.

ΞΕ. Οὐκοῦν, ὃ νυνδὴ διεσκοπούμεθα, φανερὸν ὡς ἐπι- c
στήμη μία περὶ πάντ' ἐστὶ ταῦτα· ταύτην δὲ εἴτε βασιλικὴν εἴτε πολιτικὴν εἴτε οἰκονομικήν τις ὀνομάζει, μηδὲν αὐτῷ διαφερώμεθα.

ΝΕ. ΣΩ. Τί γάρ ;

259 a 3 ταὐτὸν ὅπερ : ταυτόν περ T || b 1 ἥ (γε) ἀληθινοῦ... b 5 προσ(ρηθήσεται) habet Clemens *Str.* II, iv, 18, 2 || ἥ γε : εἴ γε YW ἡ Clem. || τοῦ ἀληθινοῦ Clem. || 3 ταύτην δὲ : καὶ Clem. || 5 προσρηθήσεται : -αγορευθήσεται T² Clem. || 10 τι om. TY.

L'Etranger. — Mais il est tout aussi évident qu'un roi, pour maintenir son pouvoir, n'a guère de secours en la force de ses poings et la vigueur de son corps, au regard de ce qu'il trouve en sa pénétration et sa force d'âme.

Socrate le Jeune. — C'est bien évident.

L'Etranger. — Nous dirons alors, si tu veux, que le roi
d a beaucoup plus de rapports avec la science théorique qu'avec les arts manuels et tous les arts pratiques[1] ?

Socrate le Jeune. — Et comment donc !

L'Etranger. — Nous mettrons donc la science politique et le politique avec la science royale et l'homme royal, et, de tout cela, ne ferons qu'un ?

Socrate le Jeune. — Evidemment.

L'Etranger. — N'y aurait-il pas lieu, pour procéder avec suite, de diviser, après cela, la science théorique ?

Socrate le Jeune. — Parfaitement.

L'Etranger. — Observe alors attentivement si nous n'y découvrirons pas une dualité originelle.

Socrate le Jeune. — Dis-moi laquelle.

e L'Etranger. — Celle-ci : nous avons parlé d'un art du calcul...

Socrate le Jeune. — Oui.

L'Etranger. — Il rentre absolument, je crois, dans les arts théoriques.

Socrate le Jeune. — Sans aucun doute.

L'Etranger. — Eh bien, une fois qu'il connaît la différence entre les nombres, le calcul a-t-il autre chose à faire, selon nous, que de porter jugement sur ce qu'il connaît ?

Socrate le Jeune. — Que ferait-il d'autre ?

L'Etranger. — C'est que, d'autre part, aucun architecte n'est lui-même ouvrier : il est seulement chef d'ouvriers.

Socrate le Jeune. — Oui.

L'Etranger. — Car ce qu'il fournit, c'est un savoir, et non pas un travail de mains.

Socrate le Jeune. — En effet.

260 a L'Etranger. — On a donc le droit de dire qu'il participe à la science théorique.

1. Le roi n'est ni un manœuvre ni un boxeur : c'est par l'esprit qu'il gouverne. Mais c'est seulement l'art manuel qu'on lui refuse ici ; son métier est théorique, c.-à-d. cérébral, non pas théoricien.

ΞΕ. Ἀλλὰ μὴν τόδε γε δῆλον, ὡς βασιλεὺς ἅπας χερσὶ καὶ σύμπαντι τῷ σώματι σμίκρ' ἄττα εἰς τὸ κατέχειν τὴν ἀρχὴν δύναται πρὸς τὴν τῆς ψυχῆς σύνεσιν καὶ ῥώμην.

ΝΕ. ΣΩ. Δῆλον.

ΞΕ. Τῆς δὴ γνωστικῆς μᾶλλον ἢ τῆς χειροτεχνικῆς καὶ ὅλως πρακτικῆς βούλει τὸν βασιλέα φῶμεν οἰκειότερον d εἶναι ;

ΝΕ. ΣΩ. Τί μήν ;

ΞΕ. Τὴν ἄρα πολιτικὴν καὶ πολιτικὸν καὶ βασιλικὴν καὶ βασιλικὸν εἰς ταὐτὸν ὡς ἓν ταῦτα πάντα συνθήσομεν ;

ΝΕ. ΣΩ. Δῆλον.

ΞΕ. Οὐκοῦν πορευοίμεθ' ἂν ἑξῆς, εἰ μετὰ ταῦτα τὴν γνωστικὴν διοριζοίμεθα ;

ΝΕ. ΣΩ. Πάνυ γε.

ΞΕ. Πρόσεχε δὴ τὸν νοῦν ἂν ἄρα ἐν αὐτῇ τινα διαφυὴν κατανοήσωμεν.

ΝΕ. ΣΩ. Φράζε ποίαν.

ΞΕ. Τοιάνδε. Λογιστική πού τις ἡμῖν ἦν τέχνη. e

ΝΕ. ΣΩ. Ναί.

ΞΕ. Τῶν γνωστικῶν γε οἶμαι παντάπασι τεχνῶν.

ΝΕ. ΣΩ. Πῶς δ' οὔ ;

ΞΕ. Γνούσῃ δὴ λογιστικῇ τὴν ἐν τοῖς ἀριθμοῖς διαφορὰν μῶν τι πλέον ἔργον δώσομεν ἢ τὰ γνωσθέντα κρῖναι ;

ΝΕ. ΣΩ. Τί μήν ;

ΞΕ. Καὶ γὰρ ἀρχιτέκτων γε πᾶς οὐκ αὐτὸς ἐργατικός, ἀλλ' ἐργατῶν ἄρχων.

ΝΕ. ΣΩ. Ναί.

ΞΕ. Παρεχόμενός γέ που γνῶσιν, ἀλλ' οὐ χειρουργίαν.

ΝΕ. ΣΩ. Οὕτως.

ΞΕ. Δικαίως δὴ μετέχειν ἂν λέγοιτο τῆς γνωστικῆς 260 a ἐπιστήμης.

c 6 τό δε γε : τό γε W || 10 τῆς ante χειροτεχνικῆς om. W || d 1 πραγματικῆς Y || 5 πάντα ταῦτα T^1 || 10 ἂν om. W || διαφυὴν T^2W : -φυγὴν || e 1 ἦν : ἡ T^1 || 5 γνοῦσι W || δὴ : δὲ B || λογιστικὴν Y.

Socrate le Jeune — Parfaitement.

L'Etranger. — Lui cependant, j'imagine, une fois son jugement porté, ne doit point se croire quitte et s'en aller, comme s'en est allé le calculateur, mais bien commander à chaque ouvrier la tâche voulue jusqu'à ce que l'ouvrage commandé soit achevé.

Socrate le Jeune. — C'est juste.

L'Etranger. — Ainsi toutes ces sciences-là sont théoriques, aussi bien que toutes celles qui vont avec l'art du calcul, mais les deux genres qu'elles forment diffèrent en ce que
b l'un juge, et l'autre dirige.

Socrate le Jeune. — Apparemment.

L'Etranger. — Si donc nons distinguions, dans l'ensemble de la science théorique, une partie que nous appellerions directive, et l'autre, critique, nous dirions avoir fait là une division juste ?

Socrate le Jeune. — Oui, à mon avis, tout au moins.

L'Etranger. — Mais, lorsqu'on fait œuvre commune, il faut se trouver bien heureux de s'entendre entre soi [1].

Socrate le Jeune. — Sans doute.

L'Etranger. — Tant que nous aurons entre nous ce bonheur, n'ayons cure de ce que pensent les autres.

Socrate le Jeune. — Comment donc !

c L'Etranger. — Eh bien, dans lequel de ces deux arts nous faut-il placer l'homme royal ? Le placerons-nous dans l'art critique, à titre de simple spectateur, ou bien déciderons-nous qu'il rentre plutôt dans l'art directif, puisqu'au fait il commande en maître ?

Socrate le Jeune. — Comment hésiter ?

L'Etranger. — Il nous faut donc considérer à son tour cet art de diriger, pour voir s'il offre quelque division. Et voici laquelle, à mon avis : comme l'art des revendeurs se
d distingue de celui des vendeurs de première main [2], ainsi le genre royal se distingue du genre des hérauts.

Socrate le Jeune. — Comment cela ?

1. Cf. notice, p. xxiv : partir d'un principe que l'on estime sûr et poursuivre la recherche en gardant l'accord avec soi-même ou entre soi, tel est l'effort de toute logique, monologuante ou dialoguante.

2. Le revendeur, type du sophiste, exploite et ne crée pas ; *Protag.* 313 d, *Rép.* 525 c, *Soph.* 223 c/4 c.

ΝΕ. ΣΩ. Πάνυ γε.

ΞΕ. Τούτῳ δέ γε οἶμαι προσήκει κρίναντι μὴ τέλος ἔχειν μηδ' ἀπηλλάχθαι, καθάπερ ὁ λογιστὴς ἀπήλλακτο, προστάττειν δὲ ἑκάστοις τῶν ἐργατῶν τό γε πρόσφορον ἕως ἂν ἀπεργάσωνται τὸ προσταχθέν.

ΝΕ. ΣΩ. Ὀρθῶς.

ΞΕ. Οὐκοῦν γνωστικαὶ μὲν αἵ τε τοιαῦται σύμπασαι καὶ ὁπόσαι συνέπονται τῇ λογιστικῇ, κρίσει δὲ καὶ ἐπιτάξει διαφέρετον ἀλλήλοιν τούτω τὼ γένη ; b

ΝΕ. ΣΩ. Φαίνεσθον.

ΞΕ. Ἆρ' οὖν συμπάσης τῆς γνωστικῆς εἰ τὸ μὲν ἐπιτακτικὸν μέρος, τὸ δὲ κριτικὸν διαιρούμενοι προσείποιμεν, ἐμμελῶς ἂν φαῖμεν διῃρῆσθαι ;

ΝΕ. ΣΩ. Κατά γε τὴν ἐμὴν δόξαν.

ΞΕ. Ἀλλὰ μὴν τοῖς γε κοινῇ τι πράττουσιν ἀγαπητὸν ὁμονοεῖν.

ΝΕ. ΣΩ. Πῶς δ' οὔ ;

ΞΕ. Τούτου τοίνυν μέχριπερ ἂν αὐτοὶ κοινωνῶμεν, ἐατέον τά γε τῶν ἄλλων δοξάσματα χαίρειν.

ΝΕ. ΣΩ. Τί μήν ;

ΞΕ. Φέρε δή, ταύταιν ταῖν τέχναιν ἡμῖν τὸν βασιλικὸν c ἐν ποτέρᾳ θετέον ; ἆρ' ἐν τῇ κριτικῇ, καθάπερ τινὰ θεατήν, ἢ μᾶλλον τῆς ἐπιτακτικῆς ὡς ὄντα αὐτὸν τέχνης θήσομεν, δεσπόζοντά γε ;

ΝΕ. ΣΩ. Πῶς γὰρ οὐ μᾶλλον ;

ΞΕ. Τὴν ἐπιτακτικὴν δὴ τέχνην πάλιν ἂν εἴη θεατέον εἴ πῃ διέστηκεν. Καί μοι δοκεῖ τῇδέ πῃ, καθάπερ ἡ τῶν καπήλων τέχνη τῆς τῶν αὐτοπωλῶν διώρισται τέχνης, καὶ τὸ βασιλικὸν γένος ἔοικεν ἀπὸ τοῦ τῶν κηρύκων γένους d ἀφωρίσθαι.

ΝΕ. ΣΩ. Πῶς ;

260 a 4 τούτω : τοῦτο TY ‖ 6 γε om. W ‖ 9 τε om. W ‖ **b** 4 προσείποιμεν : -ομεν T ‖ 12 τί μήν om. W ‖ **c** 2 ποτέρᾳ : ποτέρω Y ‖ 3 αὐτὸν : αὐτοῦ TY ‖ θήσομεν : φή- W[1] ‖ 8 αὐτοπωλῶν : -πώλων TY[1].

L'Etranger. — Les revendeurs commencent par se procurer en l'achetant quelque part une marchandise fabriquée par d'autres, et la vendent alors de seconde main.

Socrate le Jeune. — Parfaitement.

L'Etranger. — Ainsi la gent héraldique, recevant d'ailleurs des ordres qu'elle n'a point conçus, les intime à son tour à d'autres en seconde injonction.

Socrate le Jeune. — C'est la vérité même.

L'Etranger. — Quoi donc ? Confondrons-nous l'art du
e roi avec celui de l'interprète, du chef des rameurs, du devin, du héraut, et beaucoup d'autres arts parents de ceux-là, qui, tous, ont réellement un pouvoir directif ? Ou bien veux-tu que, poursuivant notre comparaison de tout à l'heure, nous forgions aussi un nom par analogie, puisqu'il n'en existe guère aucun pour désigner ce genre de dirigeants qui tiennent leur pouvoir d'eux-mêmes ? Ce caractère nous servira donc pour notre division, et nous mettrons le genre royal dans la classe autodirective, sans d'ailleurs nous soucier du reste ni nous arrêter à lui imposer, à son tour, quelque nom ; car c'est le chef que vise notre recherche, et non pas
261 a l'opposé du chef.

Socrate le Jeune. — Parfaitement.

L'Etranger. — Puis donc que voici le genre en question assez bien séparé des autres par cette opposition du pouvoir emprunté au pouvoir personnel, il nous faut le diviser lui-même à son tour, si nous trouvons encore en lui quelque ligne de partage bien accommodante [1].

Socrate le Jeune. — D'accord.

L'Etranger. — Or, nous la trouvons, semble-t-il. Mais suis-moi bien et partage avec moi.

Socrate le Jeune. — Dans quel sens ?

L'Etranger. — Autant nous pourrons imaginer de chefs
b exerçant une telle direction, ne trouverons-nous pas que leurs ordres ont toujours en vue quelque production ?

Socrate le Jeune. — Comment ne pas le voir ?

1. La « ligne de partage accommodante (τομὴ ὑπείκουσα) » comme la dualité originelle (διαφυή, 259 c) rappellent la règle générale de *Phèdre* 265 e, répétée ici, 287 c : diviser κατ' ἄρθρα ᾗ πέφυκεν, κατὰ μέλη, suivant les articulations naturelles. On s'arrête là où la nature résiste, à l'indivisible (277 a).

ΞΕ. Πωληθέντα που πρότερον ἔργα ἀλλότρια παραδεχόμενοι δεύτερον πωλοῦσι πάλιν οἱ κάπηλοι.

ΝΕ. ΣΩ. Πάνυ μὲν οὖν.

ΞΕ. Οὐκοῦν καὶ τὸ κηρυκικὸν φῦλον ἐπιταχθέντ᾽ ἀλλότρια νοήματα παραδεχόμενον αὐτὸ δεύτερον ἐπιτάττει πάλιν ἑτέροις.

ΝΕ. ΣΩ. Ἀληθέστατα.

ΞΕ. Τί οὖν; εἰς ταὐτὸν μείξομεν βασιλικὴν ἑρμηνευτικῇ,
κελευστικῇ, μαντικῇ, κηρυκικῇ, καὶ πολλαῖς ἑτέραις τούτων e
τέχναις συγγενέσιν, αἳ σύμπασαι τό γ᾽ ἐπιτάττειν ἔχουσιν; ἢ βούλει, καθάπερ ᾐκάζομεν νυνδή, καὶ τοὔνομα παρεικάσωμεν, ἐπειδὴ καὶ σχεδὸν ἀνώνυμον ὂν τυγχάνει τὸ τῶν αὐτεπιτακτῶν γένος, καὶ ταύτῃ ταῦτα διελώμεθα, τὸ μὲν τῶν βασιλέων γένος εἰς τὴν αὐτεπιτακτικὴν θέντες, τοῦ δὲ ἄλλου παντὸς ἀμελήσαντες, ὄνομα ἕτερον αὐτοῖς παραχωρήσαντες θέσθαι τινά; τοῦ γὰρ ἄρχοντος ἕνεκα ἡμῖν ἡ μέθοδος ἦν,
ἀλλ᾽ οὐχὶ τοῦ ἐναντίου. 261 a

ΝΕ. ΣΩ. Πάνυ μὲν οὖν.

ΞΕ. Οὐκοῦν ἐπειδὴ τοῦτο μετρίως ἀφέστηκεν ἀπ᾽ ἐκείνων, ἀλλοτριότητι διορισθὲν πρὸς οἰκειότητα, τοῦτο αὐτὸ πάλιν αὖ διαιρεῖν ἀναγκαῖον, εἴ τινα τομὴν ἔτι ἔχομεν ὑπείκουσαν ἐν τούτῳ;

ΝΕ. ΣΩ. Πάνυ γε.

ΞΕ. Καὶ μὴν φαινόμεθα ἔχειν· ἀλλ᾽ ἐπακολουθῶν σύντεμνε.

ΝΕ. ΣΩ. Πῇ;

ΞΕ. Πάντας ὁπόσους ἂν ἄρχοντας διανοηθῶμεν ἐπιτάξει
προσχρωμένους ἆρ᾽ οὐχ εὑρήσομεν γενέσεώς τινος ἕνεκα b
προστάττοντας;

ΝΕ. ΣΩ. Πῶς δ᾽ οὔ;

d 7 ἐπιταχθέντα ἀλλότρια W : -ταχθὲν τἀλ- || 11 μίξωμεν B || **e** 3 ᾗ : εἰ B || παρεικάσωμεν : -σομεν W || 4 αὐτεπιτάκτων BW || **261 a** 5 αὐτὸ om. W || αὖ : οὖν Y || 10 πῇ om. T[1] || **b** 2 προσ¨άττοντες T (sed α eras. s. l.).

L'Etranger. — Or, diviser en deux toutes les sortes de productions n'est vraiment pas si difficile.

Socrate le Jeune. — Par quel joint ?

L'Etranger. — Les unes, j'imagine, dans cet ensemble, sont inanimées, et les autres, animées.

Socrate le Jeune. — Oui.

L'Etranger. — Or, c'est par ce même joint que la partie directive de la science théorique devra se partager, si la partager nous plaît.

Socrate le Jeune. — Comment ?

L'Etranger. — Nous affecterons l'une de ses parties à la
c production d'êtres inanimés, et l'autre, à celle des êtres animés : comme cela, nous aurons déjà une première division de l'ensemble.

Socrate le Jeune. — Parfaitement.

L'Etranger. — Laissons alors de côté l'une des parties, et reprenons l'autre ; reprenons-la, d'ailleurs, pour la partager tout entière en deux.

Socrate le Jeune. — Laquelle veux-tu que nous reprenions ?

L'Etranger. — Naturellement, celle qui a la direction des êtres vivants. Car il va de soi que la science royale ne commande point, comme l'architecture, à des choses sans vie : son rôle est plus noble, c'est parmi les vivants qu'elle
d règne et c'est sur eux qu'elle exerce depuis toujours son empire.

Socrate le Jeune. — C'est juste.

L'Etranger. — Quant à la production et l'élevage des vivants, on y peut distinguer, d'une part l'élevage par unités[1], et, d'autre part, celui où l'on soigne collectivement des nourrissons réunis en troupeaux.

Socrate le Jeune. — C'est juste.

L'Etranger. — Quant au politique, il ne nous apparaîtra certes pas comme pratiquant l'élevage individuel, à la façon d'un laboureur qui soigne son bœuf, ou d'un écuyer, son cheval ; il ressemble bien plutôt à l'éleveur de chevaux ou à l'éleveur de bœufs.

Socrate le Jeune. — Ainsi expliqué, cela paraît clair.

e L'Etranger. — Quel nom donnerons-nous donc à cette

1. μονοτροφία est un des nombreux ἅπαξ du *Politique*.

ΞΕ. Καὶ μὴν τά γε γιγνόμενα πάντα δίχα διαλαβεῖν οὐ παντάπασι χαλεπόν.

ΝΕ. ΣΩ. Πῇ ;

ΞΕ. Τὰ μὲν ἄψυχα αὐτῶν ἐστί που συμπάντων, τὰ δ' ἔμψυχα.

ΝΕ. ΣΩ. Ναί.

ΞΕ. Τούτοις δέ γε αὐτοῖς τὸ τοῦ γνωστικοῦ μέρος ἐπιτακτικὸν ὄν, εἴπερ βουλόμεθα τέμνειν, τεμοῦμεν.

ΝΕ. ΣΩ. Κατὰ τί ;

ΞΕ. Τὸ μὲν ἐπὶ ταῖς τῶν ἀψύχων γενέσεσιν αὐτοῦ τάτ-
τοντες, τὸ δ' ἐπὶ ταῖς τῶν ἐμψύχων· καὶ πᾶν οὕτως ἤδη c
διαιρήσεται δίχα.

ΝΕ. ΣΩ. Παντάπασί γε.

ΞΕ. Τὸ μὲν τοίνυν αὐτῶν παραλίπωμεν, τὸ δ' ἀναλάβωμεν, ἀναλαβόντες δὲ μερισώμεθα εἰς δύο τὸ σύμπαν.

ΝΕ. ΣΩ. Λέγεις δ' αὐτοῖν ἀναληπτέον εἶναι πότερον ;

ΞΕ. Πάντως που τὸ περὶ τὰ ζῷα ἐπιτακτικόν. Οὐ γὰρ
δὴ τό γε τῆς βασιλικῆς ἐπιστήμης ἐστί ποτε τῶν ἀψύχων
ἐπιστατοῦν, οἷον ἀρχιτεκτονικόν, ἀλλὰ γενναιότερον, ἐν
τοῖς ζῴοις καὶ περὶ αὐτὰ ταῦτα τὴν δύναμιν ἀεὶ κεκτημένον. d

ΝΕ. ΣΩ. Ὀρθῶς.

ΞΕ. Τήν γε μὴν τῶν ζῴων γένεσιν καὶ τροφὴν τὴν μέν τις ἂν ἴδοι μονοτροφίαν οὖσαν, τὴν δὲ κοινὴν τῶν ἐν ταῖς ἀγέλαις θρεμμάτων ἐπιμέλειαν.

ΞΕ. ΣΩ. Ὀρθῶς.

ΞΕ. Ἀλλ' οὐ μὴν τόν γε πολιτικὸν εὑρήσομεν ἰδιοτρόφον, ὥσπερ βοηλάτην ἤ τινα ἱπποκόμον, ἀλλ' ἱπποφορβῷ τε καὶ βουφορβῷ μᾶλλον προσεοικότα.

ΝΕ. ΣΩ. Φαίνεταί γε δὴ ῥηθὲν νῦν.

ΞΕ. Πότερον οὖν τῆς ζῳοτροφίας τὴν τῶν συμπόλλων e

b 4 γε : τε BT || 7-8 ἄψυχα.. ἔμψυχα : ἄψυχα *bis* Y || 10 μέρους Y || 11 ὄν : ἕν W || **c** 1 ἐπὶ ταῖς W : ἐπὶ || 7 πάντα που Y || **d** 3 τήν : ταύτην Y || 4 κοινὴν : -ῇ B et i. m. T || 7 ἰδιοτρόφον Ven. 185 : -ότροπον || **e** 1 τὴν : τῆς B.

partie de l'élevage des vivants qui nourrit collectivement des groupes entiers, celui d'élevage en troupeaux ou celui d'élevage collectif ?

Socrate le Jeune. — L'un ou l'autre, au gré du raisonnement.

L'Etranger. — A la bonne heure, Socrate ! Si tu persévères dans ce détachement à l'égard des mots, tu te montreras plus riche en sagesse à mesure que tu avanceras en âge. En attendant, faisons comme tu l'ordonnes : vois-tu donc comment on pourrait montrer qu'il y a deux sortes d'élevage en troupeaux, et obtenir ainsi que l'enquête, au
262 a lieu de porter sur ce double objet, ne porte plus que sur sa moitié ?

Socrate le Jeune. — Je m'y empresse. Et je crois voir qu'il y en a une sorte pour l'élevage des hommes, et l'autre, pour celui des bêtes.

Petite leçon de logique : Espèce et partie.

L'Etranger. — Certes oui, voilà une division faite avec on ne peut plus d'empressement et d'ardeur ! Evitons cependant, autant que nous le pourrons, de retomber dans ces errements.

Socrate le Jeune. — Quels errements ?

L'Etranger. — N'allons pas mettre à part, toute seule,
b une petite portion en face de plusieurs grandes, et sans tenir compte de l'espèce : veillons, au contraire, à ce que la partie porte avec soi l'espèce. Sans doute il est très beau de séparer tout de suite du reste l'objet que l'on cherche, mais il faut tomber juste. Ainsi toi, tout à l'heure, tu as cru tenir ta division, et tu as brusqué le raisonnement dès que tu as vu qu'il menait aux hommes. Mais, en réalité, mon ami, les petites coupures ne vont point sans danger ; il est plus sûr de procéder en divisant par moitiés, et c'est ainsi qu'on a plus de chances de rencontrer les caractères spécifi-
c ques. Or, c'est là ce qui importe par-dessus tout à nos recherches.

Socrate le Jeune. — Que veux-tu dire par là, Etranger ?

L'Etranger. — Essayons de parler plus clairement encore, par égard pour une nature comme la tienne, Socrate. Nous ne saurions, il est vrai, pour l'instant, prétendre ne rien laisser dans l'ombre ; mais il faut essayer de pousser encore

κοινὴν τροφὴν ἀγελαιοτροφίαν ἢ κοινοτροφικήν τινα ὀνομάζομεν;

ΝΕ. ΣΩ. Ὁπότερον ἂν ἐν τῷ λόγῳ συμβαίνῃ.

ΞΕ. Καλῶς γε, ὦ Σώκρατες· κἂν διαφυλάξῃς τὸ μὴ σπουδάζειν ἐπὶ τοῖς ὀνόμασιν, πλουσιώτερος εἰς τὸ γῆρας ἀναφανήσῃ φρονήσεως. Νῦν δὲ τοῦτο μέν, καθάπερ διακελεύῃ, ποιητέον· τὴν δὲ ἀγελαιοτροφικὴν ἆρ᾽ ἐννοεῖς πῇ
τις δίδυμον ἀποφήνας τὸ ζητούμενον ἐν διπλασίοισι τὰ νῦν 262 a
ἐν τοῖς ἡμίσεσιν εἰς τότε ποιήσει ζητεῖσθαι;

ΝΕ. ΣΩ. Προθυμήσομαι. Καί μοι δοκεῖ τῶν μὲν ἀνθρώπων ἑτέρα τις εἶναι, τῶν δ᾽ αὖ θηρίων ἄλλη τροφή.

ΞΕ. Παντάπασί γε προθυμότατα καὶ ἀνδρειότατα διῄρησαι· μὴ μέντοι τοῦτό γε εἰς αὖθις κατὰ δύναμιν πάσχωμεν.

ΝΕ. ΣΩ. Τὸ ποῖον;

ΞΕ. Μὴ σμικρὸν μόριον ἓν πρὸς μεγάλα καὶ πολλὰ
ἀφαιρῶμεν, μηδὲ εἴδους χωρίς· ἀλλὰ τὸ μέρος ἅμα εἶδος b
ἐχέτω. Κάλλιστον μὲν γὰρ ἀπὸ τῶν ἄλλων εὐθὺς διαχωρίζειν τὸ ζητούμενον, ἂν ὀρθῶς ἔχῃ, καθάπερ ὀλίγον σὺ πρότερον οἰηθεὶς ἔχειν τὴν διαίρεσιν ἐπέσπευσας τὸν λόγον, ἰδὼν ἐπ᾽ ἀνθρώπους πορευόμενον· ἀλλὰ γάρ, ὦ φίλε, λεπτουργεῖν οὐκ ἀσφαλές, διὰ μέσων δὲ ἀσφαλέστερον ἰέναι τέμνοντας, καὶ μᾶλλον ἰδέαις ἄν τις προστυγχάνοι. Τοῦτο δὲ διαφέρει
τὸ πᾶν πρὸς τὰς ζητήσεις. c

ΝΕ. ΣΩ. Πῶς, ὦ ξένε, λέγεις τοῦτο;

ΞΕ. Πειρατέον ἔτι σαφέστερον φράζειν εὐνοίᾳ τῆς σῆς φύσεως, ὦ Σώκρατες. Ἐν τῷ μὲν οὖν παρεστηκότι τὰ νῦν δηλῶσαι μηδὲν ἐνδεῶς ἀδύνατον· ἐπιχειρητέον δέ τι καὶ

e 5 καλῶς... e 7 φρονήσεως habet Eusebius XII, 58a b || e 5 κἂν... e 7 φρονήσεως habent Athenaeus III, 99 c, Clemens *Str.* I, ix, 48, 2, Theodoretus I, 32 || e 5 γε om. Eus. || διαφυλάξῃς : φυλ- Clem. || 6 ante εἰς add. καὶ Athen. || τὸ om. Athen. Clem. Theod. || 262 a 1 διπλασίοισι edd. : -σίοις ἢ || 2 ποιήσει : -σῃ BW || b 4 οἰήθης B || διαίρεσιν : αἵρ- Y[1] || 7 ἰδέαις : ἰδίαις W.

un peu plus de l'avant pour mettre la question dans un meilleur jour.

Socrate le Jeune. — Quelle faute dis-tu donc que nous aurions faite en divisant tout à l'heure ?

L'Etranger. — La même que, si, voulant diviser en deux
d le genre humain, on faisait le partage comme le font la plupart des gens par ici, lorsque, prenant d'abord à part le genre Hellène comme une unité distincte de tout le reste, ils mettent en bloc toutes les autres races, alors qu'elles sont une infinité qui ne se mêlent ni ne s'entendent entre elles, et, parce qu'ils les qualifient du nom unique de Barbares, s'imaginent que, à les appeler ainsi d'un seul nom, ils en ont fait un seul genre [1]. Ou encore c'est comme si l'on croyait que, pour diviser les nombres en deux, on n'a qu'à détacher le chiffre « dix-mille »
e de tous les autres, à le placer à part comme constituant une seule espèce, et à mettre sur tout le reste un nom unique, s'imaginant, cette fois encore, que cette simple appellation suffit pour créer un second genre en face du premier. La division serait mieux faite, je crois ; elle suivrait mieux les formes spécifiques et serait plus dichotomique, si, partageant les nombres en pairs et impairs, on partageait de même le genre humain en mâles et femelles, et si l'on ne se décidait à détacher et dresser en face de tout le reste les Lydiens, les Phrygiens, ou autres unités, que lorsqu'il ne serait plus possible d'obtenir une division dont chaque terme fût à la fois
263 a genre et partie.

Socrate le Jeune. — Tu as grandement raison, mais cela même, Etranger, comment le voir plus clairement, que le genre et la partie ne sont pas la même chose, mais deux choses différentes ?

L'Etranger. — Homme délicieux que tu es ! Ce n'est pas rien, ce que tu exiges là, Socrate. Nous nous sommes déjà égarés bien trop loin de notre sujet, et tu voudrais nous égarer plus loin encore ! Revenons donc plutôt en arrière, ce sera
b plus raisonnable, et, quant à cette nouvelle recherche, nous l'entreprendrons plus tard, à loisir, en bons explorateurs,

1. L'opposition globale entre Grecs et Barbares, logiquement vicieuse en ce que le groupe « Barbares » n'est pas une race, mais un amas confus de races, peut subsister du point de vue valeur, que la logique ignore (*infra*, 266 e). Rien ici ne contredit *Rép.* 469/71.

σμικρῷ πλέον αὐτὸ προαγαγεῖν εἰς τὸ πρόσθεν σαφηνείας
ἕνεκα.

ΝΕ. ΣΩ. Ποῖον οὖν δὴ φράζεις διαιρουμένους ἡμᾶς οὐκ
ὀρθῶς ἄρτι δρᾶν ;

ΞΕ. Τοιόνδε, οἷον εἴ τις τἀνθρώπινον ἐπιχειρήσας δίχα
διελέσθαι γένος διαιροῖ καθάπερ οἱ πολλοὶ τῶν ἐνθάδε δια- d
νέμουσι, τὸ μὲν Ἑλληνικὸν ὡς ἓν ἀπὸ πάντων ἀφαιροῦντες
χωρίς, σύμπασι δὲ τοῖς ἄλλοις γένεσιν, ἀπείροις οὖσι καὶ
ἀμείκτοις καὶ ἀσυμφώνοις πρὸς ἄλληλα, βάρβαρον μιᾷ κλήσει
προσειπόντες αὐτὸ διὰ ταύτην τὴν μίαν κλῆσιν καὶ γένος
ἓν αὐτὸ εἶναι προσδοκῶσιν· ἢ τὸν ἀριθμόν τις αὖ νομίζοι
κατ᾽ εἴδη δύο διαιρεῖν μυριάδα ἀποτεμνόμενος ἀπὸ πάντων,
ὡς ἓν εἶδος ἀποχωρίζων, καὶ τῷ λοιπῷ δὴ παντὶ θέμενος ἓν e
ὄνομα διὰ τὴν κλῆσιν αὖ καὶ τοῦτ᾽ ἀξιοῖ γένος ἐκείνου χωρὶς
ἕτερον ἓν γίγνεσθαι. Κάλλιον δέ που καὶ μᾶλλον κατ᾽ εἴδη
καὶ δίχα διαιροῖτ᾽ ἄν, εἰ τὸν μὲν ἀριθμὸν ἀρτίῳ καὶ περιττῷ
τις τέμνοι, τὸ δὲ αὖ τῶν ἀνθρώπων γένος ἄρρενι καὶ θήλει,
Λυδοὺς δὲ ἢ Φρύγας ἤ τινας ἑτέρους πρὸς ἅπαντας τάττων
ἀποσχίζοι τότε, ἡνίκα ἀποροῖ γένος ἅμα καὶ μέρος εὑρίσκειν
ἑκάτερον τῶν σχισθέντων. 263 a

ΝΕ. ΣΩ. Ὀρθότατα· ἀλλὰ γὰρ τοῦτο αὐτό, ὦ ξένε, πῶς
ἄν τις γένος καὶ μέρος ἐναργέστερον γνοίη, ὡς οὐ ταὐτόν
ἐστον, ἀλλ᾽ ἕτερον ἀλλήλοιν ;

ΞΕ. Ὦ βέλτιστε ἀνδρῶν, οὐ φαῦλον προστάττεις, Σώ-
κρατες. Ἡμεῖς μὲν καὶ νῦν μακροτέραν τοῦ δέοντος ἀπὸ
τοῦ προτεθέντος λόγου πεπλανήμεθα, σὺ δὲ ἔτι πλέον ἡμᾶς
κελεύεις πλανηθῆναι. Νῦν μὲν οὖν, ὥσπερ εἰκός, ἐπανίωμεν
πάλιν· ταῦτα δὲ εἰς αὖθις κατὰ σχολὴν καθάπερ ἰχνεύοντες b
μέτιμεν. Οὐ μὴν ἀλλὰ τοῦτό γε αὖ παντάπασιν φύλαξαι,

c 6 προαγαγεῖν : προσ- T ‖ πρόσθε T ‖ 8 οὖν δὴ B : οὖν ‖ **d** 6 ἢ : ἢ εἰ Heindorf ‖ **e** 3 ἓν γίγνεσθαι Stallbaum : ἐγγί- ‖ **263 a** 1 ἑκάτερον : ἅτερον Y ‖ 3 γένος καὶ μέρος post γνοίη tr. W ‖ 4 ἀλλ᾽ ἐστὸν ἕτερον W ‖ 6 μακροτέραν B : μικ- W μακρότερον ‖ 7 προ*τεθέντος T ‖ **b** 1 ἰχνεύοντες : -ομεν Y.

Toutefois, prends bien garde encore et ne va pas croire que je t'aie donné l'explication parfaite.

SOCRATE LE JEUNE. — De quoi ?

L'ETRANGER. — De la distinction entre espèce et partie.

SOCRATE LE JEUNE. — Alors ?

L'ETRANGER. — Là où il y a espèce, elle est inévitablement partie de ce dont elle est dite espèce, mais il n'est pas du tout inévitable que la partie soit en même temps espèce[1]. Voilà, Socrate, des deux explications, celle que tu devras toujours donner comme mienne.

SOCRATE LE JEUNE. — Ainsi ferai-je.

c L'ETRANGER. — Autre chose, maintenant.

SOCRATE LE JEUNE. — Quoi ?

Le point de vue de la grue.

L'ETRANGER. — Rappelle-moi où nous en étions avant la digression qui nous a égarés jusqu'ici. C'était, je pense, au moment où je te demandais comment diviser l'art de nourrir les troupeaux, et où tu m'as déclaré avec tant d'empressement qu'il y a deux genres de vivants : le genre humain, d'abord, et, d'autre part, tout le reste des bêtes en un seul bloc.

SOCRATE LE JEUNE. — C'est vrai.

L'ETRANGER. — J'ai bien vu alors que, détachant une partie, tu t'imaginais que les autres, ainsi laissées de côté, ne formaient en tout qu'un seul genre, du moment que tu avais
d un nom pour les dénommer toutes, celui de bêtes.

SOCRATE LE JEUNE. — Encore là, tu avais vu juste.

L'ETRANGER. — Or, cela, homme intrépide, c'est ce que ferait, peut-être, tout autre animal que nous pouvons nous figurer doué de raison, comme la grue, par exemple, ou quelque autre : elle aussi distribuerait les noms comme tu fais, isolerait d'abord le genre grues pour l'opposer à tous les autres animaux et se glorifier ainsi elle-même, et rejetterait le reste, hommes compris, en un même tas, pour lequel elle ne trouverait, probablement, d'autre nom que celui de bêtes. Essayons donc, quant à nous, de nous bien garder contre
e toutes les fautes de cette sorte.

SOCRATE LE JEUNE. — Comment ?

1. Une fois sauf le précepte : « n'admettre, dans la division, aucune partie qui ne soit espèce » (262 b), le mot μέρος remplacera souvent εἶδος ou γένος (260 b, 262 e, 267 a/c, 279 b, 282 a 283 d). De même son synonyme μόριον.

μή ποτε παρ' ἐμοῦ δόξῃς αὐτὸ ἐναργῶς διωρισμένον ἀκηκοέναι.

ΝΕ. ΣΩ. Τὸ ποῖον ;

ΞΕ. Εἶδός τε καὶ μέρος ἕτερον ἀλλήλων εἶναι.

ΝΕ. ΣΩ. Τί μήν ;

ΞΕ. Ὡς εἶδος μὲν ὅταν ᾖ του, καὶ μέρος αὐτὸ ἀναγκαῖον εἶναι τοῦ πράγματος ὅτουπερ ἂν εἶδος λέγηται· μέρος δὲ εἶδος οὐδεμία ἀνάγκη. Ταύτῃ με ἢ 'κείνῃ μᾶλλον, ὦ Σώκρατες, ἀεὶ φάθι λέγειν.

ΝΕ. ΣΩ. Ταῦτ' ἔσται.

ΞΕ. Φράσον δή μοι τὸ μετὰ τοῦτο. c

ΝΕ. ΣΩ. Ποῖον ;

ΞΕ. Τὸ τῆς ἀποπλανήσεως ὁπόθεν ἡμᾶς δεῦρ' ἤγαγεν. Οἶμαι μὲν γὰρ μάλιστα, ὅθεν ἐρωτηθεὶς σὺ τὴν ἀγελαιοτροφίαν ὅπῃ διαιρετέον εἶπες μάλα προθύμως δύ' εἶναι ζῴων γένη, τὸ μὲν ἀνθρώπινον, ἕτερον δὲ τῶν ἄλλων συμπάντων θηρίων ἕν.

ΝΕ. ΣΩ. Ἀληθῆ.

ΞΕ. Καὶ ἔμοιγε δὴ τότ' ἐφάνης μέρος ἀφαιρῶν ἡγεῖσθαι καταλιπεῖν τὸ λοιπὸν αὖ πάντων γένος ἕν, ὅτι πᾶσι ταὐτὸν ἐπονομάζειν ἔσχες ὄνομα, θηρία καλέσας. d

ΝΕ. ΣΩ. Ἦν καὶ ταῦτα οὕτως.

ΞΕ. Τὸ δέ γε, ὦ πάντων ἀνδρειότατε, τάχ' ἄν, εἴ που φρόνιμόν ἐστί τι ζῷον ἕτερον, οἷον δοκεῖ τὸ τῶν γεράνων, ἤ τι τοιοῦτον ἄλλο, ὃ κατὰ ταὐτὰ ἴσως διονομάζει καθάπερ καὶ σύ, γεράνους μὲν ἓν γένος ἀντιτιθὲν τοῖς ἄλλοις ζῴοις καὶ σεμνῦνον αὐτὸ ἑαυτό, τὰ δὲ ἄλλα μετὰ τῶν ἀνθρώπων συλλαβὸν εἰς ταὐτὸ οὐδὲν ἄλλο πλὴν ἴσως θηρία προσείποι. Πειραθῶμεν οὖν ἡμεῖς ἐξευλαβεῖσθαι πάνθ' ὁπόσα τοιαῦτα. e

ΝΕ. ΣΩ. Πῶς ;

b 8 ἀναγκαῖον αὐτό YW || 10 εἶδος edd. : εἴδους || ἢ κεινὴ B || **c** 2 τὸ ποῖον W || 9 τότ' : τοῦτ' B || 10 αὖ πάντων : ἁπάντων W || **d** 3 δέ γε : λέγε B || 5 διονομάζει (ex ὀνο- Y) : -ζοι T²W.

263 e L'Etranger. — En ne divisant pas le genre animal tout entier : ainsi nous serons moins sujets à pareilles erreurs.

Socrate le Jeune. — C'est à éviter, en effet.

L'Etranger. — C'est pourtant cela qui nous a valu notre faute précédente.

Socrate le Jeune. — Quoi donc ?

L'Etranger. — Nous avons rangé toute la partie directive de la science théorique sous le genre « élevage des animaux », des animaux en troupeaux [1], n'est-ce pas ?

Socrate le Jeune. — Oui.

264 a L'Etranger. — C'était, par le fait même, diviser tout le genre animal en apprivoisés et sauvages. Car les animaux qui sont d'un naturel à se laisser apprivoiser sont dits paisibles, et ceux qui s'y refusent, on les appelle sauvages.

Socrate le Jeune. — Bien.

L'Etranger. — Or, la science que nous poursuivons a, depuis toujours, son domaine dans les animaux paisibles, et c'est parmi ceux qu'on nourrit en troupeaux qu'il la faut chercher.

Socrate le Jeune. — Oui.

L'Etranger. — Ne divisons donc point, comme nous fîmes alors, en envisageant tout l'ensemble, et en nous pressant
b pour arriver plus vite à la politique. Cela nous a valu, en effet, d'éprouver à notre tour la déconvenue proverbiale.

Socrate le Jeune. — Laquelle ?

L'Etranger. — Pour n'avoir pas voulu prendre le temps de la bien faire, venir moins vite à bout de notre division.

Socrate le Jeune. — Heureuse déconvenue, Etranger !

Reprise de la division. Animaux aquatiques et terrestres.

L'Etranger. — Soit. Recommençons donc notre essai de division de l'élevage collectif, et peut-être ce que tu cherches avec tant d'empressement te sera-t-il plus simplement révélé par le développement même de la discussion. A ce propos, dis-moi.

Socrate le Jeune. — Quoi ?

L'Etranger. — Ceci, dont tu as, je pense, entendu parler
c maintes fois. Car je sais bien qu'évidemment tu n'as pas pu

1. Cf. ἀγελαιοτροφία (261 c/d). La *République* constitue les guerriers en gardiens de troupeau (ὡς ἀγέλης φύλακας, 451 c). Ici, ἀγελαίων s'applique à tout le troupeau ; mais, 268 a, au troupeau moins ses chefs.

ΞΕ. Μὴ πᾶν τὸ τῶν ζῴων γένος διαιρούμενοι, ἵνα ἧττον αὐτὰ πάσχωμεν.

ΝΕ. ΣΩ. Οὐδὲν γὰρ δεῖ.

ΞΕ. Καὶ γὰρ οὖν καὶ τότε ἡμαρτάνετο ταύτῃ.

ΝΕ. ΣΩ. Τί δή ;

ΞΕ. Τῆς γνωστικῆς ὅσον ἐπιτακτικὸν ἡμῖν μέρος ἦν που τοῦ ζῳοτροφικοῦ γένους, ἀγελαίων μὴν ζῴων. Ἦ γάρ ;

ΝΕ. ΣΩ. Ναί.

ΞΕ. Διῄρητο τοίνυν ἤδη καὶ τότε σύμπαν τὸ ζῷον τῷ τιθασῷ καὶ ἀγρίῳ. Τὰ μὲν γὰρ ἔχοντα τιθασεύεσθαι φύσιν ἥμερα προσείρηται, τὰ δὲ μὴ ἔχοντα ἄγρια. 264 a

ΝΕ. ΣΩ. Καλῶς.

ΞΕ. Ἣν δέ γε θηρεύομεν ἐπιστήμην, ἐν τοῖς ἡμέροις ἦν τε καὶ ἔστιν, ἐπὶ τοῖς ἀγελαίοις μὴν ζητητέα θρέμμασιν.

ΝΕ. ΣΩ. Ναί.

ΞΕ. Μὴ τοίνυν διαιρώμεθα ὥσπερ τότε πρὸς ἅπαντα ἀποβλέψαντες, μηδὲ σπεύσαντες, ἵνα δὴ ταχὺ γενώμεθα πρὸς τῇ πολιτικῇ. Πεποίηκε γὰρ ἡμᾶς καὶ νῦν παθεῖν τὸ κατὰ τὴν παροιμίαν πάθος. b

ΝΕ. ΣΩ. Ποῖον ;

ΞΕ. Οὐχ ἡσύχους εὖ διαιροῦντας ἠνυκέναι βραδύτερον.

ΝΕ. ΣΩ. Καὶ καλῶς γε, ὦ ξένε, πεποίηκε.

ΞΕ. Ταῦτ' ἔστω. Πάλιν δ' οὖν ἐξ ἀρχῆς τὴν κοινοτροφικὴν πειρώμεθα διαιρεῖν· ἴσως γὰρ καὶ τοῦτο ὃ σὺ προθυμῇ διαπεραινόμενος ὁ λόγος αὐτός σοι κάλλιον μηνύσει. Καί μοι φράζε.

ΝΕ. ΣΩ. Ποῖον δή ;

ΞΕ. Τόδε, εἴ τινων πολλάκις ἄρα διακήκοας· οὐ γὰρ δὴ προστυχής γε αὐτὸς οἶδ' ὅτι γέγονας ταῖς ἐν τῷ Νείλῳ c

e 3 διαιρούμενοι γένος W ‖ 4 αὐτὰ : αὐτὸ W ‖ 8 που om. W ‖ 9 μὴν T : ἦν ‖ 264 a 1 τοίνυν ἤδη : δὴ τοίνυν W ‖ 3 ἔχοντα : θέλοντα W ‖ 5 ἡμέροις : ἡμετέροις W ‖ 9 σπεύσαντες : -δοντες W ‖ b 5 καὶ om. YW ‖ 6 δ' οὖν : δὲ in ras. B ‖ 11 τόδε εἴ (εἰ B) : τὸ δὴ (sed ε s. l.) T.

voir de tes yeux les poissons qu'on élève au bord du Nil ou dans les étangs du Grand Roi. Mais peut-être en auras-tu vu élever dans des fontaines.

SOCRATE LE JEUNE. — Parfaitement, j'en ai vu, et pour les autres, j'en ai ouï bien souvent parler.

L'ETRANGER. — De même, pour les troupeaux d'oies et de grues[1], sans avoir parcouru toi-même les plaines de Thessalie, tu as ouï dire qu'on en élève, et tu le crois.

SOCRATE LE JEUNE. — Et comment !

d L'ETRANGER. — Si je te demande tout cela, c'est que les animaux ainsi élevés en troupeaux peuvent être aquatiques ou terrestres.

SOCRATE LE JEUNE. — En effet.

L'ETRANGER. — Ne penses-tu pas alors comme moi qu'il faut, d'après cela, diviser en deux la science de l'élevage collectif, et appliquer, à chacun de ces deux groupes, la partie de cette science qui le concerne, en l'appelant, ici, élevage aquatique, et, là, élevage en terre ferme ?

SOCRATE LE JEUNE. — J'en suis d'avis.

L'ETRANGER. — En ce cas, nous ne chercherons pas auquel
e de ces deux arts appartient le métier de roi, car il n'est personne qui ne le voie.

SOCRATE LE JEUNE. — Comment ne pas le voir ?

L'ETRANGER. — Personne aussi n'hésiterait pour diviser cette partie de l'élevage des troupeaux que nous appelons l'élevage en terre ferme.

SOCRATE LE JEUNE. — De quelle façon ?

Volatiles et marcheurs. Les deux voies.

L'ETRANGER. — En distinguant les volatiles et les marcheurs.

SOCRATE LE JEUNE. — Très vrai.

L'ETRANGER. — Eh quoi, nous demanderons-nous si les marcheurs sont du ressort du politique, ou ne crois-tu pas que les plus simples d'esprit, pour ainsi dire, en seraient d'avis ?

SOCRATE LE JEUNE. — Je le crois.

1. Aristote (*Hist. Anim.* I, 488 a, 3 sq. volatiles vivant en troupeaux) note que les grues, comme l'homme, l'abeille, la fourmi, etc., sont « politiques », c'est-à-dire travaillent en commun ; mais les fourmis et beaucoup d'autres travaillent « anarchiquement » ; les grues, comme les abeilles, sous les ordres d'un chef.

τιθασείαις τῶν ἰχθύων καὶ τῶν ἐν ταῖς βασιλικαῖς λίμναις. Ἐν μὲν γὰρ κρήναις τάχ᾽ ἂν ἴσως εἴης ᾐσθημένος.

ΝΕ. ΣΩ. Πάνυ μὲν οὖν καὶ ταῦτα τεθέαμαι κἀκεῖνα πολλῶν ἀκήκοα.

ΞΕ. Καὶ μὴν χηνοβωτίας γε καὶ γερανοβωτίας, εἰ καὶ μὴ πεπλάνησαι περὶ τὰ Θετταλικὰ πεδία, πέπυσαι γοῦν καὶ πιστεύεις εἶναι.

ΝΕ. ΣΩ. Τί μήν ;

ΞΕ. Τοῦδ᾽ ἕνεκά τοι πάντα ἠρώτησα ταῦτα, διότι d
τῆς τῶν ἀγελαίων τροφῆς ἔστι μὲν ἔνυδρον, ἔστι δὲ καὶ ξηροβατικόν.

ΝΕ. ΣΩ. Ἔστι γὰρ οὖν.

ΞΕ. Ἆρ᾽ οὖν καὶ σοὶ συνδοκεῖ ταύτῃ δεῖν διχάζειν τὴν κοινοτροφικὴν ἐπιστήμην, ἐφ᾽ ἑκατέρῳ τούτων τὸ μέρος αὐτῆς ἐπινέμοντας ἑκάτερον, τὸ μὲν ἕτερον ὑγροτροφικὸν ὀνομάζοντας, τὸ δ᾽ ἕτερον ξηροτροφικόν ;

ΝΕ. ΣΩ. Ἔμοιγε.

ΞΕ. Καὶ μὴν καὶ τὸ βασιλικὸν οὕτως οὐ ζητήσομεν ὁποτέρας ἐστὶ τῆς τέχνης· δῆλον δὴ γὰρ παντί. e

ΝΕ. ΣΩ. Πῶς δ᾽ οὔ ;

ΞΕ. Πᾶς μὲν δὴ τό γε ξηροτροφικὸν τῆς ἀγελαιοτροφίας διέλοιτ᾽ ἂν φῦλον.

ΝΕ. ΣΩ. Πῶς ;

ΞΕ. Τῷ πτηνῷ τε καὶ πεζῷ διορισάμενος.

ΝΕ. ΣΩ. Ἀληθέστατα.

ΞΕ. Τί δέ ; τὸ πολιτικὸν ᾗ περὶ τὸ πεζὸν ζητητέον ; ἢ οὐκ οἴει καὶ τὸν ἀφρονέστατον ὡς ἔπος εἰπεῖν δοξάζειν οὕτως ;

ΝΕ. ΣΩ. Ἔγωγε.

c 4 κἀκεῖνα : κἀκείνων W ‖ 6 χηνοβωτίας... γερανοβωτίας : -βατίας *bis* Y ‖ 7 γοῦν : γὰρ W¹ ‖ **d** 1 τοι : τι Y ‖ 5 διχάζειν : σχίζειν Y δίχα σχίζειν W et i. m. T ‖ 9 ἔμοιγε om. Y ‖ 10 οὐ : om. Y οὖν W ‖ **e** 1 δὴ γὰρ : γὰρ δὴ W ‖ 3 μὲν δὴ : δὴ Y τε μὴν W ‖ 8 ᾗ περὶ **Heindorf** : ὥσπερ ‖ 9 ὡς εἰπεῖν ἔπος W.

L'Etranger. — Cet art de paître les marcheurs, il faut montrer que lui aussi, comme le nombre tout à l'heure, se divise en deux parties.

Socrate le Jeune. — Evidemment.

265 a L'Etranger. — Or, pour celle qui est le but de notre enquête, deux voies y tendent, à ce que je crois voir : l'une, plus rapide, divise en opposant une petite partie à une grande[1] ; l'autre, plus fidèle au précepte que nous énoncions tout à l'heure, de faire, autant que possible, des sections égales, est par contre, plus longue. Il nous est donc loisible de suivre celle que nous voudrons.

Socrate le Jeune. — Eh quoi, ne peut-on les prendre toutes les deux[2] ?

L'Etranger. — Sûrement pas à la fois, tu es prodigieux ! L'une après l'autre, oui, évidemment.

b Socrate le Jeune. — Alors, moi, je choisis les deux, l'une après l'autre.

L'Etranger. — C'est facile, vu le peu qui nous reste à faire. Au début, ou même au milieu du parcours, il nous eût été difficile de t'obéir ; mais, à cette heure, puisque tu en es d'avis, suivons d'abord la voie la plus longue : frais comme nous sommes encore, nous la couvrirons plus aisément. Vois donc comment je divise.

Socrate le Jeune. — Parle.

Animaux à cornes et sans cornes.

L'Etranger. — Parmi les marcheurs, apprivoisés, ceux qui vivent en troupeaux se divisent naturellement en deux groupes.

Socrate le Jeune. — Pourquoi ?

L'Etranger. — C'est que les uns n'ont point de cornes, et que les autres en portent.

c Socrate le Jeune. — A ce qu'il paraît.

L'Etranger. — Divise donc l'art de paître les marcheurs. en te bornant, pour chaque partie, à l'énoncé des caractères, Car vouloir y mettre des noms serait te compliquer la tâche plus qu'il n'est nécessaire.

Socrate le Jeune. — Comment donc faut-il dire ?

L'Etranger. — Comme ceci : la science qui a trait à l'éle-

1. Voir *infra*, 266 e, bipèdes à plumes et bipèdes nus.
2. Les enfants veulent toujours « les deux » (*Soph.* 249 d).

ΞΕ. Τὴν δὲ πεζονομικήν, καθάπερ ἄρτι τὸν ἀριθμόν, δεῖ τεμνομένην δίχα ἀποφαίνειν.

ΝΕ. ΣΩ. Δῆλον.

ΞΕ. Καὶ μὴν ἐφ' ὅ γε μέρος ὥρμηκεν ἡμῖν ὁ λόγος, ἐπ' 265a
ἐκεῖνο δύο τινὲ καθορᾶν ὁδὼ τεταμένα φαίνεται, τὴν μὲν θάττω, πρὸς μέγα μέρος σμικρὸν διαιρουμένην, τὴν δέ, ὅπερ ἐν τῷ πρόσθεν ἐλέγομεν ὅτι δεῖ μεσοτομεῖν ὡς μάλιστα, τοῦτ' ἔχουσαν μᾶλλον, μακροτέραν γε μήν. Ἔξεστιν οὖν ὁποτέραν ἂν βουληθῶμεν, ταύτην πορευθῆναι.

ΝΕ. ΣΩ. Τί δέ ; ἀμφοτέρας ἀδύνατον ;

ΞΕ. Ἅμα γ', ὦ θαυμαστέ· ἐν μέρει γε μὴν δῆλον ὅτι δυνατόν.

ΝΕ. ΣΩ. Ἐν μέρει τοίνυν ἔγωγε ἀμφοτέρας αἱροῦμαι. b

ΞΕ. Ῥᾴδιον, ἐπειδὴ τὸ λοιπὸν βραχύ· κατ' ἀρχὰς μὴν καὶ μεσοῦσιν ἅμα τῆς πορείας χαλεπὸν ἂν ἦν ἡμῖν τὸ πρόσταγμα. Νῦν δ', ἐπειδὴ δοκεῖ ταύτῃ, τὴν μακροτέραν πρότερον ἴωμεν· νεαλέστεροι γὰρ ὄντες ῥᾷον αὐτὴν πορευσόμεθα. Τὴν δὲ δὴ διαίρεσιν ὅρα.

ΝΕ. ΣΩ. Λέγε.

ΞΕ. Τὰ πεζὰ ἡμῖν τῶν ἡμέρων, ὅσαπερ ἀγελαῖα, διῃρημένα ἐστὶ φύσει δίχα.

ΝΕ. ΣΩ. Τίνι ;

ΞΕ. Τῷ τῶν μὲν τὴν γένεσιν ἄκερων εἶναι, τῶν δὲ κερασφόρον.

ΝΕ. ΣΩ. Φαίνεται. c

ΞΕ. Τὴν δὴ πεζονομικὴν διελὼν ἀπόδος ἑκατέρῳ τῷ μέρει λόγῳ χρώμενος. Ἂν γὰρ ὀνομάζειν αὐτὰ βουληθῇς, ἔσται σοι περιπεπλεγμένον μᾶλλον τοῦ δέοντος.

ΝΕ. ΣΩ. Πῶς οὖν χρὴ λέγειν ;

ΞΕ. Ὧδε· τῆς πεζονομικῆς ἐπιστήμης δίχα διαιρεθείσης

e 12 ἄρτι τὸν Ast : ἄρτιον || 265 a 1 μέρος om. W || ἡμῖν ὥρμηκεν W || 7 τί δαὶ Y || ἀδύνατον : οὐ δύν- W || 8 γε ante μὴν om. W || b 2 μὴν B : μὲν οὖν || 3 ἦν om. Y || 4 πρότερον Y : προτέραν || 9 φύσει om. Y.

vage des marcheurs étant divisée en deux, nous appliquons l'une de ses portions à la partie cornue du troupeau, et l'autre à la partie dépourvue de cornes.

d SOCRATE LE JEUNE. — Va pour cette façon de dire : elle est tout aussi claire qu'il faut[1].

L'ETRANGER. — Or, quant au roi, la chose est bien manifeste, c'est dans le troupeau sans cornes qu'il a ses ouailles.

SOCRATE LE JEUNE. — Comment ne serait-ce pas évident ?

L'ETRANGER. — Morcelons alors ce troupeau, et essayons d'assigner au roi le lot qui lui revient.

SOCRATE LE JEUNE. — Volontiers.

Races croisées et non croisées.

L'ETRANGER. — D'après quoi donc veux-tu faire cette division ? D'après le sabot, fendu, ou, comme on dit, unique[2], ou d'après la génération, croisée ou pure ? Tu sais ce que je veux dire, je pense ?

SOCRATE LE JEUNE. — Qu'est-ce donc ?

e L'ETRANGER. — Que, par exemple, les chevaux et les ânes peuvent avoir ensemble des petits.

SOCRATE LE JEUNE. — Oui.

L'ETRANGER. — Au lieu que, dans ce doux troupeau des apprivoisés, tous les autres en sont incapables.

SOCRATE LE JEUNE. — Qui ne le sait ?

L'ETRANGER. — Eh bien, la race qu'administre le politique appartient-elle à la génération croisée, ou bien à l'autre ?

SOCRATE LE JEUNE. — Evidemment, à celle qui ne se croise pas.

L'ETRANGER. — Or, elle aussi, comme les précédentes, il faut apparemment la partager en deux.

SOCRATE LE JEUNE. — Il le faut assurément.

266 a L'ETRANGER. — Voilà donc faite, jusqu'à ces deux genres, pour tout le groupe des animaux apprivoisés, qui vivent en troupeaux, une division détaillée. Car ce n'est pas la peine de compter le genre chien parmi les bêtes qu'on nourrit en troupeaux.

1. C'est celle qu'emploient nos classifications, en distinguant, par exemple, cotylédonés et acotylédonés, etc.

2. Le mot μῶνυξ est fréquent dans l'*Iliade*. Les espèces « solipèdes » (cheval, âne, etc.) se croisent entre elles.

τὸ μόριον θάτερον ἐπὶ τῷ κερασφόρῳ μέρει τῷ τῆς ἀγέλης ἐπιτετάχθαι, τὸ δὲ ἕτερον ἐπὶ τῷ τῆς ἀκεράτου.

ΝΕ. ΣΩ. Ταῦτ᾽ ἔστω ταύτῃ λεχθέντα· πάντως γὰρ d
ἱκανῶς δεδήλωται.

ΞΕ. Καὶ μὴν ὅ γε βασιλεὺς ἡμῖν αὖ καταφανὴς ὅτι κολοβόν ἀγέλην τινὰ κεράτων νομεύει.

ΝΕ. ΣΩ. Πῶς γὰρ οὐ δῆλος;

ΞΕ. Ταύτην τοίνυν καταθραύσαντες τὸ γιγνόμενον αὐτῷ πειρώμεθα ἀποδοῦναι.

ΝΕ. ΣΩ. Πάνυ γε.

ΞΕ. Πότερον οὖν βούλει τῷ σχιστῷ τε καὶ τῷ καλουμένῳ μώνυχι διαιρεῖν αὐτὴν ἢ τῇ κοινογονίᾳ τε καὶ ἰδιογονίᾳ; μανθάνεις γάρ που.

ΝΕ. ΣΩ. Τὸ ποῖον;

ΞΕ. Ὅτι τὸ μὲν τῶν ἵππων καὶ ὄνων πέφυκεν ἐξ ἀλλή- e
λων γεννᾶν.

ΝΕ. ΣΩ. Ναί.

ΞΕ. Τὸ δέ γε λοιπὸν ἔτι τῆς λείας ἀγέλης τῶν ἡμέρων ἀμιγὲς γένει πρὸς ἄλληλα.

ΝΕ. ΣΩ. Πῶς δ᾽ οὔ;

ΞΕ. Τί δ᾽; ὁ πολιτικὸς ἆρ᾽ ἐπιμέλειαν ἔχειν φαίνεται πότερα κοινογενοῦς φύσεως ἢ τινος ἰδιογενοῦς;

ΝΕ. ΣΩ. Δῆλον ὅτι τῆς ἀμείκτου.

ΞΕ. Ταύτην δὴ δεῖ καθάπερ τὰ ἔμπροσθεν, ὡς ἔοικεν, ἡμᾶς δίχα διαστέλλειν.

ΝΕ. ΣΩ. Δεῖ γὰρ οὖν.

ΞΕ. Καὶ μὴν τό γε ζῷον, ὅσον ἥμερον καὶ ἀγελαῖον, 266 a
σχεδὸν πλὴν γενοῖν δυοῖν πᾶν ἤδη κατακεκερμάτισται. Τὸ γὰρ τῶν κυνῶν οὐκ ἐπάξιον καταριθμεῖν γένος ὡς ἐν ἀγελαίοις θρέμμασιν.

c 7 κερο (-ω W)φόρῳ BW || 8 τῷ om. Y || d 4 κολοβῶν Y || τινα ἀγέλην T || κεράτων : ἀκ- T || 6 γιγνόμενον Cornarius : κινού- codd. κοινού- Apelt || 7 ante πειρώμεθα uoluit μόριον (i. m. γρ. κ.) W² || 10 τῇ : πῃ B || e 4 λείας : μιᾶς TY || 8 ποτέρα (sic) habet i. m. W || κοινογενῆ Y || 11 δίχα ἡμᾶς W.

Quadrupèdes et bipèdes. Le concours des deux Majestés.

Socrate le Jeune. — Certes non. Mais, les deux genres en question, d'après quel principe les diviserons-nous ?

L'Etranger. — D'après un principe bien digne de guider vos partages, à Théétète et à toi, puisque vous vous occupez de géométrie.

Socrate le Jeune. — Lequel ?

L'Etranger. — La diagonale, parbleu, et puis la diagonale de la diagonale.

Socrate le Jeune. — Que veux-tu dire ?

b L'Etranger. — La nature départie à notre genre humain comporte-t-elle donc une autre sorte de marche que celle qu'exprime la diagonale puissance deux pieds ?

Socrate le Jeune. — Non.

L'Etranger. — Or, la marche qui caractérise le second genre a elle-même, comme puissance, la diagonale de notre propre puissance, puisqu'elle est naturellement de deux fois deux pieds[1].

Socrate le Jeune. — C'est indubitable : je commence à voir où tu veux en venir.

L'Etranger. — Ne voyons-nous pas, d'ailleurs, qu'il nous
c est arrivé, au cours de notre division, une autre aventure, qui pourrait nous valoir un beau succès de rire !

Socrate le Jeune. — Laquelle ?

L'Etranger. — De mettre en lice notre genre humain et de le faire lutter de vitesse avec le genre d'être le plus imposant et aussi le plus indolent.

Socrate le Jeune. — Je vois cela : comme résultat, c'est joliment drôle.

L'Etranger. — Eh quoi, n'est-il pas à prévoir que les lents arriveront bons derniers ?

Socrate le Jeune. — Si, bien sûr.

L'Etranger. — Mais ne voyons-nous pas que c'est le roi qui sera plus ridicule encore, lorsqu'il va concourir avec son
d troupeau et se mesurer sur la piste avec l'homme le mieux entraîné à cette vie indolente ?

Socrate le Jeune. — Absolument.

1. Un carré d'un pied de côté a pour diagonale $\sqrt{2}$. Le carré construit sur cette diagonale a pour diagonale $2\sqrt{2}$.

ΝΕ. ΣΩ. Οὐ γὰρ οὖν. Ἀλλὰ τίνι δὴ τὼ δύο διαιροῦμεν;

ΞΕ. Ὥιπερ καὶ δίκαιόν γε Θεαίτητόν τε καὶ σὲ διανέμειν, ἐπειδὴ καὶ γεωμετρίας ἅπτεσθον.

ΝΕ. ΣΩ. Τῷ;

ΞΕ. Τῇ διαμέτρῳ δήπου καὶ πάλιν τῇ τῆς διαμέτρου διαμέτρῳ.

ΝΕ. ΣΩ. Πῶς εἶπες;

ΞΕ. Ἡ φύσις, ἣν τὸ γένος ἡμῶν τῶν ἀνθρώπων κέκτη- b
ται, μῶν ἄλλως πως εἰς τὴν πορείαν πέφυκεν ἢ καθάπερ ἡ διάμετρος ἡ δυνάμει δίπους;

ΝΕ. ΣΩ. Οὐκ ἄλλως.

ΞΕ. Καὶ μὴν ἥ γε τοῦ λοιποῦ γένους πάλιν ἐστὶ κατὰ δύναμιν αὖ τῆς ἡμετέρας δυνάμεως διάμετρος, εἴπερ δυοῖν γέ ἐστι ποδοῖν δὶς πεφυκυῖα.

ΝΕ. ΣΩ. Πῶς δ' οὐκ ἔστι; καὶ δὴ καὶ σχεδὸν ὃ βούλει δηλοῦν μανθάνω.

ΞΕ. Πρὸς δὴ τούτοις ἕτερον αὖ τι τῶν πρὸς γέλωτα εὐδοκιμησάντων ἄν, ὦ Σώκρατες, ἆρα καθορῶμεν ἡμῖν
γεγονὸς ἐν τοῖς διῃρημένοις; c

ΝΕ. ΣΩ. Τὸ ποῖον;

ΞΕ. Τἀνθρώπινον ἡμῶν ἅμα γένος συνειληχὸς καὶ συνδεδραμηκὸς γένει τῷ τῶν ὄντων γενναιοτάτῳ καὶ ἅμα εὐχερεστάτῳ.

ΝΕ. ΣΩ. Καθορῶ καὶ μάλ' ἀτόπως συμβαῖνον.

ΞΕ. Τί δ'; οὐκ εἰκὸς ὕστατα ἀφικνεῖσθαι τὰ βραδύτατα;

ΝΕ. ΣΩ. Ναί, τοῦτό γε.

ΞΕ. Τόδε δὲ οὐκ ἐννοοῦμεν, ὡς ἔτι γελοιότερος ὁ βασιλεὺς φαίνεται μετὰ τῆς ἀγέλης συνδιαθέων καὶ σύνδρομα
πεπορευμένος τῷ τῶν ἀνδρῶν αὖ πρὸς τὸν εὐχερῆ βίον d
ἄριστα γεγυμνασμένῳ;

ΝΕ. ΣΩ. Παντάπασι μὲν οὖν.

266 a 5 δὴ τίνι W || διαιροῦμεν : -ῶμεν W || 6 ᾧπερ : ὥσ(περ) i. m. T || τε om. W || **b** 9 δηλοῦν om. Y || **c** 6 μάλ' ἀτόπως edd. : μάλα τὸ πῶς || 9 δὲ : γε B || 10 φαίνεται ὁ βασιλεὺς Y.

L'ETRANGER. — C'est maintenant, en effet, Socrate, que nous comprenons le mieux la réflexion émise au cours de notre enquête sur le sophiste.

SOCRATE LE JEUNE. — Laquelle ?

L'ETRANGER. — Que notre méthode d'argumentation n'a pas plus d'attentions pour un sujet grandiose que pour un autre, qu'elle n'accorde pas moins d'estime à ce qui est petit qu'à ce qui est grand, et que, toujours, ne prenant ses inspirations que d'elle-même, elle pousse jusqu'au bout sa recherche du vrai [1].

SOCRATE LE JEUNE. — Il semble bien.

La voie plus courte. Récapitulation.

L'ETRANGER. — Cela dit, pour éviter que tu ne me devances en me demandant
e quelle était donc cette voie plus courte pour définir le roi, me permets-tu d'y venir le premier ?

SOCRATE LE JEUNE. — Je t'en prie

L'ETRANGER. — Il fallait donc, dirai-je, diviser tout de suite les marcheurs en opposant le bipède au quadrupède, puis, voyant que l'homme n'est plus en ligne qu'avec le volatile, partager le troupeau bipède à son tour en bipèdes nus et bipèdes à plumes, et, ce partage fait, l'art de paître les humains étant ainsi mis en plein jour, y hausser l'homme politique et royal, l'y installer comme conducteur [2] et lui livrer les rênes de la cité comme lui revenant de droit, puisque, la science qu'il faut, c'est lui qui l'a.

267 a SOCRATE LE JEUNE. — Voilà qui est me rendre raison largement et bien payer ta dette, avec la digression en guise d'intérêts, pour finir le solde.

L'ETRANGER. — Alors, revenons sur nos pas, et réenchaînons de bout en bout la définition de ce terme : l'art du politique.

SOCRATE LE JEUNE. — Volontiers.

L'ETRANGER. — Eh bien, dans la science théorique, nous avons commencé par distinguer une partie directive, et, dans celle-ci, une portion que nous avons appelée, par analogie,
b autodirective. L'élevage des animaux a été, à son tour, détaché de cette science de l'autodirection, dont il est un genre,

1. Cf. *Soph.* 227 a/c et note p. 319 éd. Budé (Malebranche. Comparer Descartes, *Regulae*, 9, t. X, p. 401 A. T).

2. Cf. *Rép.* 566 d, le tyran monté « sur le char de l'État ».

ΞΕ. Νῦν γάρ, ὦ Σώκρατες, ἐκεῖνό ἐστι καταφανὲς μᾶλλον τὸ ῥηθὲν τότ᾽ ἐν τῇ περὶ τὸν σοφιστὴν ζητήσει.

ΝΕ. ΣΩ. Τὸ ποῖον ;

ΞΕ. Ὅτι τῇ τοιᾷδε μεθόδῳ τῶν λόγων οὔτε σεμνοτέρου μᾶλλον ἐμέλησεν ἢ μή, τόν τε σμικρότερον οὐδὲν ἠτίμακε πρὸ τοῦ μείζονος, ἀεὶ δὲ καθ᾽ αὑτὴν περαίνει τἀληθέστατον.

ΝΕ. ΣΩ. Ἔοικεν.

ΞΕ. Οὐκοῦν μετὰ τοῦτο, ἵνα μή με φθῇς ἐρωτήσας τὴν
βραχυτέραν ὁδὸν ἥτις τότε ἦν ἐπὶ τὸν τοῦ βασιλέως ὅρον, e
αὐτός σοι πρότερον ἔλθω ;

ΝΕ. ΣΩ. Σφόδρα γε.

ΞΕ. Λέγω δὴ δεῖν τότε εὐθὺς τὸ πεζὸν τῷ δίποδι πρὸς τὸ τετράπουν γένος διανεῖμαι, κατιδόντα δὲ τἀνθρώπινον ἔτι μόνῳ τῷ πτηνῷ συνειληχὸς τὴν δίποδα ἀγέλην πάλιν τῷ ψιλῷ καὶ τῷ πτεροφυεῖ τέμνειν, τμηθείσης δὲ αὐτῆς καὶ τότ᾽ ἤδη τῆς ἀνθρωπονομικῆς δηλωθείσης τέχνης, φέροντα τὸν πολιτικὸν καὶ βασιλικὸν οἷον ἡνίοχον εἰς αὐτὴν ἐνστήσαντα, παραδοῦναι τὰς τῆς πόλεως ἡνίας ὡς οἰκείας καὶ αὐτῷ ταύτης οὔσης τῆς ἐπιστήμης.

ΝΕ. ΣΩ. Καλῶς καὶ καθαπερεὶ χρέος ἀπέδωκάς μοι τὸν 267a
λόγον, προσθεὶς τὴν ἐκτροπὴν οἷον τόκον καὶ ἀναπληρώσας αὐτόν.

ΞΕ. Φέρε δὴ καὶ συνείρωμεν ἐπανελθόντες ἐπὶ τὴν ἀρχὴν μέχρι τῆς τελευτῆς τὸν λόγον τοῦ ὀνόματος τῆς τοῦ πολιτικοῦ τέχνης.

ΝΕ. ΣΩ. Πάνυ μὲν οὖν.

ΞΕ. Τῆς γνωστικῆς τοίνυν ἐπιστήμης ἡμῖν ἦν κατ᾽ ἀρχὰς μέρος ἐπιτακτικόν· τούτου δὲ ἀπεικασθὲν τὸ μόριον αὐτεπι-
τακτικὸν ἐρρήθη. Ζῳοτροφικὴ δὲ πάλιν αὐτεπιτακτικῆς οὐ b

d 11 τοῦτο ἵνα : τούτοιν ἃ BW[1] || με φθῇς Stephanus e Ficino : μ᾽ ἔφθης BW μεμφθῇς TY -θῇ i. m. W || **e** 1 τὸν om. Y || 4 δὴ : δὲ Y || πρὸς τὸ W : πρὸς || 9 βασιλικὸν καὶ πολιτικὸν W || 10 καὶ om. W || **267 a** 1 ἀπέδωκάς BW : ἀποδέδ- || 8 ἡμῖν ἐπιστήμης W || 9 αὐτεπιτακτικὸν T^2W : -ίτακτον.

et non le moindre ; l'élevage des animaux a donné comme espèce l'élevage en troupeaux, et l'élevage en troupeaux à son tour, l'art de paître les animaux marcheurs ; enfin, cet art de paître les animaux marcheurs a donné, comme section principale, l'art qui nourrit la race dépourvue de cornes. Pour une partie essentielle de celui-ci, un triple entrelacement est nécessaire, si on veut la ramasser dans un nom unique : on l'appellera : « l'art de paître les races inaptes au croisement. »
c Le segment qui s'en sépare, dernière partie restante dans le troupeau bipède, est l'art de paître les hommes : c'est là précisément ce que nous cherchons, l'art qu'on honore des deux noms de royal et de politique[1].

SOCRATE LE JEUNE. — Parfaitement.

Critique de la définition. Les rivaux du politique.

L'ETRANGER. — Avons-nous donc vraiment, Socrate, aussi parfaitement que tu le dis, réalisé cet exploit ?

SOCRATE LE JEUNE. — Quel exploit ?

L'ETRANGER. — Avons-nous répondu de façon tout à fait suffisante à la question posée ? N'est-ce pas plutôt un défaut, et le plus grave, de notre enquête,
d d'aboutir, il est vrai, à une définition, mais non pas à une définition parfaite de tout point ?

SOCRATE LE JEUNE. — Que veux-tu dire ?

L'ETRANGER. — Je vais essayer, pour moi comme pour toi, d'exposer plus clairement encore ma pensée.

SOCRATE LE JEUNE. — Explique toi.

L'ETRANGER. — Ainsi donc, parmi les nombreuses formes que revêt l'art du pasteur, nous avons compté la politique et lui avons assigné son troupeau ?

SOCRATE LE JEUNE. — Oui.

L'ETRANGER. — Et la discussion a précisé que, au lieu d'avoir à nourrir des chevaux ou d'autres bêtes, c'est des hommes que cette science prétend faire l'élevage collectif.

SOCRATE LE JEUNE. — C'est cela même.

1. Cette récapitulation laisse de côté la division en animaux sauvages et apprivoisés (d'ailleurs introduite après coup, 264 a) et celle en animaux aquatiques et animaux de terre ferme (264 b). Mais le *Sophiste* montre de pareils oublis (cf. 223 b, qui saute πιθανουργική, 224 d, qui omet le trafic de seconde main, etc.). Sur ce « procédé », cf. Campbell *ad* 266 d, et, ici, Notice, p. XVII.

τὸ σμικρότατον τῶν γενῶν ἀπεσχίζετο· καὶ ζῳοτροφικῆς εἶδος ἀγελαιοτροφικόν, ἀγελαιοτροφικοῦ δ' αὖ πεζονομικόν· τοῦ δὲ πεζονομικοῦ μάλιστα ἀπετέμνετο τέχνη τῆς ἀκεράτου φύσεως θρεπτική. Ταύτης δ' αὖ τὸ μέρος οὐκ ἔλαττον τριπλοῦν συμπλέκειν ἀναγκαῖον, ἂν εἰς ἕν τις αὐτὸ ὄνομα συναγαγεῖν βουληθῇ, γενέσεως ἀμείκτου νομευτικὴν ἐπιστήμην προσαγορεύων. Τὸ δ' ἀπὸ τούτου τμῆμα, ἐπὶ ποίμνῃ δίποδι μέρος ἀνθρωπονομικὸν ἔτι λειφθὲν μόνον, c τοῦτ' αὐτό ἐστιν ἤδη τὸ ζητηθέν, ἅμα βασιλικὸν ταὐτὸν κληθὲν καὶ πολιτικόν.

ΝΕ. ΣΩ. Παντάπασι μὲν οὖν.

ΞΕ. Ἆρά γ', ὦ Σώκρατες, ἀληθῶς ἡμῖν τοῦτο καθάπερ σὺ νῦν εἴρηκας οὕτως ἐστὶ καὶ πεπραγμένον ;

ΝΕ. ΣΩ. Τὸ ποῖον δή ;

ΞΕ. Τὸ παντάπασιν ἱκανῶς εἰρῆσθαι τὸ προτεθέν ; ἢ τοῦτ' αὐτὸ καὶ μάλιστα ἡ ζήτησις ἐλλείπει, τὸ τὸν λόγον εἰρῆσθαι μέν πως, οὐ μὴν παντάπασί γε τελέως ἀπειργά- d σθαι ;

ΝΕ. ΣΩ. Πῶς εἶπες ;

ΞΕ. Ἐγὼ νῷν πειράσομαι τοῦτ' αὐτὸ ὃ διανοοῦμαι νῦν ἔτι μᾶλλον δηλῶσαι.

ΝΕ. ΣΩ. Λέγοις ἄν.

ΞΕ. Οὐκοῦν τῶν νομευτικῶν ἡμῖν πολλῶν φανεισῶν ἄρτι τεχνῶν μία τις ἦν ἡ πολιτικὴ καὶ μιᾶς τινος ἀγέλης ἐπιμέλεια ;

ΝΕ. ΣΩ. Ναί.

ΞΕ. Ταύτην δέ γε διώριζεν ὁ λόγος οὐχ ἵππων εἶναι τροφὸν οὐδ' ἄλλων θηρίων, ἀλλ' ἀνθρώπων κοινοτροφικὴν ἐπιστήμην.

ΝΕ. ΣΩ. Οὕτως.

b 6 τριπλοῦ Y ||| 7 συναγαγεῖν BW uoluit Y¹ : -άγειν || ἀμίκτου Boeckh : μικτοῦ || νομευτικὴν Heindorf : -κῆς || c 1 ἔτι λειφθὲν : ἔνι λειφθὲν B ἐνειληφ- W || 5 καθάπερ σὺ : καθαπερεὶ W.

e L'Etranger. — Voyons donc en quoi les rois diffèrent de tous les autres pasteurs[1].

Socrate le Jeune. — En quoi ?

L'Etranger. — Voyons s'il y a un autre pasteur devant qui un homme, titulaire d'un autre art, viendra affirmer et prétendre qu'il est, autant que lui, nourricier du troupeau.

Socrate le Jeune. — Que veux-tu dire ?

L'Etranger. — Sais-tu bien, par exemple, que tous les commerçants, laboureurs, boulangers, et, après eux, les gymnastes et toute la gent médicale, viendraient parfaitement,
268 a devant ces pasteurs d'hommes que nous appelons des politiques, protester tous en chœur, avec force raisons, que ce sont eux qui ont le souci de nourrir les hommes, et non seulement ceux du troupeau, mais leurs chefs mêmes ?

Socrate le Jeune. — N'auraient-ils pas raison de le prétendre ?

L'Etranger. — Peut-être : il faudra voir. Mais, ce que nous savons, c'est que le bouvier, lui, ne trouvera personne pour lui contester aucun de ces titres. Il est le nourricier du troupeau, lui qui paît les bœufs ; il en est le médecin ; il en est, pour ainsi dire, le marieur, et lui seul, aux petits qui naissent et aux mères qui enfantent, sait donner les soins de
b l'accoucheur. Il fait de même, d'ailleurs, pour les jeux et la musique, dans la mesure où le naturel de ses nourrissons y est accessible : nul ne s'entend mieux que lui à les consoler et les charmer pour adoucir leurs mœurs, et, qu'il s'aide d'instruments ou de la seule adresse de sa bouche, il exécute à la perfection les airs qui conviennent à son troupeau[2]. Or, il en est ainsi pour tous les autres pasteurs, n'est-il pas vrai ?

Socrate le Jeune. — Parfaitement.

L'Etranger. — Comment donc pourrons-nous trouver
c exacte et nette notre définition du roi, nous qui, pour l'établir pasteur et nourricier du troupeau humain, lui donnons, sans examen, la préférence sur mille et mille prétendants ?

1. Cf. Xén. *Cyrop.* VIII, 2, 14 : καὶ λόγος δὲ αὐτοῦ ἀπομνημονεύεται ὡς λέγοι παραπλήσια ἔργα εἶναι νομέως ἀγαθοῦ καὶ βασιλέως ἀγαθοῦ, et I, 1, 1-3, où l'identification que critique notre passage est abondamment développée. Voir aussi *Mém.* I, 2, 32, et III, 2, 1.

2. Cf., pour le bouvier marieur, Virg. *Géorg.* III, 49-71, 123-177 ; pour la musique, Longus, *Pastorales* II, 35 et IV, 15.

ΞΕ. Τὸ δὴ τῶν νομέων πάντων διάφορον καὶ τὸ τῶν e
βασιλέων θεασώμεθα.

ΝΕ. ΣΩ. Τὸ ποῖον ;

ΞΕ. Εἴ τις τῶν ἄλλων τῳ, τέχνης ἄλλης ὄνομα ἔχων, κοινῇ τῆς ἀγέλης σύντροφος εἶναί φησι καὶ προσποιεῖται.

ΝΕ. ΣΩ. Πῶς φῄς ;

ΞΕ. Οἷον οἱ ἔμποροι καὶ γεωργοὶ καὶ σιτουργοὶ πάντες, καὶ πρὸς τούτοις γυμνασταὶ καὶ τὸ τῶν ἰατρῶν γένος, οἶσθ' ὅτι τοῖς περὶ τὰ ἀνθρώπινα νομεῦσιν, οὓς πολιτικοὺς ἐκαλέσαμεν, παντάπασι τῷ λόγῳ διαμάχοιντ' ἂν οὗτοι σύμπαντες, 268 a
ὡς σφεῖς τῆς τροφῆς ἐπιμελοῦνται τῆς ἀνθρωπίνης, οὐ μόνον ἀγελαίων ἀνθρώπων, ἀλλὰ καὶ τῆς τῶν ἀρχόντων αὐτῶν ;

ΝΕ. ΣΩ. Οὐκοῦν ὀρθῶς ἂν λέγοιεν ;

ΞΕ. Ἴσως. Καὶ τοῦτο μὲν ἐπισκεψόμεθα, τόδε δὲ ἴσμεν, ὅτι βουκόλῳ γε οὐδεὶς ἀμφισβητήσει περὶ τούτων οὐδενός, ἀλλ' αὐτὸς τῆς ἀγέλης τροφὸς ὁ βουφορβός, αὐτὸς ἰατρός, αὐτὸς οἷον νυμφευτὴς καὶ περὶ τοὺς τῶν γιγνομένων τόκους καὶ λοχείας μόνος ἐπιστήμων τῆς μαιευτικῆς. Ἔτι τοίνυν b
παιδιᾶς καὶ μουσικῆς ἐφ' ὅσον αὐτοῦ τὰ θρέμματα φύσει μετείληφεν, οὐκ ἄλλος κρείττων παραμυθεῖσθαι καὶ κηλῶν πραΰνειν, μετά τε ὀργάνων καὶ ψιλῷ τῷ στόματι τὴν τῆς αὑτοῦ ποίμνης ἄριστα μεταχειριζόμενος μουσικήν. Καὶ δὴ καὶ τῶν ἄλλων πέρι νομέων ὁ αὐτὸς τρόπος. Ἦ γάρ ;

ΝΕ. ΣΩ. Ὀρθότατα.

ΞΕ. Πῶς οὖν ἡμῖν ὁ λόγος ὀρθὸς φανεῖται καὶ ἀκέραιος ὁ περὶ τοῦ βασιλέως, ὅταν αὐτὸν νομέα καὶ τροφὸν ἀγέλης c
ἀνθρωπίνης θῶμεν μόνον ἐκκρίνοντες μυρίων ἄλλων ἀμφισβητούντων ;

e 4 τῳ : τὸ BW || 5 σύντροφος : -φον T² || προσποιεῖται : -σθαι T² || 7 οἱ : οἵ τε W || **268 a** 2 σφεῖς : φὴς Y αὐτοὶ i. m. W || 5 λέγοιμεν B || 6 ἐπισκεψώμεθα Y || τόδε : τότε W τοῦτο Y || 7 τῷ βουκόλῳ Y || ἀμφισβητήσει : -βητεῖ TW || 8 ὁ ἰατρός Y || **b** 1 μαιευτικῆς : νομεύ- Y || 4 τε : γε Y || 8 ὀρθὸς : ἀκριβὴς W et i. m. T || **c** 2 θῶμεν : φῶ- Y.

Socrate le Jeune. — Nous ne le pouvons aucunement.

L'Etranger. — N'avions-nous donc pas raison d'être inquiets tout à l'heure, quand le soupçon nous est venu que nous pouvions bien avoir tracé une ébauche passable du caractère royal, mais que nous ne saurions la pousser jusqu'au fidèle portrait du politique, tant que nous n'aurions pas dégagé celui-ci de tous ceux qui s'agitent autour de lui et réclament une part dans ses droits de pasteur, et tant que nous ne l'aurions pas séparé de ces rivaux pour le montrer, lui seul, en toute sa pureté ?

d Socrate le Jeune. — Nous avions tout à fait raison.

L'Etranger. — Voilà donc, Socrate, la tâche qui nous reste à faire, si nous ne voulons infliger à ce débat une issue qui le déshonore.

Socrate le Jeune. — Quant à cela, il faut l'éviter à tout prix.

Le recours au mythe. Les lambeaux de la légende.

L'Etranger. — Il nous faut donc reprendre la question d'un autre point, et suivre une route nouvelle.

Socrate le Jeune. — Laquelle ?

L'Etranger. — Nous verserons dans ce débat quelque chose qui tient du jeu, car il faudra y mêler de larges portions d'une vaste légende, après quoi nous reprendrons jusqu'à la fin notre marche précédente, allant sans cesse de
e division en subdivision, jusqu'à ce que nous parvenions à la pointe même de notre sujet. N'est-ce pas la méthode qui s'impose ?

Socrate le Jeune. — Absolument.

L'Etranger. — Eh bien, prête à ma fable une attention extrême, comme font les enfants. Il n'y a d'ailleurs pas tant d'années que tu t'es évadé des jeux de l'enfance.

Socrate le Jeune. — Je t'écoute.

L'Etranger. — On contait donc, et l'on contera encore, parmi tant d'autres histoires du temps jadis, celle de ce phénomène qui marqua la fameuse querelle d'Atrée et de Thyeste. Car tu as dû entendre et garder en mémoire ce qu'on rapporte à ce sujet.

Socrate le Jeune. — Tu veux parler, peut-être, du prodige de la brebis d'or.

269 a L'Etranger. — Nullement, mais de celui qui intervertit le lever et le coucher du soleil et des autres astres. Car, l'en-

ΝΕ. ΣΩ. Οὐδαμῶς.

ΞΕ. Οὐκοῦν ὀρθῶς ὀλίγον ἔμπροσθεν ἐφοβήθημεν ὑποπτεύσαντες μὴ λέγοντες μέν τι τυγχάνοιμεν σχῆμα βασιλικόν, οὐ μὴν ἀπειργασμένοι γε εἶμέν πω δι' ἀκριβείας τὸν πολιτικόν, ἕως ἂν τοὺς περικεχυμένους αὐτῷ καὶ τῆς συννομῆς αὐτῷ ἀντιποιουμένους περιελόντες καὶ χωρίσαντες ἀπ' ἐκείνων καθαρὸν μόνον αὐτὸν ἀποφήνωμεν ;

ΝΕ. ΣΩ. Ὀρθότατα μὲν οὖν. d

ΞΕ. Τοῦτο τοίνυν, ὦ Σώκρατες, ἡμῖν ποιητέον, εἰ μὴ μέλλομεν ἐπὶ τῷ τέλει καταισχῦναι τὸν λόγον.

ΝΕ. ΣΩ. Ἀλλὰ μὴν οὐδαμῶς τοῦτό γε δραστέον.

ΞΕ. Πάλιν τοίνυν ἐξ ἄλλης ἀρχῆς δεῖ καθ' ἑτέραν ὁδὸν πορευθῆναί τινα.

ΝΕ. ΣΩ. Ποίαν δή ;

ΞΕ. Σχεδὸν παιδιὰν ἐγκερασαμένους· συχνῷ γὰρ μέρει δεῖ μεγάλου μύθου προσχρήσασθαι, καὶ τὸ λοιπὸν δή, καθάπερ
ἐν τοῖς πρόσθεν, μέρος ἀεὶ μέρους ἀφαιρουμένους ἐπ' ἄκρον e
ἀφικνεῖσθαι τὸ ζητούμενον. Οὐκοῦν χρή ;

ΝΕ. ΣΩ. Πάνυ μὲν οὖν.

ΞΕ. Ἀλλὰ δὴ τῷ μύθῳ μου πάνυ πρόσεχε τὸν νοῦν, καθάπερ οἱ παῖδες· πάντως οὐ πολλὰ ἐκφεύγεις παιδιὰς ἔτη.

ΝΕ. ΣΩ. Λέγοις ἄν.

ΞΕ. Ἦν τοίνυν καὶ ἔτι ἔσται τῶν πάλαι λεχθέντων πολλά τε ἄλλα καὶ δὴ καὶ τὸ περὶ τὴν Ἀτρέως τε καὶ Θυέστου λεχθεῖσαν ἔριν φάσμα. Ἀκήκοας γάρ που καὶ ἀπομνημονεύεις ὅ φασι γενέσθαι τότε.

ΝΕ. ΣΩ. Τὸ περὶ τῆς χρυσῆς ἀρνὸς ἴσως σημεῖον φράζεις.

ΞΕ. Οὐδαμῶς, ἀλλὰ τὸ περὶ τῆς μεταβολῆς δύσεώς τε 269 a

c 6 τυγχάνοιμεν : -νει W || 7 εἰμέν (εἶ in ras. W) BW : ἦμέν || 10 αὐτόν μόνον W || d 2 τοῦτο iter. ante ἡμῖν W || 3 μέλλομεν Ast : -οιμεν || 9 δή : δεῖ B || e 5 παιδιὰς Campbell : -δίας Y -διας BT -δείας W || 9 τε καὶ ἄλλα Y || δὴ καὶ om. B || τε καὶ : τε W || 10 που : μου W.

droit où ils se lèvent maintenant, ils s'y couchaient alors, et se relevaient à l'opposé, et c'est précisément à cette occasion, pour témoigner en faveur d'Atrée, que le dieu renversa leur cours et introduisit l'ordre actuel[1].

SOCRATE LE JEUNE. — On raconte cela aussi, en effet.

L'ETRANGER. — Il y a encore l'histoire de Cronos, objet de tant de récits.

b SOCRATE LE JEUNE. — De beaucoup, certes.

L'ETRANGER. — Et celle-ci : que les gens de l'âge précédent naissaient de la terre au lieu de s'engendrer les uns les autres ?

SOCRATE LE JEUNE. — Elle aussi fait partie de ces vieilles légendes.

L'ETRANGER. — Eh bien, toutes ces merveilles résultent
du même phénomène, avec des milliers d'autres encore plus
étonnantes ; mais, dans un si long cours du temps, les unes
se sont évanouies, et les autres se sont parsemées en épisodes
c indépendants. Quant au phénomène qui les a toutes produites,
personne n'en a parlé, et c'est maintenant l'heure de le faire
connaître, car il nous sera utile pour établir la nature du
roi.

SOCRATE LE JEUNE. — C'est fort bien dit : parle sans rien omettre.

Les deux cycles de l'Univers.

L'ETRANGER. — Ecoute. Cet univers où
nous sommes, à de certains moments
c'est Dieu lui-même qui guide sa marche
et préside à sa révolution ; à d'autres moments, il le laisse
aller, quand les périodes de temps qui lui sont assignées ont
achevé leur cours, et l'univers recommence alors de lui-même,
en sens inverse, sa route circulaire, en vertu de la vie
d qui l'anime et de l'intelligence dont le gratifia, dès l'origine,
celui qui l'a composé. Or, cette disposition à la marche rétrograde
lui est nécessairement innée, pour la raison que
voici.

SOCRATE LE JEUNE. — Quelle est cette raison ?

L'ETRANGER. — Conserver toujours le même état, les mêmes manières d'être, et rester éternellement identique,

1. Dans les troupeaux d'Atrée était né un agneau à la toison d'or ; luttant pour un héritage, Atrée voulut montrer l'agneau comme signe de la faveur divine ; mais sa femme l'avait donné à Thyeste. Alors Zeus, pour soutenir Atrée, intervertit la marche des astres.

καὶ ἀνατολῆς ἡλίου καὶ τῶν ἄλλων ἄστρων, ὡς ἄρα ὅθεν μὲν
ἀνατέλλει νῦν εἰς τοῦτον τότε τὸν τόπον ἐδύετο, ἀνέτελλε
δ' ἐκ τοῦ ἐναντίου, τότε δὲ δὴ μαρτυρήσας ἄρα ὁ θεὸς
Ἀτρεῖ μετέβαλεν αὐτὸ ἐπὶ τὸ νῦν σχῆμα.

ΝΕ. ΣΩ. Λέγεται γὰρ οὖν δὴ καὶ τοῦτο.

ΞΕ. Καὶ μὴν αὖ καὶ τήν γε βασιλείαν ἣν ἦρξε Κρόνος
πολλῶν ἀκηκόαμεν.

ΝΕ. ΣΩ. Πλείστων μὲν οὖν. b

ΞΕ. Τί δέ ; τὸ τοὺς ἔμπροσθεν φύεσθαι γηγενεῖς καὶ μὴ
ἐξ ἀλλήλων γεννᾶσθαι ;

ΝΕ. ΣΩ. Καὶ τοῦτο ἓν τῶν πάλαι λεχθέντων.

ΞΕ. Ταῦτα τοίνυν ἔστι μὲν σύμπαντα ἐκ ταὐτοῦ πάθους,
καὶ πρὸς τούτοις ἕτερα μυρία καὶ τούτων ἔτι θαυμαστότερα,
διὰ δὲ χρόνου πλῆθος τὰ μὲν αὐτῶν ἀπέσβηκε, τὰ δὲ
διεσπαρμένα εἴρηται χωρὶς ἕκαστα ἀπ' ἀλλήλων. Ὃ δ' ἐστὶν
πᾶσι τούτοις αἴτιον τὸ πάθος οὐδεὶς εἴρηκεν, νῦν δὲ δὴ c
λεκτέον· εἰς γὰρ τὴν τοῦ βασιλέως ἀπόδειξιν πρέψει ῥηθέν.

ΝΕ. ΣΩ. Κάλλιστ' εἶπες, καὶ λέγε μηδὲν ἐλλείπων.

ΞΕ. Ἀκούοις ἄν. Τὸ γὰρ πᾶν τόδε τοτὲ μὲν αὐτὸς ὁ
θεὸς συμποδηγεῖ πορευόμενον καὶ συγκυκλεῖ, τοτὲ δὲ ἀνῆκεν,
ὅταν αἱ περίοδοι τοῦ προσήκοντος αὐτῷ μέτρον εἰλήφωσιν
ἤδη χρόνου, τὸ δὲ πάλιν αὐτόματον εἰς τἀναντία περιάγεται,
ζῷον ὂν καὶ φρόνησιν εἰληχὸς ἐκ τοῦ συναρμόσαντος αὐτὸ d
κατ' ἀρχάς. Τοῦτο δὲ αὐτῷ τὸ ἀνάπαλιν ἰέναι διὰ τόδ' ἐξ
ἀνάγκης ἔμφυτον γέγονε.

ΝΕ. ΣΩ. Διὰ τὸ ποῖον δή ;

ΞΕ. Τὸ κατὰ ταὐτὰ καὶ ὡσαύτως ἔχειν ἀεὶ καὶ ταὐτὸν
εἶναι τοῖς πάντων θειοτάτοις προσήκει μόνοις, σώματος

269 a 3 ἀνέτειλε Y ‖ 5 μετέβαλλεν Y ‖ 7 ἣν : η B ‖ 8 ἀκηκόαμεν πολλῶν W ‖ b 3 ἀλλήλων : ἀδή- T¹ ‖ c 1 δὲ : δ' ἔτι W ‖ 2 πρέψει om. Y ‖ τὸ ῥηθέν Y ‖ 3 ἐλλεῖπον B ‖ 4 τὸ γάρ... 270 d 4 τροπή habet Eusebius XI, 560 1 a ‖ γὰρ : γὰρ δὴ Demetrius Phalereus ‖ ὁ θεὸς αὐτὸς W ‖ 5 πορευόμενος καὶ συγκυκλοῖ Eusebii BO ‖ d 1 εἰληφὸς Eus. ‖ 2 τὸ πάλιν Eus. ‖ 5 τὸ κατὰ... e 2 ἀδύνατον habet Theodoretus IV, 43 ‖ 6 τοῖς πάντων : πάντως τοῖς Theod.

cela ne convient qu'à ce qu'il y a de plus éminemment divin, et la nature corporelle n'est point de cet ordre. Or, l'être que nous appelons Ciel et Monde, tout comblé qu'il ait été de dons bienheureux par celui qui l'engendra, ne laisse point de par-
e ticiper au corps. Il ne saurait donc être entièrement exempt de changement[1], mais, en revanche, dans la mesure de ses forces, il se meut sur place, du mouvement le plus identique et le plus un qu'il puisse avoir : aussi a-il reçu en partage le mouvement de rétrogradation circulaire, qui, entre tous, l'éloigne le moins de son mouvement primitif. Mais, être toujours l'auteur de sa propre rotation, cela n'est guère possible non plus qu'à celui qui entraîne tout ce qui se meut, et, celui-là, mouvoir tantôt dans un sens et tantôt dans un autre ne lui est point permis. Pour toutes ces raisons, il ne faut dire ni que le monde est l'auteur continu de sa propre rotation, ni qu'elle est, tout entière et sans interruption, conduite par un Dieu dans ces révolutions alternantes et contraires,
270 a ni, non plus, qu'elle est due à je ne sais quel couple de dieux dont les volontés s'opposeraient. Mais, comme je le disais tout à l'heure, l'unique solution qui reste, c'est que tantôt il soit conduit par une action étrangère et divine et, reprenant une vie nouvelle, reçoive aussi de son auteur une immortalité restaurée, et que, tantôt, laissé à lui-même, il se meuve de son propre mouvement et, à raison même du moment où l'impulsion d'autrui l'abandonne, parcoure un circuit rétrograde pendant des milliers et des milliers de périodes, parce que sa masse énorme tourne en parfait équilibre sur un pivot extrêmement petit[2].

b Socrate le Jeune. — Il y a certainement un grand air de vraisemblance en tout ce que tu viens d'exposer.

Les renversements du mouvement et leurs suites.

L'Etranger. — Raisonnons donc et, nous aidant de ce que nous venons de dire, voyons quel est ce phénomène qui, d'après nous, fut cause de tant de prodiges. Car, au fait, c'est en cela même qu'il consiste.

Socrate le Jeune. — En quoi donc ?

1. Si beaux qu'ils soient, les mouvements des astres ne peuvent être absolument réguliers, du moment qu'ils sont matériels et visibles (*Rép.* 530 a). Cp. *Timée* 28 a.

2. Voir l'explication ingénieuse de Schuhl (Notice, *supra*, p. XXXI).

δὲ φύσις οὐ ταύτης τῆς τάξεως. Ὃν δὲ οὐρανὸν καὶ
κόσμον ἐπωνομάκαμεν, πολλῶν μὲν καὶ μακαρίων παρὰ
τοῦ γεννήσαντος μετείληφεν, ἀτὰρ οὖν δὴ κεκοινώνηκέ γε
καὶ σώματος· ὅθεν αὐτῷ μεταβολῆς ἀμοίρῳ γίγνεσθαι διὰ e
παντὸς ἀδύνατον, κατὰ δύναμίν γε μὴν ὅτι μάλιστα ἐν τῷ
αὐτῷ κατὰ ταὐτὰ μίαν φορὰν κινεῖται· διὸ τὴν ἀνακύκλησιν
εἴληχεν, ὅτι σμικροτάτην τῆς αὑτοῦ κινήσεως παράλλαξιν.
Αὐτὸ δὲ ἑαυτὸ στρέφειν ἀεὶ σχεδὸν οὐδενὶ δυνατὸν πλὴν τῷ
τῶν κινουμένων αὖ πάντων ἡγουμένῳ· κινεῖν δὲ τούτῳ τοτὲ
μὲν ἄλλως, αὖθις δὲ ἐναντίως οὐ θέμις. Ἐκ πάντων δὴ
τούτων τὸν κόσμον μήτε αὐτὸν χρὴ φάναι στρέφειν ἑαυτὸν
ἀεί, μήτ' αὖ ὅλον ἀεὶ ὑπὸ θεοῦ στρέφεσθαι διττὰς καὶ
ἐναντίας περιαγωγάς, μήτ' αὖ δύο τινὲ θεὼ φρονοῦντε 270 a
ἑαυτοῖς ἐναντία στρέφειν αὐτόν, ἀλλ' ὅπερ ἄρτι ἐρρήθη καὶ
μόνον λοιπόν, τοτὲ μὲν ὑπ' ἄλλης συμποδηγεῖσθαι θείας
αἰτίας, τὸ ζῆν πάλιν ἐπικτώμενον καὶ λαμβάνοντα ἀθα-
νασίαν ἐπισκευαστὴν παρὰ τοῦ δημιουργοῦ, τοτὲ δ' ὅταν
ἀνεθῇ, δι' ἑαυτοῦ αὐτὸν ἰέναι, κατὰ καιρὸν ἀφεθέντα
τοιοῦτον, ὥστε ἀνάπαλιν πορεύεσθαι πολλὰς περιόδων
μυριάδας διὰ δὴ τὸ μέγιστον ὂν καὶ ἰσορροπώτατον ἐπὶ
μικροτάτου βαῖνον ποδὸς ἰέναι.

ΝΕ. ΣΩ. Φαίνεται γοῦν δὴ καὶ μάλα εἰκότως εἰρῆσθαι b
πάνθ' ὅσα διελήλυθας.

ΞΕ. Λογισάμενοι δὴ συννοήσωμεν τὸ πάθος ἐκ τῶν νῦν λεχθέντων, ὃ πάντων ἔφαμεν εἶναι τῶν θαυμαστῶν αἴτιον. Ἔστι γὰρ οὖν δὴ τοῦτ' αὐτό.

ΝΕ. ΣΩ. Τὸ ποῖον ;

d 7 ταύτης τῆς : τῆς τοιαύτης Theod. || ὃν δὲ : καὶ δὴ ὃν Theod. || 8 μὲν : μὲν οὖν B || 9 γεννήσαντος : πεποιηκότος Theod. || e 3 διό : διότι Eusebii BIO || 4 ὅτι : τι B || 5 τῷ : τὸ B || 6 αὖ πάντων : ἁπά- W || post τούτῳ add. τι Eus. || 8 χρὴ : χρῆναι W || 9 αὖ om. W. Eus. || ὅλον : ἄλλον Y || ἀεὶ om. Eus. || ὑπὸ θεοῦ ἀεὶ W || 270 a 1 τινὲ δύο W Eus. || 5 ἐπισκευαστικὴν Y || παρὰ om. Y || 6 ἑαυτοῦ Eus. : -όν || αὐτὸν : ἑαυτὸν B || Eusebii O || 8 δὴ Stallbaum. : δὲ BTY (exp. T) om. W || 9 σμικροτάτου W || b 1 καὶ exp. T.

L'Etranger. — En cette alternance de l'univers, qui tourne tantôt dans le sens de son mouvement actuel, tantôt dans le sens opposé.

Socrate le Jeune. — Comment cela ?

L'Etranger. — Ce changement de sens est, de tous les
c bouleversements auxquels est sujet l'univers, celui qu'il faut
regarder comme le plus grand et le plus complet[1].

Socrate le Jeune. — C'est au moins vraisemblable.

L'Etranger. — C'est donc à ce moment aussi, devons-nous croire, que se produisent les changements les plus considérables pour nous, qui vivons dans son intérieur.

Socrate le Jeune. — C'est vraisemblable encore.

L'Etranger. — Mais ne savons-nous pas qu'un concours de changements considérables, nombreux et divers, est malaisément enduré par la nature animale ?

Socrate le Jeune. — Qui ne le saurait ?

L'Etranger. — Il est donc fatal que la mort fasse alors ses
plus grands ravages dans la nature animale, et que le genre
humain spécialement soit réduit à un nombre infime de sur-
d vivants. Ceux-ci, d'ailleurs, éprouvent toutes sortes d'acci-
dents étranges et insolites, dont voici le plus grave, dû à la
volte-face imprimée au mouvement de l'univers, lors du pas-
sage à un état de choses inverse de celui qui prévaut actuelle-
ment.

Les Fils de la Terre.

Socrate le Jeune. — Quel est cet accident ?

L'Etranger. — Pour tous les animaux,
leur âge, quel qu'il fût, arrêta tout d'abord son cours, et tout
ce qu'il y a de mortel cessa d'offrir aux yeux le spectacle d'un
vieillissement graduel, puis, se remettant à progresser, mais
e à rebours, on les vit croître en jeunesse et en fraîcheur. Chez
les vieux, les cheveux blancs se remirent à noircir ; chez ceux
dont la barbe avait poussé, les joues redevinrent lisses, et
chacun fut ramené à la fleur de son printemps ; quant aux
imberbes, leurs corps, se faisant plus lisses et plus menus de

1. Les τροπαί sont proprement les renversements de route du soleil aux solstices ; les révolutions qu'ils produisent dans les saisons ne sont rien auprès du bouleversement que cause la τροπή de l'univers entier, mais le mot désigne aussi (270 d, 271 c) l'état de choses auquel aboutit ce bouleversement.

ΞΕ. Τὸ τὴν τοῦ παντὸς φορὰν τοτὲ μὲν ἐφ' ἃ νῦν κυκλεῖται φέρεσθαι, τοτὲ δ' ἐπὶ τἀναντία.

ΝΕ. ΣΩ. Πῶς δή ;

ΞΕ. Ταύτην τὴν μεταβολὴν ἡγεῖσθαι δεῖ τῶν περὶ τὸν οὐρανὸν γιγνομένων τροπῶν πασῶν εἶναι μεγίστην καὶ c
τελεωτάτην τροπήν.

ΝΕ. ΣΩ. Ἔοικε γοῦν.

ΞΕ. Μεγίστας τοίνυν καὶ μεταβολὰς χρὴ νομίζειν γίγνεσθαι τότε τοῖς ἐντὸς ἡμῖν οἰκοῦσιν αὐτοῦ.

ΝΕ. ΣΩ. Καὶ τοῦτο εἰκός.

ΞΕ. Μεταβολὰς δὲ μεγάλας καὶ πολλὰς καὶ παντοίας συμφερομένας ἆρ' οὐκ ἴσμεν τὴν τῶν ζῴων φύσιν ὅτι χαλεπῶς ἀνέχεται ;

ΝΕ. ΣΩ. Πῶς δ' οὔ ;

ΞΕ. Φθοραὶ τοίνυν ἐξ ἀνάγκης τότε μέγισται συμβαίνουσι τῶν τε ἄλλων ζῴων, καὶ δὴ καὶ τὸ τῶν ἀνθρώπων γένος ὀλίγον τι περιλείπεται· περὶ δὲ τούτους ἄλλα τε d
παθήματα πολλὰ καὶ θαυμαστὰ καὶ καινὰ συμπίπτει, μέγιστον δὲ τόδε καὶ συνεπόμενον τῇ τοῦ παντὸς ἀνειλίξει τότε, ὅταν ἡ τῆς νῦν καθεστηκυίας ἐναντία γίγνηται τροπή.

ΝΕ. ΣΩ. Τὸ ποῖον ;

ΞΕ. Ἣν ἡλικίαν ἕκαστον εἶχε τῶν ζῴων, αὕτη πρῶτον μὲν ἔστη πάντων, καὶ ἐπαύσατο πᾶν ὅσον ἦν θνητὸν ἐπὶ τὸ γεραίτερον ἰδεῖν πορευόμενον, μεταβάλλον δὲ πάλιν ἐπὶ τοὐναντίον οἷον νεώτερον καὶ ἁπαλώτερον ἐφύετο· καὶ τῶν e
μὲν πρεσβυτέρων αἱ λευκαὶ τρίχες ἐμελαίνοντο, τῶν δ' αὖ γενειώντων αἱ παρειαὶ λεαινόμεναι πάλιν ἐπὶ τὴν παρελθοῦσαν ὥραν ἕκαστον καθίστασαν, τῶν δὲ ἡβώντων τὰ σώματα λεαινόμενα καὶ σμικρότερα καθ' ἡμέραν καὶ νύκτα

c 1 τρόπων B || 2 τελεωτάτην BW Eus. : τελειο- || 4 καὶ om. Eus. || 7 δὲ : δέ γε Eus. || post παντοίας add. καὶ W || 8 χαλεπᾶς B (ᾶς in ras. ut uid.) || 12 τὸ om. Eus. || **d** 2 καινὰ : κενὰ W || 3 ἀνελίξει Eus. || 4 γίγνεται W[1] || 6 εἶχεν ἕκαστον W || 7 ἔστη : ἐστι B || **e** 2 ἐμελαίνοντο : ἐλευκαί- Y || 4 δὲ BT[2]W[2] : τε || 5 λιαινόμενα B || σμικρότερα : -τατα T[2] -τεραν Y || καθ' ἑκάστην ἡμέραν καὶ νύκτα T καθ' ἡμ. ἑκ. καὶ νύκ. T[2]Y.

jour en jour et de nuit en nuit, revinrent à l'état de l'enfant nouveau-né, et leur âme s'y conforma aussi bien que leur corps ; après quoi, le déclin se poursuivant, ils finirent par disparaître complètement. Quant à ceux qui mouraient de mort violente dans ces temps-là, leur cadavre passait par la
271 a même série de transformations avec une telle rapidité, qu'en peu de jours il se consumait sans laisser de traces[1].

Socrate le Jeune. — Et le mode de naissance, étranger, quel était-il alors pour les vivants ? Quels moyens avaient-ils pour s'engendrer les uns les autres ?

L'Etranger. — Evidemment, Socrate, s'engendrer, comme tu dis, les uns les autres, cela n'était point possible dans la nature d'alors, mais cette histoire que l'on raconte, d'une race engendrée jadis par la terre[2], c'est alors qu'elle avait lieu, les hommes de ce temps-là ressortant du sein de la terre, et
b le souvenir en fut transmis par nos tout premiers ancêtres, hommes du temps qui confine immédiatement au terme de cet ancien cycle, et nés au début du cycle actuel. Tels sont, en effet, nos garants pour ces traditions, que beaucoup de gens aujourd'hui mettent en doute, sans raison. Car voici, à mon sens, la réflexion qui s'impose : du moment que les vieillards revenaient à l'état d'enfants, les morts, enfouis en terre, devaient conséquemment se reconstituer sur place et remonter à la vie, entraînés par cette volte-face qui faisait rebrousser chemin aux générations, et puisque, de cette
c façon, ils naissaient nécessairement du sein de la terre, ils tinrent de là leur nom et leur histoire quand ils ne furent pas ravis par un dieu vers d'autres destinées.

Les Pasteurs divins.

Socrate le Jeune. — La conséquence est, en effet, bien certaine. Mais le genre de vie qui marqua, selon toi, le règne de Cronos, se place-t-il dans la période ancienne de révolution, ou dans

1. Le renversement de la croissance a l'avantage de faire place nette pour la génération des Fils de la Terre.

2. Platon aime à rappeler, ou transposer la fable des « autochtones ». Cf. *Ménexène* 237 b, autochtonie des Athéniens ; *Rép.* 414 e, autochtonie inventée pour assurer l'union (mythe des races) ; *Soph.* 246 sq. les γηγενεῖς sont des géants, matérialistes, violents, bornés (cp. Aristophane, *Nuées* 853, et Alex. com. 108, 5, cf. Liddell-Scott s. v.). Ici (*infra*, 271 e-72 d) leur Paradis est un bonheur fruste, presque animal (cp. *Rép.* 372 a).

ἑκάστην γιγνόμενα πάλιν εἰς τὴν τοῦ νεογενοῦς παιδὸς
φύσιν ἀπῄει, κατά τε τὴν ψυχὴν καὶ κατὰ τὸ σῶμα ἀφο-
μοιούμενα· τὸ δ' ἐντεῦθεν ἤδη μαραινόμενα κομιδῇ τὸ
πάμπαν ἐξηφανίζετο. Τῶν δ' αὖ βιαίως τελευτώντων ἐν
τῷ τότε χρόνῳ τὸ τοῦ νεκροῦ σῶμα τὰ αὐτὰ ταῦτα πάσχον
παθήματα διὰ τάχους ἄδηλον ἐν ὀλίγαις ἡμέραις διεφθεί- 271 a
ρετο.

ΝΕ. ΣΩ. Γένεσις δὲ δὴ τίς τότ' ἦν, ὦ ξένε, ζῴων :
καὶ τίνα τρόπον ἐξ ἀλλήλων ἐγεννῶντο ;

ΞΕ. Δῆλον, ὦ Σώκρατες, ὅτι τὸ μὲν ἐξ ἀλλήλων οὐκ ἦν
ἐν τῇ τότε φύσει γεννώμενον, τὸ δὲ γηγενὲς εἶναί ποτε
γένος λεχθὲν τοῦτ' ἦν τὸ κατ' ἐκεῖνον τὸν χρόνον ἐκ γῆς
πάλιν ἀναστρεφόμενον, ἀπεμνημονεύετο δὲ ὑπὸ τῶν ἡμετέ-
ρων προγόνων τῶν πρώτων, οἳ τελευτώσῃ μὲν τῇ προτέρᾳ
περιφορᾷ τὸν ἑξῆς χρόνον ἐγειτόνουν, τῆσδε δὲ κατ' ἀρχὰς b
ἐφύοντο· τούτων γὰρ οὗτοι κήρυκες ἐγένονθ' ἡμῖν τῶν
λόγων, οἳ νῦν ὑπὸ πολλῶν οὐκ ὀρθῶς ἀπιστοῦνται. Τὸ γὰρ
ἐντεῦθεν οἶμαι χρὴ συννοεῖν. Ἑπόμενον γάρ ἐστι τῷ τοὺς
πρεσβύτας ἐπὶ τὴν τοῦ παιδὸς ἰέναι φύσιν, ἐκ τῶν τετελευ-
τηκότων αὖ, κειμένων δὲ ἐν γῇ, πάλιν ἐκεῖ συνισταμένους
καὶ ἀναβιωσκομένους, ἕπεσθαι τῇ τροπῇ συνανακυκλουμένης
εἰς τἀναντία τῆς γενέσεως, καὶ γηγενεῖς δὴ κατὰ τοῦτον
τὸν τρόπον ἐξ ἀνάγκης φυομένους, οὕτως ἔχειν τοὔνομα c
καὶ τὸν λόγον, ὅσους μὴ θεὸς αὐτῶν εἰς ἄλλην μοῖραν
ἐκόμισεν.

ΝΕ. ΣΩ. Κομιδῇ μὲν οὖν τοῦτό γε ἕπεται τοῖς ἔμπρο-
σθεν. Ἀλλὰ δὴ τὸν βίον ὃν ἐπὶ τῆς Κρόνου φῂς εἶναι
δυνάμεως, πότερον ἐν ἐκείναις ἦν ταῖς τροπαῖς ἢ ἐν

e 7 τε om. T || 10 σῶμα om. B || **271 a** 1 διὰ τέλους T[1] || 3 γένεσις... c 4 ἔμπροσθεν habet Eusebius XI, 561 b/d ||| δὲ δὴ τίς : δὲ δ' ἥτις B δέ τις Eus. || 8 ἀπεμνημονευε : το δὲ B || 9 τελευτῶσι W || **b** 4 ἑπόμενον Stallbaum : ἐχό- || τῷ : τὸ BW || 7 ἕπεσθαι om. B || **c** 1 τρόπον Eus. : λόγον || 3 ἐκόμισε : ἐκόσμησε T[2] || 6 δυνάμεως : δυναστείας W et i. m. T.

celle où nous vivons ? Car le renversement qui se produit
dans la marche des astres et du soleil survient évidemment
aussi bien dans l'une que dans l'autre.

L'Étranger. — Tu as bien suivi le raisonnement. Mais
d l'ordre de choses dont tu parles, où tout naissait de soi-même
pour l'usage des hommes, n'a aucun rapport avec le cycle
actuellement en cours et appartient, lui aussi, au cycle qui
précède. Alors, en effet, le commandement et la vigilance du
dieu s'exerçait tout d'abord, comme à présent, sur l'ensemble
du mouvement circulaire, et la même vigilance s'exerçait loca-
lement, toutes les parties du monde étant distribuées entre
des dieux chargés de les gouverner. D'ailleurs, les animaux
eux-mêmes avaient été répartis, par genres et par troupeaux,
sous la houlette de génies divins, dont chacun pourvoyait plei-
nement par lui-même à tous les besoins de ses propres ouailles,
e si bien qu'il n'y en avait point de sauvages et qu'elles ne se
mangeaient point entre elles, et qu'il n'y avait parmi elles ni
guerre ni querelle d'aucune sorte ; quant aux autres bienfaits
qu'entraînait une telle condition du monde, il y en aurait des
milliers à conter. Mais, pour revenir à ce qu'on rapporte des
hommes, qu'ils n'avaient qu'à se laisser vivre, en voici l'expli-
cation. C'est Dieu qui les paissait et les régentait en per-
sonne, de même qu'aujourd'hui les hommes, race plus divine,
272 a paissent les autres races animales, qui leur sont inférieures[1].
Sous sa gouverne, il n'y avait point de constitution et point de
possession de femmes ni d'enfants, car c'est du sein de la
terre que tous remontaient à la vie, sans garder aucun souvenir
de leurs existences antérieures. Mais, au lieu de tout cela, ils
avaient à profusion les fruits des arbres et de toute une végé-
tation généreuse, et les récoltaient sans culture sur une terre
qui les leur offrait d'elle-même. Sans vêtement, sans lit, ils
vivaient le plus souvent à l'air libre, car les saisons leur étaient
si bien tempérées qu'ils n'en pouvaient souffrir, et leurs
b couches étaient molles dans l'herbe qui naissait de la terre
à foison. Voilà donc, Socrate, la vie que l'on menait sous
Cronos ; quant à celle que Zeus, dit-on, régit, celle de main-

1. Cf. *Lois* IV, 713 c/d, Cronos donnant pour rois aux Cités, non des hommes, mais des démons, race plus divine et plus parfaite, de même que nous, race supérieure aux bœufs et aux chèvres, les commandons par nous-mêmes, non par d'autres bœufs ou chèvres.

ταῖσδε ; τὴν μὲν γὰρ τῶν ἄστρων τε καὶ ἡλίου μεταβολὴν
δῆλον ὡς ἐν ἑκατέραις συμπίπτει ταῖς τροπαῖς γίγνεσθαι.
ΞΕ. Καλῶς τῷ λόγῳ συμπαρηκολούθηκας. Ὃ δ' ἤρου
περὶ τοῦ πάντα αὐτόματα γίγνεσθαι τοῖς ἀνθρώποις, ἥκιστα d
τῆς νῦν ἐστι καθεστηκυίας φορᾶς, ἀλλ' ἦν καὶ τοῦτο τῆς
ἔμπροσθεν. Τότε γὰρ αὐτῆς πρῶτον τῆς κυκλήσεως ἦρχεν
ἐπιμελούμενος ὅλης ὁ θεὸς ὥς νῦν, ⟨καὶ⟩ κατὰ τόπους ταὐ-
τὸν τοῦτο, ὑπὸ θεῶν ἀρχόντων πάντ' ἦν τὰ τοῦ κόσμου
μέρη διειλημμένα· καὶ δὴ καὶ τὰ ζῷα κατὰ γένη καὶ ἀγέλας
οἷον νομῆς θεῖοι διειλήφεσαν δαίμονες, αὐτάρκης εἰς πάντα
ἕκαστος ἑκάστοις ὢν οἷς αὐτὸς ἔνεμεν, ὥστε οὔτ' ἄγριον
ἦν οὐδὲν οὔτε ἀλλήλων ἐδωδαί, πόλεμός τε οὐκ ἐνῆν οὐδὲ e
στάσις τὸ παράπαν· ἄλλα θ' ὅσα τῆς τοιαύτης ἐστὶ κατα-
κοσμήσεως ἑπόμενα, μυρία ἂν εἴη λέγειν. Τὸ δ' οὖν τῶν
ἀνθρώπων λεχθὲν αὐτομάτου πέρι βίου διὰ τὸ τοιόνδε
εἴρηται. Θεὸς ἔνεμεν αὐτοὺς αὐτὸς ἐπιστατῶν, καθάπερ
νῦν ἄνθρωποι, ζῷον ὂν ἕτερον θειότερον, ἄλλα γένη φαυλό-
τερα αὑτῶν νομεύουσι· νέμοντος δὲ ἐκείνου πολιτεῖαί τε
οὐκ ἦσαν οὐδὲ κτήσεις γυναικῶν καὶ παίδων· ἐκ γῆς γὰρ 272a
ἀνεβιώσκοντο πάντες, οὐδὲν μεμνημένοι τῶν πρόσθεν· ἀλλὰ
τὰ μὲν τοιαῦτα ἀπῆν πάντα, καρποὺς δὲ ἀφθόνους εἶχον
ἀπό τε δένδρων καὶ πολλῆς ὕλης ἄλλης, οὐχ ὑπὸ γεωργίας
φυομένους, ἀλλ' αὐτομάτης ἀναδιδούσης τῆς γῆς. Γυμνοὶ
δὲ καὶ ἄστρωτοι θυραυλοῦντες τὰ πολλὰ ἐνέμοντο· τὸ γὰρ
τῶν ὡρῶν αὐτοῖς ἄλυπον ἐκέκρατο, μαλακὰς δὲ εὐνὰς εἶχον
ἀναφυομένης ἐκ γῆς πόας ἀφθόνου. Τὸν δὴ βίον, ὦ Σώ- b
κρατες, ἀκούεις μὲν τὸν τῶν ἐπὶ Κρόνου· τόνδε δ' ὃν λόγος
ἐπὶ Διὸς εἶναι, τὸν νυνί, παρὼν αὐτὸς ᾔσθησαι· κρῖναι

d 2 τῆς ante ἔμπροσθεν om. Y || 4 ὡς νῦν, καὶ Hermann, ὡς νῦν codd. ὡς ἦν Apelt. ὡς δ' αὖ Burnet, ὡσαύτως δ' αὖ suspicabatur Campbell || 5 πάντ' ἦν Stallbaum : πάντῃ || **e** 5 θεὸς... 272 b_8 ᾔσθησαι habet Eus. XII 586 b/c || αὐτός : αὐτῶν Y || 6 ὂν om. Eus. || **272 a** 1 κτήσεις : -σις W¹ || 4 δένδρων : δρυῶν Y || ἄλλης om. Eus. || 5 αὐτο-μάτης : -ους W || **b** 1 ἀφθόνου : -ους Y || 2 δ' ὃν λόγος Bekker : δὲ ὡς ὁ λόγος W δ' ὡς λόγος || 3 τὸν νῦν Eus. || παρών : παρ' ὧν W || αὐτὸς : -ὸν Y.

tenant, tu la connais par toi-même : serais-tu donc de taille et d'humeur à juger laquelle des deux est la plus heureuse ?

Socrate le Jeune. — Pas le moins du monde.

L'unique nécessaire.

L'Etranger. — Veux-tu alors que, de quelque façon, je fasse ce choix pour toi ?

Socrate le Jeune. — De grand cœur.

L'Etranger. — Eh bien, si les nourrissons de Cronos, avec tant de loisirs et de facilités pour entretenir des propos non seulement avec les hommes, mais encore avec les bêtes,
c usèrent de tous ces avantages pour pratiquer la philosophie, conversant avec les bêtes aussi bien qu'entre eux et interrogeant toutes les créatures pour voir s'il y en aurait une, plus heureusement douée, qui vînt enrichir d'une découverte originale le trésor commun de sapience, il est aisé de juger que ceux d'alors surpassaient infiniment en bonheur ceux d'à présent. Mais si, occupés à se gorger de nourriture et de boisson, ils ne surent échanger entre eux et avec les bêtes que des fables comme celles que l'on conte maintenant à leur sujet,
d dans ce cas encore, s'il faut dire là-dessus ma pensée, la question serait facile à résoudre[1]. Au surplus, quittons ce problème, jusqu'à ce que nous trouvions un interprète assez habile pour nous dire dans quel esprit les hommes de ce temps recherchaient les sciences et le commerce de la pensée. Quant à la leçon que nous nous proposions en réveillant ce mythe, voici le moment de la formuler, si nous voulons mener à bonne fin le reste de notre discours.

Le monde à l'abandon.

Lorsqu'en effet le temps assigné à toutes ces choses fut révolu et que l'heure fut venue où le changement devait se produire, lorsque précisément se trouva disparue en son entier
e cette race née de la terre, chaque âme ayant acquitté son compte de renaissances et étant retombée en semence dans la terre autant de fois que l'exigeait sa loi propre[2], alors donc

1. Notice, p. XXXIX. Le bonheur de la Cité simple (*Rép.* 372 a/c) n'est fait, lui aussi, que de satisfactions élémentaires, où la philosophie ne peut éclore.

2. Pour les temps « révolus », cf. Empédocle, fr. 35, 3, et 110, 5, D. ; pour les semailles d'âmes, *Timée* 41 sq. Comp. *Rép.* X, 618 sq. *Phèdre* 248, *Phédon* 113/4.

δ' αὐτοῖν τὸν εὐδαιμονέστερον ἆρ' ἂν δύναιό τε καὶ ἐθελήσειας ;

ΝΕ. ΣΩ. Οὐδαμῶς.

ΞΕ. Βούλει δῆτα ἐγώ σοι τρόπον τινὰ διακρίνω ;

ΝΕ. ΣΩ. Πάνυ μὲν οὖν.

ΞΕ. Εἰ μὲν τοίνυν οἱ τρόφιμοι τοῦ Κρόνου, παρούσης
αὐτοῖς οὕτω πολλῆς σχολῆς καὶ δυνάμεως πρὸς τὸ μὴ μόνον
ἀνθρώποις, ἀλλὰ καὶ θηρίοις διὰ λόγων δύνασθαι συγγίγνε-
σθαι, κατεχρῶντο τούτοις σύμπασιν ἐπὶ φιλοσοφίαν, μετά c
τε θηρίων καὶ μετ' ἀλλήλων ὁμιλοῦντες, καὶ πυνθανόμενοι
παρὰ πάσης φύσεως εἴ τινά τις ἰδίαν δύναμιν ἔχουσα
ᾔσθετό τι διάφορον τῶν ἄλλων εἰς συναγυρμὸν φρονήσεως,
εὔκριτον ὅτι τῶν νῦν οἱ τότε μυρίῳ πρὸς εὐδαιμονίαν
διέφερον· εἰ δ' ἐμπιμπλάμενοι σίτων ἅδην καὶ ποτῶν διελέ-
γοντο πρὸς ἀλλήλους καὶ τὰ θηρία μύθους, οἷοι δὴ καὶ τὰ
νῦν περὶ αὐτῶν λέγονται, καὶ τοῦτο, ὥς γε κατὰ τὴν ἐμὴν d
δόξαν ἀποφήνασθαι, καὶ μάλ' εὔκριτον. Ὅμως δ' οὖν ταῦτα
μὲν ἀφῶμεν, ἕως ἂν ἡμῖν μηνυτής τις ἱκανὸς φανῇ, ποτέ-
ρως οἱ τότε τὰς ἐπιθυμίας εἶχον περί τε ἐπιστημῶν καὶ τῆς
τῶν λόγων χρείας· οὗ δ' ἕνεκα τὸν μῦθον ἠγείραμεν, τοῦτο
λεκτέον, ἵνα τὸ μετὰ τοῦτο εἰς τὸ πρόσθεν περαίνωμεν.

Ἐπειδὴ γὰρ πάντων τούτων χρόνος ἐτελεώθη καὶ μετα-
βολὴν ἔδει γίγνεσθαι καὶ δὴ καὶ τὸ γήινον ἤδη πᾶν ἀνήλωτο
γένος, πάσας ἑκάστης τῆς ψυχῆς τὰς γενέσεις ἀποδε- e
δωκυίας, ὅσα ἦν ἑκάστῃ προσταχθέν, τοσαῦτα εἰς γῆν
σπέρματα πεσούσης, τότε δὴ τοῦ παντὸς ὁ μὲν κυβερνήτης,
οἷον πηδαλίων οἴακος ἀφέμενος, εἰς τὴν αὐτοῦ περιωπὴν

b 4 αὖ τοῖν W || 9 εἰ μὲν... d 5 χρείας habet Eus. XII 586 d/7 b || **c** 1 φιλοσοφίαν : -ίᾳ W || 3 ἰδίαν δύναμιν : ἰσοδυναμίαν Y || c 5 μυρίως Eus. || 7 οἷοι W : οἷα || **d** 1 τοῦθ' οὕτως γε Eus. || ὥς γε WT[2] : ὥστε || τὴν om. Eus. || 3 μὲν om. Y || 6 τοῦτον W || 7 ἐπειδὴ... 273 b 1 καὶ ἑαυτοῦ habet Eusebius XI, 562 a/c || ἐτελειώθη Eus. || 8 ἀνάλωτο Eus. || **e** 2 ἑκάστῃ : -ην B || προσταχθέν, τοσαῦτα Eus. : -θέντος αὐτὰ || 3 τότε δὴ... 273 a 4 ἀπειργάσατο habet Theodoretus IV, 44 || μὲν om. Theod. || 4 οἴακας Theod.

le pilote de l'univers, lâchant, pour ainsi dire, les commandes du gouvernail, retourna s'enfermer dans son poste d'observation [1], et, quant au monde, son destin et son inclination native l'emportèrent à nouveau dans le sens rétrograde. Tous les dieux locaux qui assistaient la divinité suprême en son commandement, comprenant dès lors ce qui se passait, abandonnèrent, eux aussi, les parties du monde confiées à leurs
273 a soins. Dans cette volte-face et ce rebroussement, le monde, faisant un bond qui retourne bout pour bout le sens de son mouvement, détermina dans son propre sein une secousse violente, qui, cette fois encore, fit périr des animaux de toute espèce. Dans la suite, lorsqu'au bout d'un temps suffisant ses bouleversements et son trouble eurent pris fin, ses secousses une fois calmées, il poursuivit, d'un mouvement ordonné, sa course habituelle et propre, veillant et régnant en maître sur ce qu'il portait dans son sein autant que sur lui-même, et se
b remémorant, aussi fidèlement qu'il le pouvait, les instructions de son auteur et père. Au début, en effet, il sut les appliquer avec assez d'exactitude, mais, vers la fin, sa défaillance allait croissant : la faute en était aux principes corporels qui entrent dans sa constitution, aux caractères hérités de sa nature primitive, car celle-ci comportait une large part de désordre avant de parvenir à l'ordre cosmique actuel [2]. C'est de son ordonnateur, en effet, qu'il reçut tout ce qu'il a de beau, mais de sa constitution antérieure découlent tous les
c maux et toutes les iniquités qui s'accomplissent dans le ciel ; c'est d'elle qu'il les tient lui-même, par elle qu'il les produit dans les animaux. Tant donc qu'il avait joui de l'assistance de son pilote pour nourrir les êtres qui vivent dans son sein, sauf de rares défaillances il n'engendrait que de grands biens ; une fois détaché de lui, au contraire, dans chaque période qui suit immédiatement cet abandon, il administre encore toutes choses pour le mieux, mais, plus le temps s'avance et l'oubli l'envahit, plus aussi reprennent puissance les restes de
d sa turbulence primitive, et celle-ci, finalement, revenant à sa pleine floraison, rares sont les biens, nombreux sont au

1. Cf. *Timée* 42 e, mais aussi Clément d'Alex. *Protrepticus* VI, 68.

2. Cf. *Timée*, 48 a, la cause errante ; 53 b, le désordre qui précède la formation du monde, état naturel dès là que Dieu manque ; *Lois*, 896 e, l'âme mauvaise.

ἀπέστη τὸν δὲ δὴ κόσμον πάλιν ἀνέστρεφεν εἱμαρμένη τε καὶ σύμφυτος ἐπιθυμία. Πάντες οὖν οἱ κατὰ τοὺς τόπους συνάρχοντες τῷ μεγίστῳ δαίμονι θεοί, γνόντες ἤδη τὸ γιγνόμενον, ἀφίεσαν αὖ τὰ μέρη τοῦ κόσμου τῆς αὑτῶν
ἐπιμελείας· ὁ δὲ μεταστρεφόμενος καὶ συμβάλλων, ἀρχῆς 273
τε καὶ τελευτῆς ἐναντίαν ὁρμὴν ὁρμηθείς, σεισμὸν πολὺν ἐν ἑαυτῷ ποιῶν ἄλλην αὖ φθορὰν ζῴων παντοίων ἀπηργάσατο. Μετὰ δὲ ταῦτα προελθόντος ἱκανοῦ χρόνου, θορύβων τε καὶ ταραχῆς ἤδη παυόμενος καὶ τῶν σεισμῶν γαλήνης ἐπιλαβόμενος εἴς τε τὸν εἰωθότα δρόμον τὸν ἑαυτοῦ κατακοσμούμενος ᾔει, ἐπιμέλειαν καὶ κράτος ἔχων
αὐτὸς τῶν ἐν αὑτῷ τε καὶ ἑαυτοῦ, τὴν τοῦ δημιουργοῦ καὶ b
πατρὸς ἀπομνημονεύων διδαχὴν εἰς δύναμιν. Κατ᾽ ἀρχὰς μὲν οὖν ἀκριβέστερον ἀπετέλει, τελευτῶν δὲ ἀμβλύτερον· τούτων δὲ αὐτῷ τὸ σωματοειδὲς τῆς συγκράσεως αἴτιον, τὸ τῆς πάλαι ποτὲ φύσεως σύντροφον, ὅτι πολλῆς ἦν μετέχον ἀταξίας πρὶν εἰς τὸν νῦν κόσμον ἀφικέσθαι. Παρὰ μὲν γὰρ τοῦ συνθέντος πάντα καλὰ κέκτηται· παρὰ δὲ τῆς ἔμπρο-
σθεν ἕξεως, ὅσα χαλεπὰ καὶ ἄδικα ἐν οὐρανῷ γίγνεται, c
ταῦτα ἐξ ἐκείνης αὐτός τε ἔχει καὶ τοῖς ζῴοις ἐναπεργάζεται. Μετὰ μὲν οὖν τοῦ κυβερνήτου τὰ ζῷα τρέφων ἐν αὑτῷ σμικρὰ μὲν φλαῦρα, μεγάλα δὲ ἐνέτικτεν ἀγαθά· χωριζόμενος δὲ ἐκείνου τὸν ἐγγύτατα χρόνον ἀεὶ τῆς ἀφέσεως κάλλιστα πάντα διάγει, προϊόντος δὲ τοῦ χρόνου καὶ λήθης ἐγγιγνομένης ἐν αὐτῷ μᾶλλον καὶ δυναστεύει τὸ
τῆς παλαιᾶς ἀναρμοστίας πάθος, τελευτῶντος δὲ ἐξανθεῖ d
τοῦ χρόνου καὶ σμικρὰ μὲν τἀγαθά, πολλὴν δὲ τὴν τῶν

e 5 δὴ om. Theod. || **273 a** 3 ἐν om. Y || ἑαυτῷ : αὑτῷ T || φθορὰν : φορ- W || 4 προελθόντος : προ*ελ- T προσελ- B || θορύβων : -ου TY || **b** 4 τούτων... c 2 ἐναπεργάζεται habet Simplicius *de caelo*, p. 307, 3-7 Diels || τούτων... b 6 ἀφικέσθαι habet Theodoretus IV, 47 || 4 αὐτῷ : -ων Theod. || σῶμα τὸ εἶδος ex σωματοειδὸς B || 5 ποτὲ om. Theod. || μέτοχον W || 6 παρὰ μὲν... c 2 ἐναπεργάζεται habet Theod. IV, 40 || 7 πάντα τὰ B || κέκτηται : -λη- T[1]Y || **c** 4 μικρὰ TY || 6 ἀφέσεως : φύσεως BW et i. m. T || **d** 2 μικρὰ T[1].

contraire les maux qu'il s'incorpore, au risque d'aboutir à se détruire lui-même avec ce qu'il renferme. Aussi le dieu qui l'organisa, voyant le danger de sa situation, se prend dès lors à craindre qu'il n'aille se disloquer sous la tempête qui le bouleverse et s'abîmer dans l'océan sans fond de la dissem-
e blance [1] : il se rassied donc à son gouvernail, et redressant les parties que ce cycle parcouru sans guide vient d'endommager ou de disloquer, il l'ordonne et le restaure de façon à le rendre immortel et impérissable.

L'homme à l'état de nature.

Ainsi finit la légende. Pour la faire servir à notre théorie du Roi, nous n'avons qu'à renouer la discussion à l'épisode qui précède. Quand, en effet, le monde, par un nouveau renversement, rentra dans la voie qui conduit au mode de génération actuel, la marche des âges s'arrêta une seconde fois pour repartir dans un sens tout contraire à celui qu'elle suivait alors. Les vivants que leur décroissance avait réduits presque à rien se remirent à croître, et les corps nouvellement nés de la terre se prirent à grisonner, puis à dépérir
274 a et à se reperdre dans la terre [2]. Tout le reste fit la même volte-face, se modelant et se réglant sur le nouveau train de l'univers, et, en particulier, la gestation, l'enfantement et le nourrissage imitèrent et suivirent nécessairement l'allure générale. Il n'était plus possible, en effet, que l'animal naquît, dans le sein de la terre, d'un concours d'éléments étrangers, mais, de même que le monde devenait astreint à diriger en maître sa propre marche, ses parties durent aussi, par une loi semblable, concevoir, enfanter et nourrir par
b elles-mêmes autant qu'elles en auraient le pouvoir. Et maintenant, nous voici rendus au point même où tendait tout ce discours. En ce qui concerne les autres bêtes, en effet, il faudrait beaucoup de paroles et de temps pour dire quelle était alors la condition de chaque espèce et par quelles influences elle fut modifiée, mais, pour ce qui regarde les hommes,

1. Comme l'altérité, la dissemblance est un principe de changement interne, d'émiettement continu, donc d'infinitude (ἄπειρον), cf. *Parm.* 164 b/d. Les images du pilote, du gouvernail (272 e/3 e), de la tempête (273 a/e), appellent naturellement celle de l'océan ; la notion d'infini rapproche océan et dissemblance.

2. Sur ce πολιὰ φύντα, cf. Notice, p. XXXIV.

ἐναντίων κρᾶσιν ἐπεγκεραννύμενος ἐπὶ διαφθορᾶς κίνδυνον
αὑτοῦ τε ἀφικνεῖται καὶ τῶν ἐν αὐτῷ. Διὸ δὴ καὶ τότ᾽ ἤδη
θεὸς ὁ κοσμήσας αὐτόν, καθορῶν ἐν ἀπορίαις ὄντα, κηδό-
μενος ἵνα μὴ χειμασθεὶς ὑπὸ ταραχῆς διαλυθεὶς εἰς τὸν
τῆς ἀνομοιότητος ἄπειρον ὄντα πόντον δύῃ, πάλιν ἔφεδρος
αὐτοῦ τῶν πηδαλίων γιγνόμενος, τὰ νοσήσαντα καὶ λυθέντα e
ἐν τῇ καθ᾽ ἑαυτὸν προτέρᾳ περιόδῳ στρέψας, κοσμεῖ τε καὶ
ἐπανορθῶν ἀθάνατον αὐτὸν καὶ ἀγήρων ἀπεργάζεται.

Τοῦτο μὲν οὖν τέλος ἁπάντων εἴρηται· τὸ δ᾽ ἐπὶ τὴν τοῦ
βασιλέως ἀπόδειξιν ἱκανὸν ἐκ τοῦ πρόσθεν ἁπτομένοις τοῦ
λόγου· στρεφθέντος γὰρ αὖ τοῦ κόσμου τὴν ἐπὶ τὴν νῦν
γένεσιν ὁδὸν τὸ τῆς ἡλικίας αὖ πάλιν ἵστατο καὶ καινὰ
τἀναντία ἀπεδίδου τοῖς τότε. Τὰ μὲν γὰρ ὑπὸ σμικρότητος
ὀλίγου δέοντα ἠφανίσθαι τῶν ζῴων ηὐξάνετο, τὰ δ᾽ ἐκ γῆς
νεογενῆ σώματα πολιὰ φύντα πάλιν ἀποθνῄσκοντα εἰς γῆν
κατῄει. Καὶ τἆλλά τε πάντα μετέβαλλε, ἀπομιμούμενα καὶ
συνακολουθοῦντα τῷ τοῦ παντὸς παθήματι, καὶ δὴ καὶ τὸ 274 a
τῆς κυήσεως καὶ γεννήσεως καὶ τροφῆς μίμημα συνείπετο
τοῖς πᾶσιν ὑπ᾽ ἀνάγκης· οὐ γὰρ ἐξῆν ἔτ᾽ ἐν γῇ δι᾽ ἑτέρων
συνιστάντων φύεσθαι ζῷον, ἀλλὰ καθάπερ τῷ κόσμῳ
προσετέτακτο αὐτοκράτορι εἶναι τῆς αὑτοῦ πορείας, οὕτω
δὴ κατὰ ταὐτὰ καὶ τοῖς μέρεσιν αὐτοῖς δι᾽ αὑτῶν, καθ᾽ ὅσον
οἷόν τ᾽ ἦν, κυεῖν τε καὶ γεννᾶν καὶ τρέφειν προσετάττετο
ὑπὸ τῆς ὁμοίας ἀγωγῆς. Οὗ δὲ ἕνεκα ὁ λόγος ὥρμηκε πᾶς, b
ἐπ᾽ αὐτῷ νῦν ἐσμὲν ἤδη. Περὶ μὲν γὰρ τῶν ἄλλων θηρίων
πολλὰ ἂν καὶ μακρὰ διεξελθεῖν γίγνοιτο, ἐξ ὧν ἕκαστα καὶ
δι᾽ ἃς αἰτίας μεταβέβληκε· περὶ δὲ ἀνθρώπων βραχύτερα

d 3 διαφθορᾶς : -φο- Y || 4 διό... e 4 εἴρηται habet Eusebius, XI, 562 c/d || 5 ἀπορίᾳ Eus. || 6 διαλυθεὶς in -θῇ corr. T^2 || 7 ἄπειρον om. Y || πόντον Simplicius *in Phys.* 1122, 11 Diels, Proclus *in Tim.* I, 179, 26 et al. Diehl : τόπον Platonis codd. Eus. || **e** 3 ἀγήρω Y || 4 οὖν om. Eus. || ἁπάντων : πάν- Eus. || 10 πολιά Y (-ια) T^2W^2 (i. m.) : πολιᾶι B πολλὰ T om. W || φύντα habet i. m. W || **274 a** 2 μίμημα om. Y || 4 ζῷον : ζῴων BY || 5 αὐτοχράτορι W : -α || 7 κυεῖν scripsi coll. 274 a 2 : φύειν || τε om. W.

un tel exposé sera plus bref et plus à propos. Car, une fois privés des soins du démon qui nous avait en sa possession et en sa garde, entourés de bêtes dont le plus grand nombre, naturellement farouches, étaient devenues tout à fait sauvages alors qu'eux-mêmes étaient maintenant sans force et sans
c protection, les hommes devenaient la proie de ces bêtes, et, dans ces premiers temps, restaient encore sans industrie et sans art : à cette heure, en effet, où la nourriture cessait de leur venir d'elle-même, ils ne savaient pas encore se la procurer, vu qu'aucune nécessité ne les y avait contraints jusqu'alors. Pour toutes ces raisons, leur détresse était grande. C'est là, précisément, l'origine de ces dons qui, suivant d'antiques traditions, nous furent accordés par les dieux en même temps que les leçons et les instructions indispensables : le feu, par Prométhée ; les arts, par Héphaistos et la déesse
d qui partage ses travaux ; les semences enfin et les plantes, par d'autres divinités[1]. Et tout ce dont la vie humaine est faite sortit de ces premiers débuts, une fois que les hommes, privés, comme je l'ai dit, de la vigilance divine, durent se conduire par eux-mêmes et veiller sur eux-mêmes, tout comme l'univers entier, car nous ne faisons que l'imiter et le suivre en alternant, pendant l'éternité du temps, entre ces deux façons opposées de vivre et de naître. Terminons
e donc ici notre fable et tirons-en profit pour mesurer la faute que nous avons commise en définissant l'homme royal et l'homme politique dans notre discours précédent.

La leçon du mythe.

Socrate le Jeune. — Où donc est cette faute que tu nous imputes, et quelle est son importance ?

L'Etranger. — Légère, à un endroit ; mais, à l'autre, elle fut tout à fait notable, et beaucoup plus importante, beaucoup plus grave qu'alors.

Socrate le Jeune. — Comment cela ?

L'Etranger. — Quand on nous demandait le roi et le politique du cycle actuel et du mode actuel de génération, aller chercher, jusque dans la période opposée, le pasteur qui régissait le troupeau humain de ce temps-là, pasteur divin

1. Le mythe de Protagoras mentionne (péril des bêtes fauves (322 b), dons divins 321 c/d), ne parle pas de la χρεία ; sur celle-ci, cf. *Lois*, 630 e, 782 e sq., Démocrite ap. Diod. I, 8, 5-7 n.

καὶ μᾶλλον προσήκοντα. Τῆς γὰρ τοῦ κεκτημένου καὶ
νέμοντος ἡμᾶς δαίμονος ἀπερημωθέντες ἐπιμελείας, τῶν
πολλῶν αὖ θηρίων, ὅσα χαλεπὰ τὰς φύσεις ἦν, ἀπαγριω-
θέντων, αὐτοὶ δὲ ἀσθενεῖς ἄνθρωποι καὶ ἀφύλακτοι γεγο-
νότες διηρπάζοντο ὑπ' αὐτῶν, καὶ ἔτ' ἀμήχανοι καὶ ἄτεχνοι c
κατὰ τοὺς πρώτους ἦσαν χρόνους, ἅτε τῆς μὲν αὐτομάτης
τροφῆς ἐπιλελοιπυίας, πορίζεσθαι δὲ οὐκ ἐπιστάμενοί πω
διὰ τὸ μηδεμίαν αὐτοὺς χρείαν πρότερον ἀναγκάζειν. Ἐκ
τούτων πάντων ἐν μεγάλαις ἀπορίαις ἦσαν. Ὅθεν δὴ τὰ
πάλαι λεχθέντα παρὰ θεῶν δῶρα ἡμῖν δεδώρηται μετ'
ἀναγκαίας διδαχῆς καὶ παιδεύσεως, πῦρ μὲν παρὰ Προμη-
θέως, τέχναι δὲ παρ' Ἡφαίστου καὶ τῆς συντέχνου,
σπέρματα δὲ αὖ καὶ φυτὰ παρ' ἄλλων· καὶ πάνθ' ὁπόσα τὸν d
ἀνθρώπινον βίον συγκατεσκεύακεν ἐκ τούτων γέγονεν,
ἐπειδὴ τὸ μὲν ἐκ θεῶν, ὅπερ ἐρρήθη νυνδή, τῆς ἐπιμελείας
ἐπέλιπεν ἀνθρώπους, δι' ἑαυτῶν τε ἔδει τήν τε διαγωγὴν
καὶ τὴν ἐπιμέλειαν αὐτοὺς αὑτῶν ἔχειν καθάπερ ὅλος ὁ
κόσμος, ᾧ συμμιμούμενοι καὶ συνεπόμενοι τὸν ἀεὶ χρόνον
νῦν μὲν οὕτως, τοτὲ δὲ ἐκείνως ζῶμέν τε καὶ φυόμεθα.
Καὶ τὸ μὲν δὴ τοῦ μύθου τέλος ἐχέτω, χρήσιμον δὲ αὐτὸν e
ποιησόμεθα πρὸς τὸ κατιδεῖν ὅσον ἡμάρτομεν ἀποφηνά-
μενοι τὸν βασιλικόν τε καὶ πολιτικὸν ἐν τῷ πρόσθε λόγῳ.

ΝΕ. ΣΩ. Πῶς οὖν καὶ πόσον ἁμάρτημα φῂς εἶναι
γεγονὸς ἡμῖν;

ΞΕ. Τῇ μὲν βραχύτερον, τῇ δὲ μάλα γενναῖον καὶ πολλῷ
μεῖζον καὶ πλέον ἢ τότε.

ΝΕ. ΣΩ. Πῶς;

ΞΕ. Ὅτι μὲν ἐρωτώμενοι τὸν ἐκ τῆς νῦν περιφορᾶς
καὶ γενέσεως βασιλέα καὶ πολιτικὸν τὸν ἐκ τῆς ἐναντίας
περιόδου ποιμένα τῆς τότε ἀνθρωπίνης ἀγέλης εἴπομεν,

b 7 ἦν : ἡ B || **c** 3 δὲ om. B || πω : τι ὢν B || **d** 1 ἄλλων Stephanus e Ficino : ἀλλήλων || 3 νυνδή : νῦν Y || 4 τε ἔδει T : δὲ ἔδει || 5 τὴν ante ἐπιμέλειαν om. W || **e** 6 μᾶλλα (μᾶλλον ?) T || 10 post ἐναντίας add. τι Y.

275 a et non humain, c'était là une très grande erreur. D'autre part, le présenter comme chef de la cité tout entière sans expliquer de quelle façon il l'est, c'était, cette fois, dire la vérité, mais cependant pas la vérité complète ni la vérité claire : ainsi notre dernière faute fut moindre que la première.

SOCRATE LE JEUNE. — C'est vrai.

L'ETRANGER. — Il nous faut donc, à ce qu'il semble, déterminer d'abord le genre de commandement que le politique exerce sur la cité, si nous voulons nous flatter d'avoir donné, de lui, une définition parfaite[1].

SOCRATE LE JEUNE. — Bien.

b L'ETRANGER. — Or, c'est pour cela même que nous avons introduit notre mythe : nous ne voulions pas seulement montrer que, ce titre de nourricier du troupeau, le chef que nous cherchons se le voit disputer par tous ; nous avons voulu aussi considérer plus à découvert celui qui, étant seul à assumer aussi pleinement que les bergers et les bouviers le soin d'élever son troupeau d'hommes, a seul aussi le droit d'être honoré d'un pareil titre.

SOCRATE LE JEUNE. — C'est juste.

L'ETRANGER. — Mais, à mon avis, Socrate, cette figure du
c pasteur divin est encore trop haute pour un roi[2] : nos politiques d'à présent, beaucoup plus semblables à leurs sujets par la naissance, s'en rapprochent davantage aussi par les leçons et l'éducation qu'ils reçoivent.

SOCRATE LE JEUNE. — Parfaitement.

L'ETRANGER. — Ils ne s'en imposeront, toutefois, ni plus ni moins à notre étude, quelle que puisse être leur nature.

SOCRATE LE JEUNE. — Sans aucun doute.

L'ETRANGER. — Revenons donc sur nos pas. Cet art dont nous avons dit qu'il a, sur les animaux, un pouvoir autodi-

1. On a déjà critiqué (268 a/d) sa définition comme pasteur d'hommes. Il sera soigneur d'hommes (276), enfin tisseur de l'État (306 sq.).

2. Les *Lois* diront : « Les anciens législateurs, issus eux-mêmes des dieux, légiféraient pour les héros, fils de dieux : hommes, nous faisons des lois pour les fils des hommes » (853 c). Ainsi le mythe du *Politique* a pour effet voulu de bannir, « en la couronnant de fleurs » et la rejetant dans la légende, la figure, si vantée alors (*supra*, note à 267 e), du Roi Pasteur.

καὶ ταῦτα θεὸν ἀντὶ θνητοῦ, ταύτῃ μὲν πάμπολυ παρη- 275 a
νέχθημεν· ὅτι δὲ συμπάσης τῆς πόλεως ἄρχοντα αὐτὸν ἀπεφήναμεν, ὅντινα δὲ τρόπον οὐ διείπομεν, ταύτῃ δὲ αὖ τὸ μὲν λεχθὲν ἀληθές, οὐ μὴν ὅλον γε οὐδὲ σαφὲς ἐρρήθη, διὸ καὶ βραχύτερον ἢ κατ᾽ ἐκεῖνο ἡμαρτήκαμεν.

ΝΕ. ΣΩ. Ἀληθῆ.

ΞΕ. Δεῖ τοίνυν τὸν τρόπον, ὡς ἔοικε, διορίσαντας τῆς ἀρχῆς τῆς πόλεως οὕτω τελέως τὸν πολιτικὸν ἡμῖν εἰρῆσθαι προσδοκᾶν.

ΝΕ. ΣΩ. Καλῶς.

ΞΕ. Διὰ ταῦτα μὴν καὶ τὸν μῦθον παρεθέμεθα, ἵνα b
ἐνδείξαιτο περὶ τῆς ἀγελαιοτροφίας μὴ μόνον ὡς πάντες αὐτῆς ἀμφισβητοῦσι τῷ ζητουμένῳ τὰ νῦν, ἀλλὰ κἀκεῖνον αὐτὸν ἐναργέστερον ἴδοιμεν, ὃν προσήκει μόνον κατὰ τὸ παράδειγμα ποιμένων τε καὶ βουκόλων τῆς ἀνθρωπίνης ἐπιμέλειαν ἔχοντα τροφῆς τούτου μόνον ἀξιωθῆναι τοῦ προσρήματος.

ΝΕ. ΣΩ. Ὀρθῶς.

ΞΕ. Οἶμαι δέ γ᾽, ὦ Σώκρατες, τοῦτο μὲν ἔτι μεῖζον ἢ κατὰ βασιλέα εἶναι τὸ σχῆμα τὸ τοῦ θείου νομέως, τοὺς c
δ᾽ ἐνθάδε νῦν ὄντας πολιτικοὺς τοῖς ἀρχομένοις ὁμοίους τε εἶναι μᾶλλον πολὺ τὰς φύσεις καὶ παραπλησιαίτερον παιδείας μετειληφέναι καὶ τροφῆς.

ΝΕ. ΣΩ. Πάντως που.

ΞΕ. Ζητητέοι γε μὴν οὐδὲν ἂν εἴησαν οὔθ᾽ ἧττον οὔτε μᾶλλον, εἴθ᾽ οὕτως εἴτ᾽ ἐκείνως πεφύκασιν.

ΝΕ. ΣΩ. Πῶς γὰρ οὔ;

ΞΕ. Τῇδε δὴ πάλιν ἐπανέλθωμεν. Ἣν γὰρ ἔφαμεν

275 a 1 θεόν... a 3 ταύτῃ δὲ habet i. m. T || 3 τρόπον οὐ διείπομεν : τρόπομεν T || 7 τῆς : τὸν τῆς W || b 4 μόνον post παράδειγμα trajecit Y || 5 τῆς edd. : τὸ Y τὸν || 6 ἐπιμελείας B || ἔχοντες Y || 8 ὀρθῶς om. B || 9 δέ γ᾽ : δ᾽ ἔγωγε TY || μὲν ἔτι om. B || c 3 πολὺ μᾶλλον W || 6 ζητητέοι W : -τέον || εἴησαν : ἦσαν Y || 9 τῇδε Steph. : τί δὲ || ἔφαμεν : φα- TY.

rectif et qu'il prend soin d'eux non pas individuellement,
d mais collectivement, nous l'avons, d'ailleurs, tout de suite appelé « l'art de nourrir les troupeaux », tu te souviens?

SOCRATE LE JEUNE. — Oui.

L'ETRANGER. — Eh bien, c'est là que nous avons dû faire quelque erreur. Car nous n'y avons nulle part fait rentrer le politique ni formulé son nom, à lui : il s'est dérobé sans que nous y prissions garde, alors que nous croyions le nommer[1].

SOCRATE LE JEUNE. — Comment?

L'ETRANGER. — Nourrir son troupeau à soi est bien un peu le lot de tous les autres pasteurs, mais le politique, lui, n'avait point droit au nom que nous lui avons attribué ; et
e pourtant il aurait fallu un nom attribuable à tous à la fois.

SOCRATE LE JEUNE. — Tu dis vrai, à supposer qu'il y en eût un.

L'ETRANGER. — Comment ne pas voir que l'action de soigner leur est commune à tous, pourvu qu'on ne la détermine ni comme nourrissage ni comme quelque autre soin précis? En parlant de l'art qui s'occupe des troupeaux, qui les soigne, qui en a le souci, pour désigner leur fonction à tous, on avait un terme capable d'envelopper le politique avec tous ses rivaux, et c'est précisément le but que nous assignait notre recherche.

276 a SOCRATE LE JEUNE. — Bien, mais comment faire alors la division qui suivait?

Le pasteur humain : tyran ou roi ?

L'ETRANGER. — Comme nous avons fait tout à l'heure quand nous avons divisé l'art de nourrir les troupeaux en énumérant animaux marcheurs et non volants, animaux non croisants, animaux sans cornes. En procédant par des distinctions analogues, nous pouvions embrasser dans une même notion l'art qui a le soin des troupeaux de la période actuelle aussi bien que celui qui s'exerce sous le règne de Cronos.

SOCRATE LE JEUNE. — Apparemment, mais quelle eût été la suite? Je te le demande.

L'ETRANGER. — Il est bien clair que, avec une pareille
b façon de caractériser l'art qui s'occupe des troupeaux, il ne

1. ὀνομασία, unique chez Platon, est déjà dans Hippias, et sert de titre à un de ses ouvrages : ἐθνῶν ὀνομασίαι (Diels, *Vorsokr.* II 286, 2).

αὐτεπιτακτικὴν μὲν εἶναι τέχνην ἐπὶ ζῴοις, οὐ μὴν ἰδίᾳ
γε, ἀλλὰ κοινῇ τὴν ἐπιμέλειαν ἔχουσαν, καὶ προσείπομεν δὴ d
τότε εὐθὺς ἀγελαιοτροφικήν — μέμνησαι γάρ ;

ΝΕ. ΣΩ. Ναί.

ΞΕ. Ταύτῃ τοίνυν πῃ διημαρτάνομεν. Τὸν γὰρ πολιτικὸν οὐδαμοῦ συνελάβομεν οὐδ᾽ ὠνομάσαμεν, ἀλλ᾽ ἡμᾶς ἔλαθεν κατὰ τὴν ὀνομασίαν ἐκφυγών.

ΝΕ. ΣΩ. Πῶς ;

ΞΕ. Τοῦ τὰς ἀγέλας ἑκάστας τρέφειν τοῖς μὲν ἄλλοις
που πᾶσι μέτεστι νομεῦσι, τῷ πολιτικῷ δὲ οὐ μετὸν ἐπη-
νέγκαμεν τοὔνομα, δέον τῶν κοινῶν ἐπενεγκεῖν τι σύμπασιν. e

ΝΕ. ΣΩ. Ἀληθῆ λέγεις, εἴπερ ἐτύγχανέ γε ὄν.

ΞΕ. Πῶς δ᾽ οὐκ ἦν τό γε θεραπεύειν που πᾶσι κοινόν, μηδὲν διορισθείσης τροφῆς μηδέ τινος ἄλλης πραγματείας ; ἀλλ᾽ ἤ τινα ἀγελαιοκομικὴν ἢ θεραπευτικὴν ἤ καί τινα ἐπιμελητικὴν αὐτὴν ὀνομάσασιν ὡς κατὰ πάντων ἐξῆν περικαλύπτειν καὶ τὸν πολιτικὸν ἅμα τοῖς ἄλλοις, ἐπειδὴ δεῖν τοῦτ᾽ ἐσήμαινεν ὁ λόγος.

ΝΕ. ΣΩ. Ὀρθῶς. Ἀλλ᾽ ἡ μετὰ τοῦτο διαίρεσις αὖ τίνα 276 a
τρόπον ἐγίγνετ᾽ ἄν ;

ΞΕ. Κατὰ ταὐτὰ καθ᾽ ἅπερ ἔμπροσθεν διῃρούμεθα τὴν ἀγελαιοτροφικὴν πεζοῖς τε καὶ ἀπτῆσι, καὶ ἀμείκτοις τε καὶ ἀκεράτοις, τοῖς αὐτοῖς ἄν που τούτοις διαιρούμενοι καὶ τὴν ἀγελαιοκομικὴν τήν τε νῦν καὶ τὴν ἐπὶ Κρόνου βασιλείαν περιειληφότες ἂν ἦμεν ὁμοίως ἐν τῷ λόγῳ.

ΝΕ. ΣΩ. Φαίνεται· ζητῶ δὲ αὖ τί τὸ μετὰ τοῦτο.

ΞΕ. Δῆλον ὅτι λεχθέντος οὕτω τοῦ τῆς ἀγελαιοκομικῆς
ὀνόματος οὐκ ἄν ποτε ἐγένεθ᾽ ἡμῖν τό τινας ἀμφισβητεῖν b

c 10 τέχνην om. B || **d** 1 ἔχουσα B^1W^1 || 2 τότε : τό γε TY || 4 ταύτῃ Ast : -ην W -ης || διημαρτάνομεν : δια- T^2W || **e** 1 δέον τῶν : λεόντων B δὲ οντῶν T^1 || 3 γε : τε BW || που : πολὺ B || 4 ἄλλου Y || 5 ἀλλ᾽ ἤ W : ἄλλη B -ην || 6 κατὰ πάντων : καὶ ἀπ- B || 7 δεῖν om. B || **276 a** 2 ἐγίγνετ᾽ : ἐγγί- BW || 3 ταῦτα TY || 6, 9 ἀγελαιονομικὴν -ῆς Y.

nous serait jamais arrivé d'entendre certaines gens contester l'existence même d'aucuns soins, quels qu'ils fussent, alors que, tout à l'heure, on a pu soutenir à bon droit qu'il n'y a parmi nous aucun art qui mérite cette appellation de nourricier, et que, s'il en existait un, beaucoup d'hommes y pourraient prétendre plus vite et plus justement que n'importe quel roi.

SOCRATE LE JEUNE. — C'est exact.

L'ETRANGER. — Or, quant au soin de la communauté humaine dans son ensemble, aucun art ne prétendra, plus
c vite et plus justement que l'art royal, en avoir la charge et constituer une science du commandement des hommes en général.

SOCRATE LE JEUNE. — Tu as raison.

L'ETRANGER. — Mais, cela dit, Socrate, ne nous apercevons-nous pas que, sur la fin même, nous avons commis une grosse faute [1] ?

SOCRATE LE JEUNE. — Laquelle ?

L'ETRANGER. — Celle-ci : eussions-nous été aussi convaincus que possible qu'il y a un art nourrisseur du troupeau bipède, nous n'en avions pas plus le droit pour cela de nous croire au bout, et de dire tout de suite que cet art est celui du roi et du politique.

SOCRATE LE JEUNE. — Et alors ?

L'ETRANGER. — Alors, la première chose à faire, c'était,
d comme nous disions, de remanier le nom, en le rapprochant plutôt de l'idée de soigner que de l'idée de nourrir [2], puis de diviser celle-ci elle-même : car elle comporterait encore des sections qui ne sont point négligeables.

SOCRATE LE JEUNE. — Lesquelles ?

L'ETRANGER. — D'abord, celle qui nous aurait fait mettre bien à part l'un de l'autre le pasteur divin et le soigneur humain.

SOCRATE LE JEUNE. — Bien.

L'ETRANGER. — Ensuite, ayant ainsi détaché cet art de soigner, il eût fallu le partager lui-même en deux.

1. Cf. *supra*, 267 e/8 a.

2. Aussi a-t-il changé ἀγελαιοτροφική (261 e) en ἀγελαιοκομική (275 e sq.) qui, formé avec l'épique κομεῖν (soigner), comporte une idée plus générale.

ὡς οὐδ' ἐπιμέλεια τὸ παράπαν ἐστίν, ὥσπερ τότε δικαίως ἠμφεσβητήθη μηδεμίαν εἶναι τέχνην ἐν ἡμῖν ἀξίαν τούτου τοῦ θρεπτικοῦ προσρήματος, εἰ δ' οὖν τις εἴη, πολλοῖς πρότερον αὐτῆς καὶ μᾶλλον προσήκειν ἤ τινι τῶν βασιλέων.

ΝΕ. ΣΩ. Ὀρθῶς.

ΞΕ. Ἐπιμέλεια δέ γε ἀνθρωπίνης συμπάσης κοινωνίας οὐδεμία ἂν ἐθελήσειεν ἑτέρα μᾶλλον καὶ προτέρα τῆς βασιλικῆς φάναι καὶ κατὰ πάντων ἀνθρώπων ἀρχῆς εἶναι c
τέχνη.

ΝΕ. ΣΩ. Λέγεις ὀρθῶς.

ΞΕ. Μετὰ ταῦτα δέ γε, ὦ Σώκρατες, ἆρ' ἐννοοῦμεν ὅτι πρὸς αὐτῷ δὴ τῷ τέλει συχνὸν αὖ διημαρτάνετο ;

ΝΕ. ΣΩ. Τὸ ποῖον ;

ΞΕ. Τόδε, ὡς ἄρ' εἰ καὶ διενοήθημεν ὅτι μάλιστα τῆς δίποδος ἀγέλης εἶναί τινα θρεπτικὴν τέχνην, οὐδέν τι μᾶλλον ἡμᾶς ἔδει βασιλικὴν αὐτὴν εὐθὺς καὶ πολιτικὴν ὡς ἀποτετελεσμένην προσαγορεύειν.

ΝΕ. ΣΩ. Τί μήν ;

ΞΕ. Πρῶτον μέν, ὃ λέγομεν, τοὔνομα μετασκευωρήσασθαι, πρὸς τὴν ἐπιμέλειαν μᾶλλον προσάγοντας ἢ d
τὴν τροφήν, ἔπειτα ταύτην τέμνειν· οὐ γὰρ σμικρὰς ἂν ἔχοι τμήσεις ἔτι.

ΝΕ. ΣΩ. Ποίας ;

ΞΕ. Ἧι τε τὸν θεῖον ἄν που διειλόμεθα νομέα χωρὶς καὶ τὸν ἀνθρώπινον ἐπιμελητήν.

ΝΕ. ΣΩ. Ὀρθῶς.

ΞΕ. Αὖθις δέ γε τὴν ἀπονεμηθεῖσαν ἐπιμελητικὴν δίχα τέμνειν ἀναγκαῖον ἦν.

b 3 ἀμφεσδητήθη W || 4 πολλοῖς : πολὺ Y || 5 ἤ : εἴ B || 7 ἐπιμέλεια... e 4 τρόπον habet Stobaeus IV, vi, 25 || γε om. B || 8 μᾶλλον ἑτέρα Y || προτέρα Stallbaum : πραοτέρα Platonis (B sine acc.) πρότερα Stobaei codd. (in προτέρα corr. S) || **c** 2 τέχνην B || 4 δέ γε : λέγε B || 12 ὃ λέγομεν Stob. : ὃ ἐλέγ- YT² ἐλέγ- || μετασκευωρίσασθαι Y || **d** 1 προσάγοντας W : -αγαγόν- || 5 διελοίμεθα Stob. || 8 ἀπονεμηθεῖσαν : ἐπι- Y.

SOCRATE LE JEUNE. — Comment ?

L'ETRANGER. — En distinguant ce qui est imposé par la force et ce qui est accepté de plein gré.

SOCRATE LE JEUNE. — Bien entendu.

e L'ETRANGER. — Et c'est, en somme, pour ne l'avoir pas fait que nous avons commis cette erreur, plus sotte que de raison, de confondre le roi et le tyran, alors qu'ils sont si dissemblables et par eux-mêmes et par leurs façons respectives de gouverner.

SOCRATE LE JEUNE. — C'est vrai.

L'ETRANGER. — N'allons-nous pas maintenant nous corriger, comme je le disais, en divisant en deux l'art humain du soin, suivant que ce soin est imposé par la force ou accepté de plein gré ?

SOCRATE LE JEUNE. — Parfaitement.

L'ETRANGER. — Et ne pourrons-nous pas, quand il s'exerce par la force, l'appeler tyrannique, et quand sa sollicitude, librement offerte, est librement acceptée [1] par son troupeau de bipèdes, l'appeler politique, déclarant dès lors que celui qui exercera cet art et ce soin est, en toute vérité, un Roi et un Politique ?

277 a SOCRATE LE JEUNE. — Et nous risquons fort bien, Etranger, d'avoir ainsi achevé notre démonstration, en ce qui concerne le Politique.

L'ETRANGER. — Ce nous serait un beau succès, Socrate. Mais il ne suffit pas que tu en aies tout seul la conviction, il faut que nous l'ayons, toi et moi, en commun. Or, à mon simple avis, notre esquisse du Roi n'est pas encore achevée. Au contraire, comme des statuaires qui se hâtent parfois hors de saison et alors, chargeant et rechargeant plus qu'il ne faut, retardent ainsi tout ce qu'ils ont en train, nous, de même,
b voulant relever sans délai et, mieux encore, relever de façon grandiose l'erreur commise dans notre précédent exposé, nous avons cru qu'il était digne du Roi de ne bâtir de lui que des modèles taillés en belle grandeur, et nous nous sommes chargés d'une si prodigieuse masse de légende, que nous n'avons pu éviter d'en employer plus que de raison. Ainsi nous avons allongé la démonstration et n'avons su, au bout du compte, mener à sa fin notre mythe ; notre discours,

1. Ceci sera corrigé plus tard, 292 a sq.

ΝΕ. ΣΩ. Τίνι ;

ΞΕ. Τῷ βιαίῳ τε καὶ ἑκουσίῳ.

ΝΕ. ΣΩ. Τί δή ;

ΞΕ. Καὶ ταύτῃ που τὸ πρότερον ἁμαρτάνοντες εὐηθέ- e
στερα τοῦ δέοντος εἰς ταὐτὸν βασιλέα καὶ τύραννον συνέθεμεν, ἀνομοιοτάτους ὄντας αὐτούς τε καὶ τὸν τῆς ἀρχῆς ἑκατέρου τρόπον.

ΝΕ. ΣΩ. Ἀληθῆ.

ΞΕ. Νῦν δέ γε πάλιν ἐπανορθούμενοι, καθάπερ εἶπον, τὴν ἀνθρωπίνην ἐπιμελητικὴν δίχα διαιρώμεθα, τῷ βιαίῳ τε καὶ ἑκουσίῳ ;

ΝΕ. ΣΩ. Πάνυ μὲν οὖν.

ΞΕ. Καὶ τὴν μέν γέ που τῶν βιαίων τυραννικήν, τὴν δὲ ἑκούσιον καὶ ἑκουσίων διπόδων ἀγελαιοκομικὴν ζῴων προσειπόντες πολιτικήν, τὸν ἔχοντα αὖ τέχνην ταύτην καὶ ἐπιμέλειαν ὄντως ὄντα βασιλέα καὶ πολιτικὸν ἀποφαινώμεθα ;

ΝΕ. ΣΩ. Καὶ κινδυνεύει γε, ὦ ξένε, τελέως ἂν ἡμῖν 277 a
οὕτως ἔχειν ἡ περὶ τὸν πολιτικὸν ἀπόδειξις.

ΞΕ. Καλῶς ἄν, ὦ Σώκρατες, ἡμῖν ἔχοι. Δεῖ δὲ μὴ σοὶ μόνῳ ταῦτα, ἀλλὰ κἀμοὶ μετὰ σοῦ κοινῇ συνδοκεῖν. Νῦν δὲ κατά γε τὴν ἐμὴν οὔπω φαίνεται τέλεον ὁ βασιλεὺς ἡμῖν σχῆμα ἔχειν, ἀλλὰ καθάπερ ἀνδριαντοποιοὶ παρὰ καιρὸν ἐνίοτε σπεύδοντες πλείω καὶ μείζω τοῦ δέοντος ἕκαστα
τῶν ἔργων ἐπεμβαλλόμενοι βραδύνουσι, καὶ νῦν ἡμεῖς, ἵνα b
δὴ πρὸς τῷ ταχὺ καὶ μεγαλοπρεπῶς δηλώσαιμεν τὸ τῆς ἔμπροσθεν ἁμάρτημα διεξόδου, τῷ βασιλεῖ νομίσαντες πρέπειν μεγάλα παραδείγματα ποιεῖσθαι, θαυμαστὸν ὄγκον ἀράμενοι τοῦ μύθου, μείζονι τοῦ δέοντος ἠναγκάσθημεν αὐτοῦ μέρει προσχρήσασθαι· διὸ μακροτέραν τὴν ἀπόδειξιν

e 1 τὸ om. Y || 3 ante ὄντας add. τε W || 6 δέ : ὧδέ B || 11 ἀγελαιονομικὴν Y et (ut uid. ?) T[1] || 12 αὖ : οὖν Y || 277 a 2 τὸν πολιτικόν : τῶν π- ῶν TY || 4 καὶ μοί B καὶ ἐμοί W || b 2 ταχεῖ ex -ὺ ut uid. Y || 5 μείζονι : μεῖζον ἢ TY || 6 προσχρῆσθαι Y.

au contraire, fait absolument l'effet d'un tableau assez bien
c dessiné dans ses lignes extérieures pour avoir l'air achevé,
mais à qui manque encore le relief que donneront la peinture et l'harmonie des couleurs. Et ce n'est pas le dessin ni une représentation manuelle quelconque, c'est la parole et le discours qui conviennent le mieux, dès qu'il s'agit d'exposer un sujet vivant à des esprits capables de suivre[1]. Aux autres, il faut une représentation matérielle.

SOCRATE LE JEUNE. — C'est juste, cela, mais il reste à montrer ce qui manque encore, d'après toi, à notre exposé.

Définition et usage du paradigme.

d L'ÉTRANGER. — Il est difficile, mon bon ami, si l'on n'use pas de paradigme, de traiter un sujet de quelque importance de façon satisfaisante. Car on pourrait presque dire que chacun de nous sait tout comme en un rêve et se retrouve ne rien savoir à la clarté de l'éveil[2].

SOCRATE LE JEUNE. — Que veux-tu dire ?

L'ETRANGER. — C'est, semble-t-il, une rencontre bien bizarre qui me fait toucher là au phénomène que constitue en nous la science.

SOCRATE LE JEUNE. — Qu'est-ce donc ?

L'ETRANGER. — Un paradigme, ô bienheureux homme, il m'en faut un maintenant pour expliquer mon paradigme lui-même.

e SOCRATE LE JEUNE. — Eh quoi, parle, sans avoir avec moi besoin de tant d'hésitations !

L'ETRANGER. — Je parlerai, puisque je te vois prêt à me suivre. Car nous savons, j'imagine, que les enfants, lorsqu'ils ont tout fraîchement fait connaissance avec l'écriture..

SOCRATE LE JEUNE. — Eh bien ?

L'ETRANGER. — Ils distinguent suffisamment chaque élément dans les syllabes les plus courtes et les plus faciles, et sont capables de faire, à leur sujet, une réponse exacte.

1. La description parlée est supérieure au dessin ou à la sculpture : ceux-ci sont muets et morts (*Phèdre*, 275 d/e) ; l'enseignement oral seul est vivant (λόγον λέγεις ζῶντα καὶ ἔμψυχον) et fructifie dans une âme « capable de suivre » (ψυχὴν προσήκουσαν, 276 a/e).

2. Toute idée que ne fixe pas un symbole précis demeure vague, dormante ; or, nous avons, de toutes choses, de telles idées dormantes (*Ménon*, *Phédon*).

πεποιήκαμεν καὶ πάντως τῷ μύθῳ τέλος οὐκ ἐπέθεμεν, ἀλλ' ἀτεχνῶς ὁ λόγος ἡμῖν ὥσπερ ζῷον τὴν ἔξωθεν μὲν c
περιγραφὴν ἔοικεν ἱκανῶς ἔχειν, τὴν δὲ οἷον τοῖς φαρμάκοις καὶ τῇ συγκράσει τῶν χρωμάτων ἐνάργειαν οὐκ ἀπειληφέναι πω. Γραφῆς δὲ καὶ συμπάσης χειρουργίας λέξει καὶ λόγῳ δηλοῦν πᾶν ζῷον μᾶλλον πρέπει τοῖς δυναμένοις ἕπεσθαι· τοῖς δ' ἄλλοις διὰ χειρουργιῶν.

ΝΕ. ΣΩ. Τοῦτο μὲν ὀρθῶς· ὅπῃ δὲ ἡμῖν οὔπω φῄς ἱκανῶς εἰρῆσθαι δήλωσον.

ΞΕ. Χαλεπόν, ὦ δαιμόνιε, μὴ παραδείγμασι χρώμενον d
ἱκανῶς ἐνδείκνυσθαί τι τῶν μειζόνων. Κινδυνεύει γὰρ ἡμῶν ἕκαστος οἷον ὄναρ εἰδὼς ἅπαντα πάντ' αὖ πάλιν ὥσπερ ὕπαρ ἀγνοεῖν.

ΝΕ. ΣΩ. Πῶς τοῦτ' εἶπες;

ΞΕ. Καὶ μάλ' ἀτόπως ἔοικά γε ἐν τῷ παρόντι κινήσας τὸ περὶ τῆς ἐπιστήμης πάθος ἐν ἡμῖν.

ΝΕ. ΣΩ. Τί δή;

ΞΕ. Παραδείγματος, ὦ μακάριε, αὖ μοι καὶ τὸ παράδειγμα αὐτὸ δεδέηκεν.

ΝΕ. ΣΩ. Τί οὖν; λέγε μηδὲν ἐμοῦ γε ἕνεκα ἀποκνῶν. e

ΞΕ. Λεκτέον ἐπειδὴ καὶ σύ γε ἕτοιμος ἀκολουθεῖν. Τοὺς γάρ που παῖδας ἴσμεν, ὅταν ἄρτι γραμμάτων ἔμπειροι γίγνωνται —

ΝΕ. ΣΩ. Τὸ ποῖον;

ΞΕ. Ὅτι τῶν στοιχείων ἕκαστον ἐν ταῖς βραχυτάταις καὶ ῥᾴσταις τῶν συλλαβῶν ἱκανῶς διαισθάνονται, καὶ τἀληθῆ φράζειν περὶ ἐκεῖνα δυνατοὶ γίγνονται.

c 3 ἐνάργειαν : ἐνέρ- BW || d 1 χαλεπόν... d 4 ἀγνοεῖν habet Stobaeus II, 1, 14 || παραδείγμασι : -τι YW[1] || 2 ἐνδείξασθαί Stob. || 3 ἅπαντα · ἕκαστα Stob. || πάντ' om. B || 6 μάλα... ἐπιστήμης in textu corruptum restituit i. m. sup. T[2] || ἔοικά γε : ἐοίκαμεν Y -γεν (ex -μεν) T || ante ἐν τῷ add. ἕκαστον ἐν ταῖς τὸ ἑξῆς βραχυτάταις γε T (uide infra e 6) || παρόντι : -ιόντι BWT[2] || κινήσας BWT[2] : -ῆσαι || 10 δεδέηκεν : δεδηκεν B δεδήλωκεν W[2] (i. m. γρ.) T[2] (ηλω s. l.) || e 1 γε om. B || 2 σύ γε : σύγ' εἴ W.

278 a Socrate le Jeune. — Sans doute.

L'Etranger. — Mais, dans d'autres syllabes, ils ne les reconnaissent plus, et alors ils en jugent et en parlent de façon erronée.

Socrate le Jeune. — Certainement.

L'Etranger. — Or, la méthode que je vais dire n'est-elle pas la plus aisée et la plus sûre pour les amener aux connaissances qu'ils n'ont pas encore ?

Socrate le Jeune. — Laquelle ?

L'Etranger. — Les ramener d'abord aux groupes où ils ont interprété d'une façon correcte ces mêmes éléments, puis,
b cela fait, les placer devant les groupes qu'ils ne connaissent pas encore et leur faire comparer les uns avec les autres pour voir ce qu'ont de semblable en leur contexture ces deux sortes de combinaisons, jusqu'à ce que, à force de leur montrer, auprès des groupements qui les déroutent, ceux qu'ils interprètent avec exactitude, ceux-ci, ainsi *montrés en parallèles,* deviennent pour eux des *paradigmes,* qui les aideront, pour quelque élément que ce soit, dans quelque syllabe que ce soit, à épeler autrement que les autres celui qui est autre,
c et toujours de même et invariable façon celui qui est le même.

Socrate le Jeune. — Parfaitement.

L'Etranger. — Voilà donc, n'est-il pas vrai, une chose bien comprise : ce qui constitue un paradigme, c'est le fait qu'un élément, se retrouvant le même dans un groupe nouveau et bien distinct, y est exactement interprété et, identifié dans les deux groupes, permet de les embrasser dans une notion unique et vraie ?

Socrate le Jeune. — Apparemment.

L'Etranger. — Nous étonnerons-nous donc que notre
d âme soit naturellement sujette aux mêmes variations en ce qui concerne les éléments de toutes choses, tantôt solidement établie dans la vérité à l'égard de chaque élément de certains composés, tantôt errante dans ses jugements sur tous les éléments de certains autres, et, sur tels ou tels éléments de ces combinaisons, capable de rencontrer au petit bonheur l'opinion droite, mais, quand ils se trouvent transportés dans certaines de ces syllabes du réel qui sont complexes et malaisées, incapable, cette fois, de les reconnaître ?

ΝΕ. ΣΩ. Πῶς γὰρ οὔ ; 278 a

ΞΕ. Ταὐτὰ δέ γε ταῦτα ἐν ἄλλαις ἀμφιγνοοῦντες πάλιν δόξῃ τε ψεύδονται καὶ λόγῳ.

ΝΕ. ΣΩ. Πάνυ μὲν οὖν.

ΞΕ. Ἆρ᾽ οὖν οὐχ ὧδε ῥᾷστον καὶ κάλλιστον ἐπάγειν αὐτοὺς ἐπὶ τὰ μήπω γιγνωσκόμενα ;

ΝΕ. ΣΩ. Πῶς;

ΞΕ. Ἀνάγειν πρῶτον ἐπ᾽ ἐκεῖνα ἐν οἷς ταὐτὰ ταῦτα ὀρθῶς ἐδόξαζον, ἀναγαγόντας δὲ τιθέναι παρὰ τὰ μήπω
γιγνωσκόμενα, καὶ παραβάλλοντας ἐνδεικνύναι τὴν αὐτὴν b
ὁμοιότητα καὶ φύσιν ἐν ἀμφοτέραις οὖσαν ταῖς συμπλοκαῖς, μέχριπερ ἂν πᾶσι τοῖς ἀγνοουμένοις τὰ δοξαζόμενα ἀληθῶς παρατιθέμενα δειχθῇ, δειχθέντα δέ, παραδείγματα οὕτω γιγνόμενα, ποιήσῃ τῶν στοιχείων ἕκαστον πάντων ἐν πάσαις ταῖς συλλαβαῖς τὸ μὲν ἕτερον ὡς τῶν ἄλλων ἕτερον
ὄν, τὸ δὲ ταὐτὸν ὡς ταὐτὸν ἀεὶ κατὰ ταὐτὰ ἑαυτῷ προσα- c
γορεύεσθαι.

ΝΕ. ΣΩ. Παντάπασι μὲν οὖν.

ΞΕ. Οὐκοῦν τοῦτο μὲν ἱκανῶς συνειλήφαμεν, ὅτι παραδείγματός γ᾽ ἐστὶ τότε γένεσις, ὁπόταν ὂν ταὐτὸν ἐν ἑτέρῳ διεσπασμένῳ δοξαζόμενον ὀρθῶς καὶ συναχθὲν περὶ ἑκάτερον ὡς συνάμφω μίαν ἀληθῆ δόξαν ἀποτελῇ ;

ΝΕ. ΣΩ. Φαίνεται.

ΞΕ. Θαυμάζοιμεν ἂν οὖν εἰ ταὐτὸν τοῦτο ἡμῖν ἡ ψυχὴ
φύσει περὶ τὰ τῶν πάντων στοιχεῖα πεπονθυῖα τοτὲ μὲν d
ὑπ᾽ ἀληθείας περὶ ἓν ἕκαστον ἔν τισι συνίσταται, τοτὲ δὲ περὶ ἅπαντα ἐν ἑτέροις αὖ φέρεται, καὶ τὰ μὲν αὐτῶν ἁμῇ γέ πῃ τῶν συγκράσεων ὀρθῶς δοξάζει, μετατιθέμενα δ᾽ εἰς τὰς τῶν πραγμάτων μακρὰς καὶ μὴ ῥᾳδίους συλλαβὰς ταὐτὰ ταῦτα πάλιν ἀγνοεῖ ;

278 a 2 γε om. Y || 7 πῶς ἂν B || 8 ἀναγαγεῖν WT² || 9 ἀναγαγόντας : -ες Y ἀνάγοντας B || **b** 2 οὖσαν : οὖσι(ν) BT¹ || 4 δειχθῇ : -θείη B || οὕτω(ς) BW : τούτων || 5 πάντων ἕκαστον BW || **c** 5 ταὐτόν : αὐτόν W || 7 ὡς : καὶ BW || **d** 2 ἔν τισι : ἕν τι BW || 3 ἅπαντα : πάντα T -ων Y.

Socrate le Jeune. — Il n'y a rien là d'étonnant.

L'Etranger. — Le moyen, en effet, mon ami, quand on
e part de l'opinion fausse, d'atteindre quelque fragment de vérité, fût-ce le plus minime, et d'acquérir ainsi la sagesse ?

Socrate le Jeune. — Ce n'est guère possible.

L'Etranger. — S'il en est ainsi, il n'y aura donc rien de malsonnant, n'est-ce pas, à ce que toi et moi, après cet effort pour voir, dans un petit paradigme particulier, ce qu'est le paradigme en général[1], entreprenions maintenant d'élever jusqu'à sa plus haute forme, sa forme royale, ce même procédé essayé sur de petits objets, pour tenter, par un nouvel usage du paradigme, de nous expliquer méthodiquement en quoi consiste le soin des choses de la cité, et passer ainsi du songe à la veille ?

Socrate le Jeune. — Ce sera tout à fait légitime.

279 a L'Etranger. — Revenons donc au raisonnement que nous tenions tout à l'heure, à savoir que, des milliers de rivaux disputant au genre royal l'honneur des soins qu'il donne aux cités, il faut naturellement les en séparer pour le bien isoler, et c'est précisément pour cette tâche que nous déclarions avoir besoin d'un paradigme.

Socrate le Jeune. — Assurément.

Le paradigme du tissage.

L'Etranger. — Que pourrions-nous donc prendre comme paradigme, qui fût astreint aux mêmes opérations que la politique, et, bien que très petit, suffît à nous faire trou-
b ver par comparaison l'objet que nous cherchons[2] ? Veux-tu, par Zeus, mon cher Socrate, si nous n'avons rien d'autre sous la main, que nous prenions, faute de mieux, le tissage ? Et, si tu es de mon avis, pas encore tout le tissage, car nous aurons peut-être assez du tissage des laines : il se peut, en effet, que la partie qui le concerne nous donne à elle seule le témoignage que nous cherchons.

Socrate le Jeune. — Pourquoi pas ?

1. Le mot « paradigme », plutôt scolaire, convient dans cette discussion technique et permet de comprendre l'étymologie donnée ici (παρα-δειχθέντα, 278 b). A part *Apol.* 23 a, *Protag.* 326 d, 330 b, *Gorg.* 525 b/d, il n'apparaît que dans la série *Rép.*, *Phèdre*, *Parm.*, *Théét.*, *Soph.*, *Polit.*, *Timée*, *Lois*, *Lettre VII*.

2. Cf. *Soph.* 218 e, proposant l'exemple du pêcheur à la ligne.

ΝΕ. ΣΩ. Καὶ θαυμαστόν γε οὐδέν.

ΞΕ. Πῶς γάρ, ὦ φίλε, δύναιτο ἄν τις ἀρχόμενος ἀπὸ
δόξης ψευδοῦς ἐπί τι τῆς ἀληθείας καὶ μικρὸν μέρος ἀφικό- e
μενος κτήσασθαι φρόνησιν ;

ΝΕ. ΣΩ. Σχεδὸν οὐδαμῶς.

ΞΕ. Οὐκοῦν ταῦτα εἰ ταύτῃ πέφυκεν, οὐδὲν δὴ πλημμελοῖμεν ἂν ἐγώ τε καὶ σὺ πρῶτον μὲν ἐπιχειρήσαντες ὅλου παραδείγματος ἰδεῖν τὴν φύσιν ἐν σμικρῷ κατὰ μέρος ἄλλῳ παραδείγματι, μετὰ δὲ ταῦτα μέλλοντες, ἐπὶ τὸ τοῦ βασιλέως μέγιστον ὂν ταὐτὸν εἶδος ἀπ᾽ ἐλαττόνων φέροντές ποθεν, διὰ παραδείγματος ἐπιχειρεῖν αὖ τὴν τῶν κατὰ πόλιν θεραπείαν τέχνῃ γνωρίζειν, ἵνα ὕπαρ ἀντ᾽ ὀνείρατος ἡμῖν γίγνηται ;

ΝΕ. ΣΩ. Πάνυ μὲν οὖν ὀρθῶς.

ΞΕ. Πάλιν δὴ τὸν ἔμπροσθε λόγον ἀναληπτέον, ὡς 279 a
ἐπειδὴ τῷ βασιλικῷ γένει τῆς περὶ τὰς πόλεις ἐπιμελείας
ἀμφισβητοῦσι μυρίοι, δεῖ δὴ πάντας ἀποχωρίζειν τούτους
καὶ μόνον ἐκεῖνον λείπειν καὶ πρὸς τοῦτο δὴ παραδείγματος
ἔφαμεν δεῖν ἡμῖν τινος.

ΝΕ. ΣΩ. Καὶ μάλα.

ΞΕ. Τί δῆτα παράδειγμά τις ἄν, ἔχον τὴν αὐτὴν πολι-
τικῇ πραγματείαν, σμικρότατον παραθέμενος ἱκανῶς ἂν
εὕροι τὸ ζητούμενον ; βούλει πρὸς Διός, ὦ Σώκρατες, εἰ b
μή τι πρόχειρον ἕτερον ἔχομεν, ἀλλ᾽ οὖν τήν γε ὑφαντικὴν
προελώμεθα ; καὶ ταύτην, εἰ δοκεῖ, μὴ πᾶσαν ; ἀποχρήσει
γὰρ ἴσως ἡ περὶ τὰ ἐκ τῶν ἐρίων ὑφάσματα· τάχα γὰρ ἂν
ἡμῖν καὶ τοῦτο τὸ μέρος αὐτῆς μαρτυρήσειε προαιρεθὲν ὃ
βουλόμεθα.

ΝΕ. ΣΩ. Τί γὰρ οὔ ;

e 4 ταῦτα post εἰ habet W || εἰ ταύτῃ : ἐν- Y ἐπ᾽ αὐτῇ B || οὐδὲν δὴ : οὐδένα ἢ B || 5 τε om. TY || 8 ἀπ᾽ : ἐπ᾽ Y || 9 αὖ τὴν : αὐτὴν B || 279 a 4 λείπειν : λιπεῖν T²YW || 5 τινος ἡμῖν B || 7 ἔχον : -ων TY || πολιτικῇ Ast : -κὴν || 8 πραγματείαν : παραδειγματείαν B || b 2 ἕτερον habet i. m. T || 3 προελόμεθα W.

L'Étranger. — Oui, pourquoi, après avoir procédé jus-
qu'ici en distinguant les différentes parties pour les diviser
ensuite, ne ferions-nous pas maintenant la même chose pour
c le tissage, et pourquoi n'essaierions-nous pas de l'explorer
tout entier dans un prompt raccourci, pour revenir vite à ce
qui est utile actuellement ?

Socrate le Jeune. — Que veux-tu dire ?

L'Étranger. — C'est en marchant de l'avant que je te répondrai.

Socrate le Jeune. — C'est fort bien dit.

L'Étranger. — Eh bien donc, tout ce que nous fabri-
quons ou acquérons nous sert soit de moyen pour quelque
action, soit de préservatif contre quelque souffrance. Ces
préservatifs [1] sont eux-mêmes, soit des antidotes divins ou
d humains, soit des défenses. Parmi ces défenses, les unes sont
des armures de guerre, les autres sont des clôtures. Les clô-
tures sont ou bien des voiles contre le jour, ou bien des
abris contre les frimas ou les chaleurs. Les abris sont toitures
ou étoffes [1]. Les étoffes sont faites pour être étendues par dessous
ou pour envelopper. Celles qui enveloppent sont faites d'une
seule pièce ou de plusieurs ; de plusieurs pièces, elles sont
ou bien perforées ou bien assemblées sans perforations ; non
perforées, elles sont faites ou bien de fibres tirées des plantes
e de la terre, ou bien de crins ; faites de crins, elles sont col-
lées avec de l'eau et de la terre, ou bien simplement entre-
mêlées brin à brin. Or, c'est à ces préservatifs et à ces étoffes
faites de brins assemblés que l'on a donné le nom de vête-
ments. Quant à l'art qui s'occupe spécialement des vête-
ments, puisque nous avons appelé politique celui qui a soin
280 a de la *polis*, faisons de même pour ce nouvel art, et nom-
mons-le d'après son objet, art vestimentaire. Ne dirons-nous
pas alors que le tissage, pour autant qu'il constitue, dans la
confection du vêtement, la portion la plus importante [2], ne se
distingue de l'art vestimentaire absolument que par le nom,

1. Pour « couvertures », trop vague ; cf. Littré au mot « couverture ».

2. Le caractère du costume antique réduit à sa plus simple expression l'art du couturier (ἱματιουργική) et fait qu'il se confond presque complètement avec l'art du tisserand (ὑφαντική), puisque le plus souvent l'étoffe est employée telle que la fournit le métier, et que le vêtement ne subit nulle autre « façon » (V. Chapot, *Dict. Antiq.* V, 770).

ΞΕ. Τί δῆτα οὐ, καθάπερ ἐν τοῖς ἔμπροσθε τέμνοντες
μέρη μερῶν ἕκαστον διῃρούμεθα, καὶ νῦν περὶ ὑφαντικὴν
ταὐτὸν τοῦτ᾽ ἐδράσαμεν, καὶ κατὰ δύναμιν ὅτι μάλιστα διὰ c
βραχέων ταχὺ πάντ᾽ ἐπελθόντες πάλιν ἤλθομεν ἐπὶ τὸ νῦν
χρήσιμον ;

ΝΕ. ΣΩ. Πῶς λέγεις ;

ΞΕ. Αὐτὴν τὴν διέξοδον ἀπόκρισίν σοι ποιήσομαι.

ΝΕ. ΣΩ. Κάλλιστ᾽ εἶπες.

ΞΕ. Ἔστι τοίνυν πάντα ἡμῖν ὁπόσα δημιουργοῦμεν καὶ
κτώμεθα, τὰ μὲν ἕνεκα τοῦ ποιεῖν τι, τὰ δὲ τοῦ μὴ πάσχειν
ἀμυντήρια· καὶ τῶν ἀμυντηρίων τὰ μὲν ἀλεξιφάρμακα καὶ
θεῖα καὶ ἀνθρώπινα, τὰ δὲ προβλήματα· τῶν δὲ προβλημά- d
των τὰ μὲν πρὸς τὸν πόλεμον ὁπλίσματα, τὰ δὲ φράγματα·
καὶ τῶν φραγμάτων τὰ μὲν παραπετάσματα, τὰ δὲ πρὸς
χειμῶνας καὶ καύματα ἀλεξητήρια· τῶν δὲ ἀλεξητηρίων
τὰ μὲν στεγάσματα, τά δὲ σκεπάσματα· καὶ τῶν σκεπασμά-
των ὑποπετάσματα μὲν ἄλλα, περικαλύμματα δὲ ἕτερα·
περικαλυμμάτων δὲ τὰ μὲν ὁλόσχιστα, σύνθετα δὲ ἕτερα·
τῶν δὲ συνθέτων τὰ μὲν τρητά, τὰ δὲ ἄνευ τρήσεως e
συνδετά· καὶ τῶν ἀτρήτων τὰ μὲν νεύρινα φυτῶν ἐκ γῆς,
τὰ δὲ τρίχινα· τῶν δὲ τριχίνων τὰ μὲν ὕδασι καὶ γῇ κολ-
λητά, τὰ δὲ αὐτὰ αὑτοῖς συνδετά. Τούτοισι δὴ τοῖς ἐκ
τῶν ἑαυτοῖς συνδουμένων ἐργασθεῖσιν ἀμυντηρίοις καὶ
σκεπάσμασι τὸ μὲν ὄνομα ἱμάτια ἐκαλέσαμεν· τὴν δὲ τῶν
ἱματίων μάλιστα ἐπιμελουμένην τέχνην, ὥσπερ τότε τὴν
τῆς πόλεως πολιτικὴν εἴπομεν, οὕτω καὶ νῦν ταύτην 280 a
προσείπωμεν ἀπ᾽ αὐτοῦ τοῦ πράγματος ἱματιουργικήν ;
φῶμεν δὲ καὶ ὑφαντικήν, ὅσον ἐπὶ τῇ τῶν ἱματίων ἐργασίᾳ
μέγιστον ἦν μόριον, μηδὲν διαφέρειν πλὴν ὀνόματι ταύτης

c 4 λέγεις : -ετε B || 7 ἡμῖν πάντα W || d 4 ἀλεξητήρια (et mox -τηρίων) YW : -ξι- || 7 ante περικαλυμμάτων add. τῶν Y || e 4 τουτοισὶ T || 5 ἑαυτοῖς ξυνδουμένων W : αὑτῶν -μένοις || 6 τὴν om. W^1 || 280 a 2-5 ἱματουργικὴν, -κῆς T || 3 ὑφαντικήν : -κῆς uoluit W^2.

tout comme l'art royal ne diffère que de nom de l'art politique ?

Socrate le Jeune. — Ce sera parfaitement juste.

L'Etranger. — Cela dit, observons que l'art de tisser les
b vêtements pourrait sembler peut-être suffisamment expliqué par un tel exposé, si l'on n'avait assez de réflexion pour voir qu'il n'a pas encore été distingué d'arts tout voisins qui ne sont que ses auxiliaires, alors qu'on l'a séparé de plusieurs autres qui sont ses parents.

Socrate le Jeune. — Quels parents dis-tu ?

Les rivaux du tissage.

L'Etranger. — Tu n'as pas suivi ce que j'ai dit, à ce qu'il semble : il nous faut donc revenir sur nos pas et recommencer par la fin [1]. Car, si tu entends quelque chose aux questions de parenté, il y en a un que nous venons de détacher de lui tout à l'heure, quand nous avons mis de côté la fabrication des tapis en distinguant ce qu'on met autour et ce qu'on met en-dessous.

Socrate le Jeune. — Je comprends.

c L'Etranger. — Et ce qu'on fait avec le lin, avec la sparte, avec tout ce que nous venons d'appeler, par analogie, les nerfs des plantes, voilà encore une fabrication que nous avons écartée tout entière ; nous avons aussi mis de côté l'art de feutrer et celui d'assembler en perçant et cousant, qui a comme partie majeure la cordonnerie.

Socrate le Jeune. — Parfaitement.

L'Etranger. — Et puis la pelleterie, qui apprête les étoffes faites d'une seule pièce ; la fabrication des toitures, soit pour la bâtisse des maisons ou de toute autre construc-
d tion, soit, en d'autres arts, pour recouvrir les eaux courantes, nous avons écarté tout cela, ainsi que tous les arts qui fournissent les engins de clôture pour nous protéger contre les vols et les actes de violence, arts qui façonnent les couvercles et fixent les portes, et qui sont des parties spéciales de l'art du menuisier. Nous avons retranché aussi la fabrication des armes, qui n'est qu'une section de la grande

1. Comme dans les divisions précédentes, on a ici laissé de côté tout ce qui est à gauche ; l'Étranger récapitule maintenant ces membres de gauche, en évitant de suivre l'ordre (il prend 5, 8, 9, 7, 6, 4, 2, 1).

τῆς ἱματιουργικῆς, καθάπερ κἀκεῖ τότε τὴν βασιλικὴν τῆς πολιτικῆς ;

ΝΕ. ΣΩ. Ὀρθότατά γε.

ΞΕ. Τὸ μετὰ τοῦτο δὴ συλλογισώμεθα ὅτι τὴν ἱματίων ὑφαντικὴν οὕτω ῥηθεῖσάν τις τάχ' ἂν ἱκανῶς εἰρῆσθαι b
δόξειεν, μὴ δυνάμενος συννοεῖν ὅτι τῶν μὲν ἐγγὺς συνεργῶν οὔπω διώρισται, πολλῶν δὲ ἑτέρων συγγενῶν ἀπεμερίσθη.

ΝΕ. ΣΩ. Ποίων, εἰπέ, συγγενῶν ;

ΞΕ. Οὐχ ἕσπου τοῖς λεχθεῖσιν, ὡς φαίνῃ· πάλιν οὖν ἔοικεν ἐπανιτέον ἀρχόμενον ἀπὸ τελευτῆς. Εἰ γὰρ συννοεῖς τὴν οἰκειότητα, τὴν μὲν διετέμομεν ἀπ' αὐτῆς νυνδή, τὴν τῶν στρωμάτων σύνθεσιν περιβολῇ χωρίζοντες καὶ ὑποβολῇ.

ΝΕ. ΣΩ. Μανθάνω.

ΞΕ. Καὶ μὴν τὴν ἐκ τῶν λίνων καὶ σπάρτων καὶ πάντων c
ὁπόσα φυτῶν ἄρτι νεῦρα κατὰ λόγον εἴπομεν, δημιουργίαν πᾶσαν ἀφείλομεν· τήν τε αὖ πιλητικὴν ἀφωρισάμεθα καὶ τὴν τρήσει καὶ ῥαφῇ χρωμένην σύνθεσιν, ἧς ἡ πλείστη σκυτοτομική.

ΝΕ. ΣΩ. Πάνυ μὲν οὖν.

ΞΕ Καὶ τοίνυν τὴν τῶν ὁλοσχίστων σκεπασμάτων θεραπείαν δερματουργικὴν καὶ τὰς τῶν στεγασμάτων, ὅσαι τε ἐν οἰκοδομικῇ καὶ ὅλῃ τεκτονικῇ καὶ ἐν ἄλλαις τέχναις ῥευμάτων στεκτικαὶ γίγνονται, συμπάσας ἀφείλομεν, ὅσαι τε d
περὶ τὰς κλοπὰς καὶ τὰς βίᾳ πράξεις διακωλυτικὰ ἔργα παρέχονται τέχναι φραγμάτων, περί τε γένεσιν ἐπιθηματουργίας οὖσαι καὶ τὰς τῶν θυρωμάτων πήξεις, γομφωτικῆς ἀπονεμηθεῖσαι μόρια τέχνης· τήν τε ὁπλοποιικὴν ἀπετεμόμεθα, μεγάλης καὶ παντοίας τῆς προβλημα-

a 8 συλλογιζώμεθα W || b 2 μὲν om. Y || 7 ἐπανιτέον ἔοικεν W || 9 τὴν om. W || c 1 λινῶν B || πάντων : -α BW || 3 πιλιτικὴν Y πολι- T || 4 ante τρήσει add. τῇ BW || d 1 ὅσαι τε W : ὅσαι || 2 κλοπὰς W[1] : πλοκὰς || ἔργα *bis* W || 4 οὖσαι : ὅσαι T[1]Y || 5 ὁπλοποιητικὴν T.

et complexe industrie des moyens de défense ; nous avions,
e d'ailleurs, éliminé dès le début toute la partie de la magie qui a pour objets les antidotes, ne laissant ainsi, pouvions-nous croire, que l'art qui nous occupe, celui qui nous préserve des frimas en fabriquant des défenses de laine, et qui porte le nom de tissage.

SOCRATE LE JEUNE. — C'est ce qui paraît, en effet.

L'ÉTRANGER. — Mais nous ne sommes pas au bout de notre énumération, jeune homme. Car, lorsqu'on met la première main à la fabrication des vêtements, on a l'air de
281 a faire tout autre chose que tisser.

SOCRATE LE JEUNE. — Comment ?

L'ÉTRANGER. — Tisser, c'est bien, en somme, faire un entrelacement.

SOCRATE LE JEUNE. — Oui.

L'ÉTRANGER. — Par contre, ce dont nous parlons, c'est démêler ce qui était uni et pressé ensemble [1].

SOCRATE LE JEUNE. — De quoi parles-tu donc ?

L'ÉTRANGER. — De ce que fait l'art du cardeur. Ou bien oserons-nous appeler tissage le cardage, et dire que le cardeur est vraiment un tisseur ?

SOCRATE LE JEUNE. — Jamais de la vie.

L'ÉTRANGER. — Il en est de même, assurément, pour l'art qui fabrique la chaîne et la trame : l'appeler tissage serait
b parler contre la vraisemblance et contre la vérité [2].

SOCRATE LE JEUNE. — Sans aucun doute.

L'ÉTRANGER. — Eh quoi, déciderons-nous que le foulage, dans son ensemble, et le ravaudage n'ont rien à voir ni à faire au vêtement, ou bien dirons-nous que ce n'est toujours là que du tissage ?

SOCRATE LE JEUNE. — Nullement.

L'ÉTRANGER. — Et cependant, tous ces arts disputeront à l'art du tissage ce privilège de soigner et fabriquer les vêtements, et, tout en lui concédant la plus grosse part, en revendiqueront néanmoins une grande pour eux-mêmes.

1. Cf. *Soph.* 226 b, donnant, comme exemples de division et séparation, filtrer, cribler, vanner, trier, carder, démêler, tramer, etc.

2. Chaîne et trame se fabriquent en filant au fuseau (*infra*, 282 e); cp. Ar., *Lys.* 519, *Gren.* 183 (στήμονα νεῖν) ; Eupolis 319 (νῶσαι κροκήν). Leur fabrication ressortit donc à la νηστική (282 a).

τουργικῆς τμῆμα οὖσαν δυνάμεως· καὶ δὴ καὶ τὴν
μαγευτικὴν τὴν περὶ τὰ ἀλεξιφάρμακα κατ᾽ ἀρχὰς εὐθὺς e
διωρισάμεθα σύμπασαν, καὶ λελοίπαμεν, ὡς δόξαιμεν ἄν, αὐτὴν τὴν ζητηθεῖσαν ἀμυντικὴν χειμώνων, ἐρεοῦ προβλήματος ἐργαστικήν, ὄνομα δὲ ὑφαντικὴν λεχθεῖσαν.

ΝΕ. ΣΩ, Ἔοικε γὰρ οὖν.

ΞΕ. Ἀλλ᾽ οὐκ ἔστι πω τέλεον, ὦ παῖ, τοῦτο λελεγμένον.
Ὁ γὰρ ἐν ἀρχῇ τῆς τῶν ἱματίων ἐργασίας ἁπτόμενος
τοὐναντίον ὑφῇ δρᾶν φαίνεται. 281 a

ΝΕ. ΣΩ. Πῶς ;

ΞΕ. Τὸ μὲν τῆς ὑφῆς συμπλοκή τίς ἐστί που.

ΝΕ. ΣΩ. Ναί.

ΞΕ. Τὸ δέ γε τῶν συνεστώτων καὶ συμπεπιλημένων διαλυτική.

ΝΕ. ΣΩ. Τὸ ποῖον δή ;

ΞΕ. Τὸ τῆς τοῦ ξαίνοντος τέχνης ἔργον. Ἦ τὴν ξαντικὴν τολμήσομεν ὑφαντικὴν καὶ τὸν ξάντην ὡς ὄντα ὑφάντην καλεῖν ;

ΝΕ. ΣΩ. Οὐδαμῶς.

ΞΕ. Καὶ μὴν τήν γε αὖ στήμονος ἐργαστικὴν καὶ κρόκης
εἴ τις ὑφαντικὴν προσαγορεύει, παράδοξόν τε καὶ ψεῦδος
ὄνομα λέγει. b

ΝΕ. ΣΩ. Πῶς γὰρ οὔ ;

ΞΕ. Τί δέ ; κναφευτικὴν σύμπασαν καὶ τὴν ἀκεστικὴν πότερα μηδεμίαν ἐπιμέλειαν μηδέ τινα θεραπείαν ἐσθῆτος θῶμεν, ἢ καὶ ταύτας πάσας ὡς ὑφαντικὰς λέξομεν ;

ΝΕ. ΣΩ. Οὐδαμῶς.

ΞΕ. Ἀλλὰ μὴν τῆς γε θεραπείας ἀμφισβητήσουσιν αὗται σύμπασαι καὶ τῆς γενέσεως τῆς τῶν ἱματίων τῇ τῆς ὑφαντικῆς δυνάμει, μέγιστον μὲν μέρος ἐκείνῃ διδοῦσαι, μεγάλα δὲ καὶ σφίσιν αὐταῖς ἀπονέμουσαι.

e 3 ἐρεοῦ edd : ἐρέου || 5 γὰρ om. Y || 6 πω : που Y || ante λελεγμένον iter. τέλεον Y || 281 a 1 ὑφῇ in T erasum deinde restitutum i. m. || δρᾶν : δρᾷ W || 8 τοῦ om. T[1] || b 5 λέξομεν : ἐξ- W[1] || 7 γε om. W.

c SOCRATE LE JEUNE. — Assurément.

L'ETRANGER. — Après eux, les arts qui fabriquent les outils avec lesquels travaille le tissage[1] prétendront bien, il faut croire, être au moins causes auxiliaires de chaque tissu produit.

SOCRATE LE JEUNE. — C'est très juste.

L'ETRANGER. — La notion du tissage, de cette partie du tissage que nous avons choisie, sera-t-elle donc suffisamment déterminée si, parmi toutes les techniques relatives aux vêtements de laine, nous lui donnons d'emblée la place la plus belle et la plus importante[2] ? Ou bien ne serait-ce pas là dire
d quelque chose de vrai, mais qui n'éclaire ni ne conclut rien, tant que nous n'aurons pas écarté aussi toutes ces rivales ?

SOCRATE LE JEUNE. — C'est juste.

L'ETRANGER. — N'est-ce pas maintenant le moment de le faire, si nous voulons que notre discours ait une marche suivie ?

SOCRATE LE JEUNE. — Sans hésiter.

Causes propres et causes auxiliaires.

L'ETRANGER. — Considérons donc d'abord que tout ce qu'on produit est l'objet de deux arts.

SOCRATE LE JEUNE. — Lesquels ?

L'ETRANGER. — L'un est cause seulement auxiliaire de la production, l'autre en est la propre cause[3].

SOCRATE LE JEUNE. — Comment cela ?

e L'ETRANGER. — Tous les arts qui ne fabriquent pas la chose elle-même, mais fournissent à ceux qui la fabriquent les instruments sans lesquels aucun d'eux ne pourrait accomplir sa tâche propre, ces arts-là ne sont que des causes auxiliaires, alors que ceux qui créent la chose elle-même sont des causes.

SOCRATE LE JEUNE. — La distinction est bien fondée.

L'ETRANGER. — Par suite, ceux qui fournissent les fuseaux, les navettes et tous autres instruments concourant à la pro-

1. C'est le menuisier qui fait la navette (*Cratyle* 388 b), si elle n'est d'or (*Od.* V, 62).

2. Comme nous avons fait d'abord pour le roi (*supra*, 268 c).

3. Sur la cause auxiliaire, notion juridique commune comme la simple notion de cause (Esch., *Agam.* 1116, Démosth., *Pro cor.* 298, 25, etc.), cf. *infra*, 287 b/e, 289 ; *Timée* 46 c/e. Comparer *Philèbe* 27 a (la cause serve), *Phédon* 99 a/b (la condition).

ΝΕ. ΣΩ. Πάνυ γε. c

ΞΕ. Πρὸς τοίνυν ταύταις ἔτι τὰς τῶν ἐργαλείων δημιουργοὺς τέχνας, δι᾽ ὧν ἀποτελεῖται τὰ τῆς ὑφῆς ἔργα, δοκεῖν χρὴ τό γε συναιτίας εἶναι προσποιήσασθαι παντὸς ὑφάσματος.

ΝΕ. ΣΩ. Ὀρθότατα.

ΞΕ. Πότερον οὖν ἡμῖν ὁ περὶ τῆς ὑφαντικῆς λόγος, οὗ προειλόμεθα μέρους, ἱκανῶς ἔσται διωρισμένος, ἐὰν ἄρ᾽ αὐτὴν τῶν ἐπιμελειῶν ὁπόσαι περὶ τὴν ἐρεᾶν ἐσθῆτα, εἰς τὴν καλλίστην καὶ μεγίστην πασῶν τιθῶμεν· ἢ λέγοιμεν μὲν ἄν τι ἀληθές, οὐ μὴν σαφές γε οὐδὲ τέλεον, πρὶν ἂν d
καὶ ταύτας αὐτῆς πάσας περιέλωμεν;

ΝΕ. ΣΩ. Ὀρθῶς.

ΞΕ. Οὐκοῦν μετὰ ταῦτα ποιητέον ὃ λέγομεν, ἵν᾽ ἐφεξῆς ἡμῖν ὁ λόγος ἴῃ;

ΝΕ. ΣΩ. Πῶς δ᾽ οὔ;

ΞΕ. Πρῶτον μὲν τοίνυν δύο τέχνας οὔσας περὶ πάντα τὰ δρώμενα θεασώμεθα.

ΝΕ. ΣΩ. Τίνας;

ΞΕ. Τὴν μὲν γενέσεως οὖσαν συναίτιον, τὴν δ᾽ αὐτὴν αἰτίαν.

ΝΕ. ΣΩ. Πῶς;

ΞΕ. Ὅσαι μὲν τὸ πρᾶγμα αὐτὸ μὴ δημιουργοῦσι, ταῖς e
δὲ δημιουργούσαις ὄργανα παρασκευάζουσιν, ὧν μὴ παραγενομένων οὐκ ἄν ποτε ἐργασθείη τὸ προστεταγμένον ἑκάστῃ τῶν τεχνῶν, ταύτας μὲν συναιτίους, τὰς δὲ αὐτὸ τὸ πρᾶγμα ἀπεργαζομένας αἰτίας.

ΝΕ. ΣΩ. Ἔχει γοῦν λόγον.

ΞΕ. Μετὰ τοῦτο δὴ τὰς μὲν περί τε ἀτράκτους καὶ κερκίδας καὶ ὁπόσα ἄλλα ὄργανα τῆς περὶ τὰ ἀμφιέσματα

c 2 ἐργαλίων T || 4 γε edd. : τε || 9 εἰς : εἰσὶ W || 10 τὴν : γῆν B || καὶ μεγίστην om. W || d 1 ἂν Y : αὖ || 5 ὁ λόγος ἡμῖν W || 10 ante γενέσεως add. τῆς W.

duction du vêtement, nous les appellerons tous des auxiliaires, et ceux qui le traitent et le fabriquent directement, nous les nommerons causes ?

Socrate le Jeune. — En toute justice.

282 a L'Etranger. — Or, pour certains de ces arts-causes, lavage, ravaudage et tous autres soins relatifs au vêtement, nous aurons tout à fait le droit, puisque le domaine de l'apprêtage est si vaste, de les y faire rentrer tous ensemble pour en constituer une partie, qui s'appellera, d'un nom général, l'art du foulon.

Socrate le Jeune. — Bien.

L'Etranger. — Mais l'art de carder, l'art de filer, et toutes les opérations qui entrent dans ce que nous appelons la fabrication directe du vêtement, forment un art unique, universellement connu : l'art de travailler la laine[1].

Socrate le Jeune. — Sans conteste.

b L'Etranger. — Or, dans ce travail de la laine, il y a deux sections, et chacune d'elles est faite de la réunion de deux arts.

Socrate le Jeune. — Comment ?

L'Etranger. — Le cardage, la moitié de l'ouvrage que fait la navette, et toutes les opérations qui ont pour but de séparer ce qui était emmêlé, tout cela, pris en bloc, rentre bien dans ce qui est vraiment le travail de la laine, et nous avons toujours universellement distingué deux grands arts : l'art d'assembler et l'art de séparer.

Socrate le Jeune. — Oui.

L'Etranger. — Or, dans l'art de séparer rentrent le car-
c dage et toutes les opérations dont nous parlions, car le travail qui sépare les laines ou les fils et qui se fait ici avec la navette, là avec la main, s'appelle de tous les noms que nous venons de dire[2].

Socrate le Jeune. — Parfaitement.

L'Etranger. — Prenons maintenant, dans l'art d'assembler, une portion qui appartienne aussi au travail de la laine, et, quant aux portions de l'art de séparer que nous y

1. Ταλασία (racine τλα, peiner), le grand travail des femmes (*Lois*, 805 c).

2. La navette, conduisant les fils de la trame (les *duites*) entre les fils de la chaîne, divise et distingue « la trame et la chaîne confondues ensemble » (*Crat.*, 388 b). C'est le premier moment de la κερκιστική.

γενέσεως κοινωνεῖ, πάσας συναιτίους εἴπωμεν, τὰς δὲ αὐτὰ θεραπευούσας καὶ δημιουργούσας αἰτίας ;

ΝΕ. ΣΩ. Ὀρθότατα.

ΞΕ. Τῶν αἰτιῶν δὴ πλυντικὴν μὲν καὶ ἀκεστικὴν καὶ 282a
πᾶσαν τὴν περὶ ταῦτα θεραπευτικήν, πολλῆς οὔσης τῆς κοσμητικῆς, τοὐνταῦθα αὐτῆς μόριον εἰκὸς μάλιστα περιλαμβάνειν ὀνομάζοντας πᾶν τῇ τέχνῃ τῇ κναφευτικῇ.

ΝΕ. ΣΩ. Καλῶς.

ΞΕ. Καὶ μὴν ξαντικὴ γε καὶ νηστικὴ καὶ πάντα αὖ τὰ περὶ τὴν ποίησιν αὐτὴν τῆς ἐσθῆτος ἧς λέγομεν μέρη, μία τίς ἐστι τέχνη τῶν ὑπὸ πάντων λεγομένων, ἡ ταλασιουργική.

ΝΕ. ΣΩ. Πῶς γὰρ οὔ ;

ΞΕ. Τῆς δὴ ταλασιουργικῆς δύο τμήματά ἐστον, καὶ b
τούτοιν ἑκάτερον ἅμα δυοῖν πεφύκατον τέχναιν μέρη.

ΝΕ. ΣΩ. Πῶς ;

ΞΕ. Τὸ μὲν ξαντικὸν καὶ τὸ τῆς κερκιστικῆς ἥμισυ καὶ ὅσα τὰ συγκείμενα ἀπ' ἀλλήλων ἀφίστησι, πᾶν τοῦτο ὡς ἓν φράζειν τῆς τε ταλασιουργίας αὐτῆς ἐστί που, καὶ μεγάλα τινὲ κατὰ πάντα ἡμῖν ἤστην τέχνα, ἡ συγκριτική τε καὶ διακριτική.

ΝΕ. ΣΩ. Ναί.

ΞΕ. Τῆς τοίνυν διακριτικῆς ἥ τε ξαντικὴ καὶ τὰ νυνδὴ ῥηθέντα ἅπαντά ἐστιν· ἡ γὰρ ἐν ἐρίοις τε καὶ στήμοσι δια- c
κριτική, κερκίδι μὲν ἄλλον τρόπον γιγνομένη, χερσὶ δὲ ἕτερον, ἔσχεν ὅσα ἀρτίως ὀνόματα ἐρρήθη.

ΝΕ. ΣΩ. Πάνυ μὲν οὖν.

ΞΕ. Αὖθις δὴ πάλιν συγκριτικῆς μόριον ἅμα καὶ ταλασιουργίας ἐν αὐτῇ γιγνόμενον λάβωμεν· ὅσα δὲ τῆς

e 9 εἴπομεν W || **282 a** 3 κοσμητικῆς : ex κοσμιοτητ- fecit κοσμιότητος Y || 4 πᾶν τῇ BW : πάντῃ || 6 ξαντικὴ... νηστικὴ Steph. : -ήν, -ὴν || γε : τε BW || **b** 6 τε om. W || ἐστὶν αὐτῆς που W || 8 τε om. W || **c** 6 ante ταλασιουργίας add. τῆς W.

avons trouvées, laissons-les toutes de côté, partageant ainsi le travail de la laine en ses deux sections : celle où l'on sépare et celle où l'on assemble[1].

SOCRATE LE JEUNE. — Soit donc faite la division.

L'ETRANGER. — Maintenant, cette part d'assemblage
comprise dans le travail de la laine, il faut la diviser à son
d tour, Socrate, si nous voulons appréhender parfaitement le-
dit art du tissage.

SOCRATE LE JEUNE. — Il le faut donc.

L'ETRANGER. — Bien certainement, et nous dirons qu'elle a pour œuvre ou bien de tordre ou bien d'entrelacer.

SOCRATE LE JEUNE. — Ai-je bien compris ? Car, à ce que je crois, c'est à la confection du fil de la chaîne que tu penses en parlant de torsion.

L'ETRANGER. — Pas seulement du fil de la chaîne, mais aussi de celui de la trame. Ou bien trouverions-nous un moyen de fabriquer celui-ci sans le tordre[2] ?

SOCRATE LE JEUNE. — Aucun.

e L'ETRANGER. — Analyse donc en détail chacune de ces
opérations : peut-être, en effet, une telle analyse t'apporte-
rait-elle un secours opportun.

SOCRATE LE JEUNE. — Comment la faire ?

L'ETRANGER. — Comme ceci : parmi les produits du cardage, il en est un qui a longueur et largeur, et que nous appelons filasse ?

SOCRATE LE JEUNE. — Oui.

L'ETRANGER. — Eh bien, quand on la tourne au fuseau et qu'on en fait un fil solide, tu diras que c'est là le fil de la chaîne et que l'art qui dirige cette opération est l'art de fabriquer la chaîne.

SOCRATE LE JEUNE. — Bien.

L'ETRANGER. — Mais tous les brins qui ne forment que des fils floches et qui ont juste ce qu'il faut de moelleux pour s'entrelacer dans la chaîne et résister aux tractions de l'ap-

1. La partie « séparante » de ce travail est donc : 1° le cardage, 2° le passage de la navette à travers la chaîne. La partie assemblante est : 1° la fabrication des fils par torsion des brins, 2° le croisement de la chaîne et de la trame.

2. Lucien dira : « tordre la trame, κρόκην στρέφειν » (*Fug.* 12). Le fil du destin, tordu une troisième fois par Atropos, est irréversible (*Rép.* 620 e, *Lois* 960 c).

διακριτικῆς ἦν αὐτόθι, μεθιῶμεν σύμπαντα, δίχα τέμνοντες τὴν ταλασιουργίαν διακριτικῷ τε καὶ συγκριτικῷ τμήματι.

ΝΕ. ΣΩ. Διῃρήσθω.

ΞΕ. Τὸ συγκριτικὸν τοίνυν αὖ σοι καὶ ταλασιουργικὸν
ἅμα μόριον, ὦ Σώκρατες, διαιρετέον, εἴπερ ἱκανῶς μέλ- d
λομεν τὴν προρρηθεῖσαν ὑφαντικὴν αἱρήσειν.

ΝΕ. ΣΩ. Οὐκοῦν χρή.

ΞΣ. Χρὴ μὲν οὖν· καὶ λέγωμέν γε αὐτῆς τὸ μὲν εἶναι στρεπτικόν, τὸ δὲ συμπλεκτικόν.

ΝΕ. ΣΩ. Ἆρ᾽ οὖν μανθάνω ; δοκεῖς γάρ μοι τὸ περὶ τὴν τοῦ στήμονος ἐργασίαν λέγειν στρεπτικόν.

ΞΕ. Οὐ μόνον γε, ἀλλὰ καὶ κρόκης· ἤ γένεσιν ἄστροφόν τινα αὐτῆς εὑρήσομεν ;

ΝΕ. ΣΩ. Οὐδαμῶς.

ΞΕ. Διόρισαι δὴ καὶ τούτοιν ἑκάτερον· ἴσως γὰρ ὁ e
διορισμὸς ἔγκαιρος ἄν σοι γένοιτο.

ΝΕ. ΣΩ. Πῇ ;

ΞΕ. Τῇδε· τῶν περὶ ξαντικὴν ἔργων μηκυνθέν τε καὶ σχὸν πλάτος λέγομεν εἶναι κάταγμά τι ;

ΝΕ. ΣΩ. Ναί.

ΞΕ. Τούτου δὴ τὸ μὲν ἀτράκτῳ τε στραφὲν καὶ στερεὸν νῆμα γενόμενον στήμονα μὲν φάθι τὸ νῆμα, τὴν δὲ ἀπευθύνουσαν αὐτὸ τέχνην εἶναι στημονονητικήν.

ΝΕ. ΣΩ. Ὀρθῶς.

ΞΕ. Ὅσα δέ γε αὖ τὴν μὲν συντροφὴν χαύνην λαμβάνει, τῇ δὲ τοῦ στήμονος ἐμπλέξει πρὸς τὴν τῆς γνάψεως ὁλκὴν ἐμμέτρως τὴν μαλακότητα ἴσχει, ταῦτ᾽ ἄρα κρόκην

c 7 μεθιῶμεν (uel -θῶμεν) Hermann : μετί- || 8 τε om. YW || d 4 λεγομέν W || 9 τινα ἄστροφον T^1 || e 1 δὴ : δὲ T^1 || 2 ὁ διορισμός : ὅδ᾽ ὁρ- T || 4 μηκυνθέν τε : -θέντες B || 5 post εἶναι add. που W || 7 τε om. W || 9 αὐτὸ : αὐτὰ BT || στημονονητικὴν : -μονηστι- T -μονονηστι- (sed νη uel ονη ex corr.) W || 11 αὖ τὴν : αὐτὴν B || μὲν om. Y || 12 τῆς γνάψεως (γνάμψ Y) : τοῦ κναφέως W.

prêtage, disons que ce sont là les fils de la trame, et que l'art qui préside à leur arrangement a pour but la fabrique
283 a de la trame.

Socrate le Jeune. — Très bien.

L'Etranger. — Voilà donc la partie du tissage qui nous intéressait parfaitement éclaircie désormais. Lorsqu'en effet l'opération d'assemblage qui rentre comme partie dans le travail de la laine a croisé la chaîne et la trame de façon à former un tissu, nous donnons, à l'ensemble du tissu, le nom de vêtement de laine, et, à l'art qui le produit, le nom de tissage.

Socrate le Jeune. — Très bien.

L'Etranger. — Eh bien, mais alors, que ne répondions-
b nous tout de suite : « Le tissage est l'art d'entrelacer la chaîne et la trame », au lieu de tourner ainsi en cercle et de faire un tas de distinctions inutiles ?

Socrate le Jeune. — Pour mon compte, étranger, je ne vois rien d'inutile en ce que nous avons dit.

La mesure relative et la juste mesure [1].

L'Etranger. — Cela ne m'étonne point ; mais, mon ami, d'aucuns pourraient en voir. Au cas, très supposable, où une maladie comme la leur pourrait te prendre plus tard — cela n'aurait rien d'étonnant — écoute : voici des considérations
c qui conviennent dans toutes les questions de ce genre.

Socrate le Jeune. — Explique-toi.

L'Etranger. — Examinons d'abord, d'une façon générale, l'excès et le défaut ; nous aurons ainsi une règle pour louer ou blâmer à l'occasion ce qu'on aura dit de trop long ou de trop court en des entretiens comme les nôtres.

Socrate le Jeune. — Alors, examinons.

L'Etranger. — Or, c'est, je pense, à ces choses-là même qu'il serait juste d'appliquer les considérations dont je parle.

Socrate le Jeune. — A quelles choses ?

L'Etranger. — A la longueur, à la brièveté, à tout ce
d qui est excès ou défaut ; car c'est à tout cela, je crois, que s'applique l'art de la mesure.

1. La distinction de la chaîne et de la trame et leur assemblage par le tisserand préparent la définition du Roi, grand assembleur (305 e sq.). La juste mesure, présentée ici comme digression, est en réalité l'unique visée de cet art conciliateur, qui fuit tout absolu (*infra*, 294 a sq.).

μὲν τὰ νηθέντα, τὴν δὲ ἐπιτεταγμένην αὐτοῖς εἶναι τέχνην τὴν κροκονητικὴν φῶμεν. 283 a

ΝΕ. ΣΩ. Ὀρθότατα.

ΞΕ. Καὶ μὴν τό γε τῆς ὑφαντικῆς μέρος ὃ προυθέμεθα, παντί που δῆλον ἤδη. Τὸ γὰρ συγκριτικῆς τῆς ἐν ταλασιουργίᾳ μόριον ὅταν εὐθυπλοκίᾳ κρόκης καὶ στήμονος ἀπεργάζηται πλέγμα, τὸ μὲν πλεχθὲν σύμπαν ἐσθῆτα ἐρεᾶν, τὴν δ' ἐπὶ τούτῳ τέχνην οὖσαν προσαγορεύομεν ὑφαντικήν.

ΝΕ. ΣΩ. Ὀρθότατα.

ΞΕ. Εἶεν· τί δή ποτε οὖν οὐκ εὐθὺς ἀπεκρινάμεθα
πλεκτικὴν εἶναι κρόκης καὶ στήμ^νος ὑφαντικήν, ἀλλὰ b
περιήλθομεν ἐν κύκλῳ πάμπολλα διοριζόμενοι μάτην ;

ΝΕ. ΣΩ. Οὔκουν ἔμοιγε, ὦ ξένε, μάτην οὐδὲν τῶν ῥηθέντων ἔδοξε ῥηθῆναι.

ΞΕ. Καὶ θαυμαστόν γε οὐδέν· ἀλλὰ τάχ' ἄν, ὦ μακάριε, δόξειε. Πρὸς δὴ τὸ νόσημα τὸ τοιοῦτον, ἂν ἄρα πολλάκις ὕστερον ἐπίῃ — θαυμαστὸν γὰρ οὐδὲν — λόγον ἄκουσόν
τινα προσήκοντα περὶ πάντων τῶν τοιούτων ῥηθῆναι. c

ΝΕ. ΣΩ. Λέγε μόνον.

ΞΕ. Πρῶτον τοίνυν ἴδωμεν πᾶσαν τήν τε ὑπερβολὴν καὶ τὴν ἔλλειψιν, ἵνα κατὰ λόγον ἐπαινῶμεν καὶ ψέγωμεν τὰ μακρότερα τοῦ δέοντος ἑκάστοτε λεγόμενα καὶ τἀναντία περὶ τὰς τοιάσδε διατριβάς.

ΝΕ. ΣΩ. Οὐκοῦν χρή.

ΞΕ. Περὶ δὴ τούτων αὐτῶν ὁ λόγος ἡμῖν, οἶμαι, γιγνόμενος ὀρθῶς ἂν γίγνοιτο.

ΝΕ. ΣΩ. Τίνων ;

ΞΕ. Μήκους τε πέρι καὶ βραχύτητος καὶ πάσης ὑπερ-
οχῆς τε καὶ ἐλλείψεως· ἡ γάρ που μετρητικὴ περὶ πάντ' d
ἐστὶ ταῦτα.

283 a 1 τὴν om. W || κροκονητικὴν : -νηστ- W || 3 γε : τε Y || 10 οὖν οὐκ : οὐκοῦν οὐκ B || **c** 3 ἴδωμεν W^1 : εἰδῶμεν || 6 τοιάσδε : τοιαύτας TY || 11 ὑπεροχῆς : ὑπερβολῆς W^1 || **d** 1 τε om. Y.

SOCRATE LE JEUNE. — Oui.

L'ETRANGER. — Divisons donc cet art en deux parties : une telle division est nécessaire au dessein qui nous presse.

SOCRATE LE JEUNE. — Veuille dire sur quoi elle se fondera.

L'ETRANGER. — Sur ceci : d'une part, la relation qu'ont l'une à l'autre la grandeur et la petitesse; d'autre part, les nécessités essentielles du devenir[1].

SOCRATE LE JEUNE. — Que veux-tu dire?

L'ETRANGER. — N'es-tu pas d'avis que le plus grand ne se doit naturellement dire tel que par rapport au plus petit, et
e le plus petit que par rapport au plus grand, exclusivement?

SOCRATE LE JEUNE. — Certes, oui.

L'ETRANGER. — Eh quoi, ce qui dépasse le niveau du mesuré ou lui reste inférieur, soit dans notre discours, soit dans la réalité, n'est-ce pas vraiment là, d'après nous, ce qui marque le mieux la différence entre les bons et les méchants?

SOCRATE LE JEUNE. — Apparemment.

L'ETRANGER. — Nous voilà donc contraints d'admettre, pour le grand et le petit, deux modes d'existence et deux jauges : il ne faut point, en effet, nous en tenir, comme nous le faisions tout à l'heure, à leur rapport mutuel, mais plutôt distinguer, comme nous le faisons maintenant, d'une part le rapport qu'ils ont l'un à l'autre, et, d'autre part, celui qu'ils ont à la juste mesure. Le pourquoi, voulons-nous le savoir?

SOCRATE LE JEUNE. — Et comment!

284 a L'ETRANGER. — Refuser, à la nature du plus grand, tout rapport autre qu'avec la nature du plus petit, ne sera-ce pas l'exclure de tout rapport avec la juste mesure?

SOCRATE LE JEUNE — Si.

L'ETRANGER. — N'allons-nous pas ruiner, par une telle prétention, les arts et tout ce qu'ils produisent, et abolir en outre la politique même que nous cherchons à définir et cet art de tissage que nous venons d'étudier? Car on peut dire

1. Nous, modernes, dirions « la loi de toute création », et c'est exactement ce que Platon veut dire. Cf. *Philèbe* 26 d le rôle du πέρας dans la γένεσις εἰς οὐσίαν, 64 e et *passim* μετριότης καὶ συμμετρία. La création du monde lui-même est soumise à cette loi.

ΝΕ. ΣΩ. Ναί.

ΞΕ. Διέλωμεν τοίνυν αὐτὴν δύο μέρη· δεῖ γὰρ δὴ πρὸς ὃ νῦν σπεύδομεν.

ΝΕ. ΣΩ. Λέγοις ἂν τὴν διαίρεσιν ὅπῃ.

ΞΕ. Τῇδε· τὸ μὲν κατὰ τὴν πρὸς ἄλληλα μεγέθους καὶ σμικρότητος κοινωνίαν, τὸ δὲ κατὰ τὴν τῆς γενέσεως ἀναγκαίαν οὐσίαν.

ΝΕ. ΣΩ. Πῶς λέγεις;

ΞΕ. Ἆρ' οὐ κατὰ φύσιν δοκεῖ σοι τὸ μεῖζον μηδενὸς ἑτέρου δεῖν μεῖζον λέγειν ἢ τοῦ ἐλάττονος, καὶ τοὔλαττον
αὖ τοῦ μείζονος ἔλαττον, ἄλλου δὲ μηδενός; e

ΝΕ. ΣΩ. Ἔμοιγε.

ΞΕ. Τί δέ; τὸ τὴν τοῦ μετρίου φύσιν ὑπερβάλλον καὶ ὑπερβαλλόμενον ὑπ' αὐτῆς ἐν λόγοις εἴτε καὶ ἐν ἔργοις ἆρ' οὐκ αὖ λέξομεν ὡς ὄντως γιγνόμενον, ἐν ᾧ καὶ διαφέρουσι μάλιστα ἡμῶν οἵ τε κακοὶ καὶ ἀγαθοί;

ΝΕ. ΣΩ. Φαίνεται.

ΞΕ. Διττὰς ἄρα ταύτας οὐσίας καὶ κρίσεις τοῦ μεγάλου καὶ τοῦ σμικροῦ θετέον, ἀλλ' οὐχ ὡς ἔφαμεν ἄρτι πρὸς ἄλληλα μόνον δεῖν, ἀλλ' ὥσπερ νῦν εἴρηται μᾶλλον τὴν μὲν πρὸς ἄλληλα λεκτέον, τὴν δ' αὖ πρὸς τὸ μέτριον· οὗ δὲ ἕνεκα, μαθεῖν ἆρ' ἂν βουλοίμεθα;

ΝΕ. ΣΩ. Τί μήν;

ΞΕ. Εἰ πρὸς μηδὲν ἕτερον τὴν τοῦ μείζονος ἐάσει τις 284 a
φύσιν ἢ πρὸς τοὔλαττον, οὐκ ἔσται ποτὲ πρὸς τὸ μέτριον· ἢ γάρ;

ΝΕ. ΣΩ. Οὕτως.

ΞΕ. Οὐκοῦν τὰς τέχνας τε αὐτὰς καὶ τἆργα αὐτῶν σύμπαντα διολοῦμεν τούτῳ τῷ λόγῳ, καὶ δὴ καὶ τὴν ζητουμένην νῦν πολιτικὴν καὶ τὴν ῥηθεῖσαν ὑφαντικὴν

d 9 ante κατὰ add. τὸ T || τὴν om. Y || **e** 1 αὖ : ἀντὶ B || 3 τὸ om. Y || 4 ἐν ἔργοις : ἐνέρ- W || 5 ὄντως : -ος Y || 6 ante ἀγαθοί add. οἱ B || 9 ὡς οὐχ W¹ || 10 ἄλληλα : ἄλλα W || 12 καταμαθεῖν W || ἂν : οὖν W¹ || **284 a** 6 διολοῦμεν Bekker : διε- || 7 νῦν ζητουμένην TY.

que, pour tous ces arts, ce qui serait en-deçà ou au delà de la juste mesure n'est point une chose irréelle ; c'est, au contraire, une réalité fâcheuse, qu'ils veillent à écarter de leurs produc-
b tions, et c'est en préservant ainsi la mesure qu'ils assurent la bonté et la beauté de leurs œuvres.

Socrate le Jeune. — N'est-ce pas évident?

L'Etranger. — Abolir la politique, ne serait-ce pas fermer toute issue à notre enquête sur la science royale?

Socrate le Jeune. — Assurément.

L'Etranger. — Allons-nous donc faire comme dans la question du Sophiste, où nous avons contraint le non-être à être parce que cette existence était l'unique refuge de notre raisonnement[1], et contraindrons-nous cette fois le plus et le moins à devenir commensurables non seulement l'un à l'autre,
c mais aussi à la juste mesure qu'il faut produire? Car il est certainement impossible de mettre hors de toute contestation l'existence du politique ou de toute autre compétence en matière d'action, si l'on ne nous accorde ce point.

Socrate le Jeune. — En ce cas, autant que possible, faisons de même dans la question présente.

L'Etranger. — Ce sera, cette fois, plus laborieux encore, Socrate — et pourtant, de quelle longueur ce fut alors, nous nous le rappelons — mais voici, à ce propos, une prévision qu'on peut émettre en toute justice.

Socrate le Jeune. — Laquelle?

d L'Etranger. — Que le principe dont nous parlons nous sera nécessaire un jour pour montrer ce qu'est l'exactitude en soi[2]. Mais, en nous en tenant à ce qui, pour notre propos actuel, est bien et suffisamment prouvé, nous trouvons, je crois, un secours magnifique dans ce raisonnement, qui déclare également certaines les deux assertions, d'une part, que tous les arts sont des réalités, et, de l'autre, que le grand et le petit s'évaluent non seulement par leur rapport mutuel, mais aussi par rapport à la production de la juste mesure.

1. Cf. *Soph.* 241 d/e : ou renoncer à définir le sophiste comme fabricant d'illusions, ou se décider à réfuter Parménide et affirmer le non-être.

2. Au-dessus de la région du mixte, où règne la μετριότης, est celle de l'être pur et immuable, objet d'ἀκριβεστάτη ἀλήθεια (*Phil.* 59 a). A moins qu'avec Ast on ne remplace τἀκριβὲς par ἀκριβῆ, pour lire : « Cette longueur... nous sera nécessaire un jour pour une démonstration rigoureuse. »

ἀφανιοῦμεν ; ἅπασαι γὰρ αἵ τοιαῦταί που τὸ τοῦ μετρίου πλέον καὶ ἔλαττον οὐχ ὡς οὐκ ὄν, ἀλλ᾽ ὡς ὂν χαλεπὸν περὶ τὰς πράξεις παραφυλάττουσι, καὶ τούτῳ δὴ τῷ τρόπῳ τὸ μέτρον σῴζουσαι πάντα ἀγαθὰ καὶ καλὰ ἀπεργάζονται. b

ΝΕ. ΣΩ. Τί μήν ;

ΞΕ. Οὐκοῦν ἂν τὴν πολιτικὴν ἀφανίσωμεν, ἄπορος ἡμῖν ἡ μετὰ τοῦτο ἔσται ζήτησις τῆς βασιλικῆς ἐπιστήμης ;

ΝΕ ΣΩ. Καὶ μάλα.

ΞΕ. Πότερον οὖν, καθάπερ ἐν τῷ σοφιστῇ προσηναγκάσαμεν εἶναι τὸ μὴ ὄν, ἐπειδὴ κατὰ τοῦτο διέφυγεν ἡμᾶς ὁ λόγος, οὕτω καὶ νῦν τὸ πλέον αὖ καὶ ἔλαττον μετρητὰ προσαναγκαστέον γίγνεσθαι μὴ πρὸς ἄλληλα μόνον, ἀλλὰ καὶ πρὸς τὴν τοῦ μετρίου γένεσιν ; οὐ γὰρ δὴ δυνατόν γε c
οὔτε πολιτικὸν οὔτ᾽ ἄλλον τινὰ τῶν περὶ τὰς πράξεις ἐπιστήμονα ἀναμφισβητήτως γεγονέναι τούτου μὴ συνομολογηθέντος.

ΝΕ. ΣΩ. Οὐκοῦν καὶ νῦν ὅτι μάλιστα χρὴ ταὐτὸν ποιεῖν.

ΞΕ. Πλέον, ὦ Σώκρατες, ἔτι τοῦτο τὸ ἔργον ἢ ᾽κεῖνο — καίτοι κἀκείνου γε μεμνήμεθα τὸ μῆκος ὅσον ἦν — ἀλλ᾽ ὑποτίθεσθαι μὲν τὸ τοιόνδε περὶ αὐτῶν καὶ μάλα δίκαιον.

ΝΕ. ΣΩ. Τὸ ποῖον ;

ΞΕ. Ὥς ποτε δεήσει τοῦ νῦν λεχθέντος πρὸς τὴν περὶ d
αὐτὸ τἀκριβὲς ἀπόδειξιν. Ὅτι δὲ πρὸς τὰ νῦν καλῶς καὶ ἱκανῶς δείκνυται, δοκεῖ μοι βοηθεῖν μεγαλοπρεπῶς ἡμῖν οὗτος ὁ λόγος, ὡς ἄρα ἡγητέον ὁμοίως τὰς τέχνας πάσας εἶναι, μεῖζόν τε ἅμα καὶ ἔλαττον μετρεῖσθαι μὴ πρὸς ἄλληλα μόνον ἀλλὰ καὶ πρὸς τὴν τοῦ μετρίου γένεσιν. Τούτου τε γὰρ ὄντος ἐκεῖνα ἔστι, κἀκείνων οὐσῶν ἔστι

a 9 ὂν ante χαλεπὸν om. Y || b 1 μέτρον : -ιον TW || 7 τοῦτο : -ον TY || 9 προσαναγκαστέα W || c 1 γε om. W || 2 πολιτικόν γε TY || τῶν T : τόν || 7 τὸ om. W || d 2 ante αὐτὸ add. τὸ Y || τἀκριβὲς : ἀκριβῆ ? Ast || 5 τε edd. : τι || 7 τούτου : του W^1.

Car, si ce dernier rapport existe, les arts existent aussi, et, si les arts existent, ce rapport existe ; mais, que l'une de ces existences soit abolie, l'autre est à jamais impossible.

e Socrate le Jeune. — C'est juste. Mais, après ?

L'Etranger. — Evidemment, pour diviser la métrétique de la façon que nous disions, nous n'aurions qu'à y distinguer les sections suivantes : nous mettrions, d'une part, tous les arts pour qui le nombre, les longueurs, profondeurs, largeurs, épaisseurs, se mesurent à leurs contraires, et, de l'autre, tous ceux qui se refèrent à la juste mesure, à ce qui est convenable, opportun, requis, à tout ce qui tient le milieu entre les extrêmes.

Socrate le Jeune. — Voilà, certes, deux vastes sections, et qui diffèrent grandement l'une de l'autre.

L'Etranger. — Au fait, Socrate, ce mot que beaucoup
285 a d'hommes d'esprit se plaisent à répéter comme une profonde maxime, que la science de la mesure s'applique à tout ce qui devient[1], nous sommes précisément en train de le redire. La mesure, en effet, tous les œuvres de l'art y participent en quelque façon. Mais les gens ne sont pas habitués à diviser les choses par espèces[2] pour les étudier ; aussi, quelque différentes que soient ces sortes de mesure, ils les identifient tout de suite sous prétexte qu'ils les jugent semblables, et font, pour d'autres choses, tout le contraire, parce qu'ils ne les divisent pas en leurs parties, alors que la bonne règle serait, lorsqu'on s'est aperçu qu'un certain nombre de choses ont
b quelque communauté, de ne pas les quitter avant d'avoir distingué, au sein de cette communauté, toutes les différences qui constituent les espèces, et, quant aux dissemblances de toute sorte que l'on peut apercevoir dans une multitude, de ne pas pouvoir s'en décourager et s'en déprendre avant qu'on ait enclos, dans une similitude unique, tous les traits de parenté qu'elles cachent et qu'on les ait enveloppés dans l'essence d'un genre. Mais c'en est assez là-dessus, aussi bien que sur les défauts et les excès : observons seulement que

1. « Beaucoup d'hommes d'esprit » est une expression trop générale pour que nous l'appliquions avec Campbell aux seuls Pythagoriciens. Platon y est compris lui-même (*Protag.* 356/7). C'est un étranger qui parle.

2. Cf. *Rép.* 454 a, *Phèdre* 265 e, 273 e ; cp. *Mém.* IV, 2, 13 ; 5, 11/2, διαλέγοντας κατὰ γένη.

καὶ τοῦτο, μὴ δὲ ὄντος ποτέρου τούτων οὐδέτερον αὐτῶν ἔσται ποτέ.

ΝΕ. ΣΩ. Τοῦτο μὲν ὀρθῶς· ἀλλὰ τί δὴ τὸ μετὰ τοῦτο ; e

ΞΕ. Δῆλον ὅτι διαιροῖμεν ἂν τὴν μετρητικήν, καθάπερ ἐρρήθη, ταύτῃ δίχα τέμνοντες, ἓν μὲν τιθέντες αὐτῆς μόριον συμπάσας τέχνας ὁπόσαι τὸν ἀριθμὸν καὶ μήκη καὶ βάθη καὶ πλάτη καὶ παχύτητας πρὸς τοὐναντίον μετροῦσιν, τὸ δὲ ἕτερον, ὁπόσαι πρὸς τὸ μέτριον καὶ τὸ πρέπον καὶ τὸν καιρὸν καὶ τὸ δέον καὶ πάνθ᾽ ὁπόσα εἰς τὸ μέσον ἀπῳκίσθη τῶν ἐσχάτων.

ΝΕ. ΣΩ. Καὶ μέγα γε ἑκάτερον τμῆμα εἶπες, καὶ πολὺ διαφέρον ἀλλήλοιν.

ΞΕ. Ὃ γὰρ ἐνίοτε, ὦ Σώκρατες, οἰόμενοι δή τι σοφὸν φράζειν πολλοὶ τῶν κομψῶν λέγουσιν, ὡς ἄρα μετρητικὴ 285 a
περὶ πάντ᾽ ἐστὶ τὰ γιγνόμενα, τοῦτ᾽ αὐτὸ τὸ νῦν λεχθὲν ὂν τυγχάνει. Μετρήσεως μὲν γὰρ δή τινα τρόπον πάνθ᾽ ὁπόσα ἔντεχνα μετείληφεν· διὰ δὲ τὸ μὴ κατ᾽ εἴδη συνειθίσθαι σκοπεῖν διαιρουμένους ταῦτά τε τοσοῦτον διαφέροντα συμβάλλουσιν εὐθὺς εἰς ταὐτὸν ὅμοια νομίσαντες, καὶ τοὐναντίον αὖ τούτου δρῶσιν ἕτερα οὐ κατὰ μέρη διαιροῦντες, δέον, ὅταν μὲν τὴν τῶν πολλῶν τις πρότερον αἴσθηται κοινωνίαν, μὴ προαφίστασθαι πρὶν ἂν ἐν αὐτῇ b
τὰς διαφορὰς ἴδῃ πάσας ὁπόσαιπερ ἐν εἴδεσι κεῖνται, τὰς δὲ αὖ παντοδαπὰς ἀνομοιότητας, ὅταν ἐν πλήθεσιν ὀφθῶσιν, μὴ δυνατὸν εἶναι δυσωπούμενον παύεσθαι πρὶν ἂν σύμπαντα τὰ οἰκεῖα ἐντὸς μιᾶς ὁμοιότητος ἕρξας γένους τινὸς οὐσίᾳ περιβάληται. Ταῦτα μὲν οὖν ἱκανῶς περί τε τούτων καὶ περὶ τῶν ἐλλείψεων καὶ ὑπερβολῶν εἰρήσθω· φυλάττωμεν δὲ μόνον ὅτι δύο γένη περὶ αὐτὰ

d 8 τοῦτο edd. : ταῦτα || **e** 1 τὸ μεταταῦτα W¹ || 5 παχύτητας : ταχυτῆτας T || 10 ἀλλήλων W¹ || **285 a** 2 πάντ' ἐστὶ : πάντα τι W¹ ut uid. || 4 κατείδη W || **b** 2 ἴδῃ : εἴδῃ T εἰδῇ Y || 5 οἰκειότητος T² || 6 περιβάληται T : -βάλληται BW -βάλλῃ Y.

c nous y avons trouvé deux genres de métrétique et rappelons-nous les caractères que nous leur avons attribués.

SOCRATE LE JEUNE. — Nous ne les oublierons pas.

La vraie norme : le gain dialectique.

L'ETRANGER. — Ce propos achevé, accueillons-en un autre, qui touche non seulement à la question présente, mais à tous les entretiens que suscite ce genre de discussions.

SOCRATE LE JEUNE. — De quoi s'agit-il ?

L'ETRANGER. — Suppose qu'on nous fasse cette question : dans les classes où l'on apprend à lire, quand on demande à quelqu'un de quelles lettres est fait tel ou tel mot, ne le fait-on
d ainsi chercher que pour l'amener à résoudre ce problème particulier, ou bien pour le rendre plus apte à résoudre tous les problèmes possibles de grammaire [1] ?

SOCRATE LE JEUNE. — Tous les problèmes possibles, évidemment.

L'ETRANGER. — Que dirons-nous alors de notre enquête au sujet du politique ? Est-ce directement par intérêt pour lui que nous nous la sommes imposée, ou bien est-ce pour devenir meilleurs dialecticiens sur tous les sujets possibles ?

SOCRATE LE JEUNE. — Ici encore, évidemment, pour la formation générale.

L'ETRANGER. — D'ailleurs, on peut bien le dire, se mettre en quête d'une définition du tissage par amour pour le tissage lui-même, aucun homme de bon sens n'y consentirait.
e Mais il y a, je crois, une chose que le vulgaire ignore : certaines réalités ont leurs ressemblances naturelles, faciles à découvrir, en des objets qui parlent aux sens, et il n'est pas du tout malaisé de les faire voir à ceux qui demandent une explication, quand on veut la leur donner sans s'embarrasser de raisons, en toute facilité; mais les réalités les plus grandes
286 a et les plus précieuses n'ont point d'images créées pour en donner aux hommes l'intuition claire, images qu'on exhiberait lorsqu'on voudrait repaître l'âme qui vous interroge, et qu'il suffirait d'approprier à tel ou tel sens pour assouvir sa curiosité [2]. Aussi faut-il s'exercer à savoir rendre raison de chaque chose et en entendre raison ; car les réalités incorporelles, qui sont les plus belles et les plus grandes, ne se

1. Cp. Descartes, *Regula I*; Malebranche, *Recherche*, VI, 2, 1.
2. Cf. *supra*, 277 c. « Images » du monde visible, *Timée* 40 d.

ἐξηύρηται τῆς μετρητικῆς, καὶ ἃ φαμεν αὖτ᾽ εἶναι c
μεμνώμεθα.

ΝΕ. ΣΩ. Μεμνησόμεθα.

ΞΕ. Μετὰ τοῦτον δὴ τὸν λόγον ἕτερον προσδεξώμεθα περὶ αὐτῶν τε τῶν ζητουμένων καὶ περὶ πάσης τῆς ἐν τοῖς τοιοῖσδε λόγοις διατριβῆς.

ΝΕ. ΣΩ. Τὸ ποῖον ;

ΞΕ. Εἴ τις ἀνέροιτο ἡμᾶς τὴν περὶ γράμματα συνουσίαν τῶν μανθανόντων, ὁπόταν τις ὁτιοῦν ὄνομα ἐρωτηθῇ τίνων ἐστὶ γραμμάτων, πότερον αὐτῷ τότε φῶμεν γίγνεσθαι τὴν ζήτησιν ἑνὸς ἕνεκα μᾶλλον τοῦ προβλη- d
θέντος ἢ τοῦ περὶ πάντα τὰ προβαλλόμενα γραμματικωτέρῳ γίγνεσθαι ;

ΝΕ. ΣΩ. Δῆλον ὅτι τοῦ περὶ ἅπαντα.

ΞΕ. Τί δ᾽ αὖ νῦν ἡμῖν ἡ περὶ τοῦ πολιτικοῦ ζήτησις ; ἕνεκα αὐτοῦ τούτου προβέβληται μᾶλλον ἢ τοῦ περὶ πάντα διαλεκτικωτέροις γίγνεσθαι ;

ΝΕ. ΣΩ. Καὶ τοῦτο δῆλον ὅτι τοῦ περὶ πάντα.

ΞΕ. Ἦ που τὸν τῆς ὑφαντικῆς γε λόγον αὐτῆς ταύτης ἕνεκα θηρεύειν οὐδεὶς ἂν ἐθελήσειεν νοῦν ἔχων· ἀλλ᾽ οἶμαι τοὺς πλείστους λέληθεν ὅτι τοῖς μὲν τῶν ὄντων ῥᾳδίως
καταμαθεῖν αἰσθηταί τινες ὁμοιότητες πεφύκασιν, ἃς οὐδὲν e
χαλεπὸν δηλοῦν, ὅταν αὐτῶν τις βουληθῇ τῷ λόγον αἰτοῦντι περί του μὴ μετὰ πραγμάτων ἀλλὰ χωρὶς λόγου ῥᾳδίως ἐνδείξασθαι· τοῖς δ᾽ αὖ μεγίστοις οὖσι καὶ τιμιωτάτοις
οὐκ ἔστιν εἴδωλον οὐδὲν πρὸς τοὺς ἀνθρώπους εἰργασμένον 286 a
ἐναργῶς, οὗ δειχθέντος τὴν τοῦ πυνθανομένου ψυχὴν ὁ βουλόμενος ἀποπληρῶσαι, πρὸς τῶν αἰσθήσεών τινα προσαρμόττων, ἱκανῶς πληρώσει. Διὸ δεῖ μελετᾶν λόγον ἑκάστου δυνατὸν εἶναι δοῦναι καὶ δέξασθαι· τὰ γὰρ ἀσώματα, κάλλιστα ὄντα καὶ μέγιστα, λόγῳ μόνον, ἄλλῳ δὲ οὐδενὶ σαφῶς

c 10 φῶμεν : φαμὲν W || d 2 προβαλλόμενα : -βλήματα Y || 9 γε om. Y || e 1 αἰσθηταί Cornarius : -τικαί || οὐδὲν : οὐδὲ W || 3 του cdd. : τοῦ || 286 a 2 οὗ : οὐ B || 5 δοῦναι om. Y. .

peuvent montrer exactement que dans une raison, et dans rien d'autre[1], et c'est de telles réalités que vise notre discours
b actuel. Or, il est plus facile, en quelque sujet que ce soit, de s'exercer sur de petits exemples que sur des grands.

SOCRATE LE JEUNE. — C'est fort bien dit.

L'ETRANGER. — Rappelons-nous pourquoi nous avons fait, à ce propos, de si longues réflexions.

SOCRATE LE JEUNE. — Pourquoi donc?

L'ETRANGER. — A cause, précisément, de l'ennui que nous causaient ces longs détails sur le tissage, qui vraiment nous ennuyèrent, et ce grand discours sur la révolution rétrograde de l'univers, et cette discussion autour du sophiste, sur l'existence du non-être, car nous sentions que ces développements avaient trop d'étendue et, à propos de tout cela, nous nous faisions des reproches, craignant que ce ne fussent digressions
c et digressions trop prolongées[2]. C'est donc, sache-le bien, pour ne pas nous exposer à l'avenir à de pareils scrupules, que nous avons fait toutes les observations qui précèdent.

SOCRATE LE JEUNE. — Entendu. Continue seulement.

L'ETRANGER. — Je dis donc que, les observations faites maintenant, nous devrons nous les rappeler toi et moi quand nous aurons à blâmer ou louer la brièveté ou la longueur de nos propos sur quelque sujet que ce soit, pour penser à ne point estimer les dimensions par leur rapport mutuel, mais bien par cette partie de l'art de la mesure que nous re-
d commandions tout à l'heure à notre souvenir, la convenance.

SOCRATE LE JEUNE. — Bien.

L'ETRANGER. — Encore ne plierons-nous point toutes choses à cette règle. Car ce n'est pas le besoin de plaire qui nous imposera ce souci des proportions, sauf accessoirement ; et, quant à la solution du problème posé, la trouver de la façon la plus aisée et la plus prompte possible ne doit être qu'une préoccupation secondaire et non une fin première, si nous en croyons la raison, qui nous prescrit d'accorder bien plutôt

1. Cp. *Rép.* 529 d : λόγῳ μὲν καὶ διανοίᾳ ληπτά, ὄψει δ' οὔ. *Parm.* 155 e : ἐκεῖνα ἃ μάλιστά τις ἂν λόγῳ λάβοι καὶ εἴδη ἂν ἡγήσαιτο εἶναι. Valeur de l'intelligible, *Phédon* 79 b-80 b, *Rép.* 511, *Timée* 28/9.

2. Cf. *supra*, 283 b (tissage), 277 b (longueur du mythe) ; *Soph.* 217 e, λόγου παμμήκους. A ce qui suit, comparer *Lois*, 722 a.

δείκνυται, τούτων δὲ ἕνεκα πάντ᾽ ἐστὶ τὰ νῦν λεγόμενα.
Ῥᾴων δ᾽ ἐν τοῖς ἐλάττοσιν ἡ μελέτη παντὸς πέρι μᾶλλον ἢ b
περὶ τὰ μείζω.

ΝΕ. ΣΩ. Κάλλιστ᾽ εἶπες.

ΞΕ. Ὧν τοίνυν χάριν ἅπανθ᾽ ἡμῖν ταῦτ᾽ ἐρρήθη περὶ τούτων, μνησθῶμεν.

ΝΕ. ΣΩ. Τίνων ;

ΞΕ. Ταύτης τε οὐχ ἥκιστα αὐτῆς ἕνεκα τῆς δυσχερείας
ἣν περὶ τὴν μακρολογίαν τὴν περὶ τὴν ὑφαντικὴν ἀπεδεξά-
μεθα δυσχερῶς, καὶ τὴν περὶ τὴν τοῦ παντὸς ἀνείλιξιν καὶ
τὴν τοῦ σοφιστοῦ πέρι τῆς τοῦ μὴ ὄντος οὐσίας, ἐννοοῦντες
ὡς ἔσχε μῆκος πλέον, καὶ ἐπὶ τούτοις δὴ πᾶσιν ἐπεπλή-
ξαμεν ἡμῖν αὐτοῖς, δείσαντες μὴ περίεργα ἅμα καὶ μακρὰ c
λέγοιμεν. Ἵν᾽ οὖν εἰς αὖθις μηδὲν πάσχωμεν τοιοῦτον,
τούτων ἕνεκα πάντων τὰ πρόσθε νῷν εἰρῆσθαι φάθι.

ΝΕ. ΣΩ. Ταῦτ᾽ ἔσται. Λέγε ἑξῆς μόνον.

ΞΕ. Λέγω τοίνυν ὅτι χρὴ δὴ μεμνημένους ἐμὲ καὶ σὲ
τῶν νῦν εἰρημένων τόν τε ψόγον ἑκάστοτε καὶ ἔπαινον
ποιεῖσθαι βραχύτητος ἅμα καὶ μήκους ὧν ἂν ἀεὶ πέρι
λέγωμεν, μὴ πρὸς ἄλληλα τὰ μήκη κρίνοντες ἀλλὰ κατὰ τὸ
τῆς μετρητικῆς μέρος ὃ τότε ἔφαμεν δεῖν μεμνῆσθαι, πρὸς d
τὸ πρέπον.

ΝΕ. ΣΩ. Ὀρθῶς.

ΞΕ. Οὐ τοίνυν οὐδὲ πρὸς τοῦτο πάντα. Οὔτε γὰρ πρὸς τὴν ἡδονὴν μήκους ἁρμόττοντος οὐδὲν προσδεησόμεθα, πλὴν εἰ πάρεργόν τι· τό τε αὖ πρὸς τὴν τοῦ προβληθέντος ζήτησιν, ὡς ἂν ῥᾷστα καὶ τάχιστα εὕροιμεν, δεύτερον, ἀλλ᾽ οὐ πρῶτον, ὁ λόγος ἀγαπᾶν παραγγέλλει, πολὺ δὲ μάλιστα καὶ πρῶτον τὴν μέθοδον αὐτὴν τιμᾶν τοῦ κατ᾽ εἴδη δυνατὸν

b 1 ῥᾴων... b 2 μείζω habet Stobaeus II, xxxi, 109ᵇ || ἐλάττοσιν : ἔλαττον W || ἡ om. Stob. || 4 περὶ om. W || 5 ἐμνήσθημεν Y || 6 τίνων : τί μῶν B || 9 τὴν τοῦ Y : τοῦ || 10 τὴν... b 11 δὴ om. Y || c 3 τὰ πρόσθε om. B || 7 ποιεῖσθαι om. Y || 8 κατὰ τὸ : κατ᾽ αὐτὸ W || d 5 οὐδενὶ TY || 6 εἰ : εἰ μὴ TY || 9 κατείδη W.

notre estime et le tout premier rang à la méthode qui enseigne
e à diviser par espèces, et, lors même qu'un discours serait tout
à fait long, de le poursuivre résolument s'il doit rendre plus
inventif celui qui l'écoute, sans plus nous fâcher aujourd'hui
de sa longueur qu'une autre fois de sa brièveté. D'ailleurs, ce
juge qui blâme les longueurs du discours en des entretiens
comme les nôtres et réprouve les digressions qui font circuit,
il ne faut point le tenir quitte, si vite et si soudain, après ce
287 a simple blâme « Ces propos sont trop longs », mais lui faire
devoir de montrer, par surcroît, que, plus brefs, ils eussent
rendu les auditeurs plus aptes à la dialectique et plus habiles
à trouver les raisonnements qui mettent la vérité en son plein
jour et, quant à tous autres blâmes ou tous autres éloges,
sur quelque point qu'ils portent, en faire fi absolument et
n'avoir pas même l'air d'entendre des appréciations de cette
nature. En voilà d'ailleurs assez là-dessus, si tu es de mon
b avis : revenons donc au politique pour lui appliquer notre
exemple du tissage.

SOCRATE LE JEUNE. — Tu as raison : faisons comme tu dis.

Les auxiliaires de la politique.

L'ETRANGER. — Nous avions donc séparé le Roi de tous les arts qui ont le même domaine et, spécialement, de tous ceux qui concernent les troupeaux. Il reste, disons-nous, à l'intérieur même de la cité, les arts auxiliaires et les arts producteurs, qu'il nous faut d'abord séparer les uns des autres.

SOCRATE LE JEUNE. — Bien.

L'ETRANGER. — Sais-tu qu'ils sont difficiles à diviser en
c deux ? Nous verrons mieux pourquoi, je pense, en avançant.

SOCRATE LE JEUNE. — Alors, avançons.

L'ETRANGER. — C'est donc par membres que nous les diviserons, comme nous ferions d'une victime, puisque la division par deux est impossible. Car il faut toujours diviser, autant qu'on le peut, dans le nombre le plus proche[1].

SOCRATE LE JEUNE. — Comment ferons-nous donc cette fois ?

L'ETRANGER. — Comme tout à l'heure. En effet, tous les

1. Pour la victime à diviser, cf. *Phèdre* 265 e ; pour la division dans le nombre le plus proche, *Philèbe* 16 d : μετὰ μίαν (ἰδέαν) δύο, εἴ πως εἰσί, σκοπεῖν, εἰ δὲ μή, τρεῖς ἤ τινα ἄλλον ἀριθμόν. Principe d'économie, âme de toute méthode.

εἶναι διαιρεῖν, καὶ δὴ καὶ λόγον, ἄντε παμμήκης λεχθεὶς e
τὸν ἀκούσαντα εὑρετικώτερον ἀπεργάζηται, τοῦτον σπουδάζειν καὶ τῷ μήκει μηδὲν ἀγανακτεῖν, ἄντ' αὖ βραχύτερος, ὡσαύτως· ἔτι δ' αὖ πρὸς τούτοις τὸν περὶ τὰς τοιάσδε συνουσίας ψέγοντα λόγων μήκη καὶ τὰς ἐν κύκλῳ περιόδους οὐκ ἀποδεχόμενον, ὅτι χρὴ τὸν τοιοῦτον μὴ πάνυ ταχὺ μηδ' εὐθὺς οὕτω μεθιέναι ψέξαντα μόνον ὡς
μακρὰ τὰ λεχθέντα, ἀλλὰ καὶ προσαποφαίνειν οἴεσθαι δεῖν 287 a
ὡς βραχύτερα ἂν γενόμενα τοὺς συνόντας ἀπηργάζετο διαλεκτικωτέρους καὶ τῆς τῶν ὄντων λόγῳ δηλώσεως εὑρετικωτέρους, τῶν δὲ ἄλλων καὶ πρὸς ἄλλ' ἄττα ψόγων καὶ ἐπαίνων μηδὲν φροντίζειν μηδὲ τὸ παράπαν ἀκούειν δοκεῖν τῶν τοιούτων λόγων. Καὶ τούτων μὲν ἅλις, εἰ καὶ σοὶ ταύτῃ
συνδοκεῖ· πρὸς δὲ δὴ τὸν πολιτικὸν ἴωμεν πάλιν, τῆς b
προρρηθείσης ὑφαντικῆς αὐτῷ φέροντες τὸ παράδειγμα.

ΝΕ. ΣΩ. Καλῶς εἶπες, καὶ ποιῶμεν ἃ λέγεις.

ΞΕ. Οὐκοῦν ἀπό γε τῶν πολλῶν ὁ βασιλεὺς ὅσαι σύννομοι, μᾶλλον δὲ ἀπὸ πασῶν τῶν περὶ τὰς ἀγέλας διακεχώρισται· λοιπαὶ δέ, φαμέν, αἱ κατὰ πόλιν αὐτὴν τῶν τε συναιτίων καὶ τῶν αἰτίων, ἃς πρώτας ἀπ' ἀλλήλων διαιρετέον.

ΝΕ. ΣΩ. Ὀρθῶς.

ΞΕ. Οἶσθ' οὖν ὅτι χαλεπὸν αὐτὰς τεμεῖν δίχα; τὸ δ'
αἴτιον, ὡς οἶμαι, προϊοῦσιν οὐχ ἧττον ἔσται καταφανές. c

ΝΕ. ΣΩ. Οὐκοῦν χρὴ δρᾶν οὕτως.

ΞΕ. Κατὰ μέλη τοίνυν αὐτὰς οἷον ἱερεῖον διαιρώμεθα, ἐπειδὴ δίχα ἀδυνατοῦμεν. Δεῖ γὰρ εἰς τὸν ἐγγύτατα ὅτι μάλιστα τέμνειν ἀριθμὸν ἀεί.

ΝΕ. ΣΩ. Πῶς οὖν ποιῶμεν τὰ νῦν;

ΞΕ. Ὥσπερ ἔμπροσθεν, ὁπόσαι παρείχοντο ὄργανα περὶ

e 2 ἀκούσοντα TW || 4 τὸν : τῶν T || 7 πάνυ ταχὺ : πανταχὺ B || **287 a** 1 post τὰ add. πρόσθεν ταῦτα Y πρόσθεν ταῦτα τὰ T || 3 λόγῳ : λέγω W || **b** 1 συνδοκεῖ : δοκεῖ W || 2 αὐτῷ : αὐτὸ T || 10 τεμεῖν αὐτὰς Y || **c** 3 αὐτὰς : -οὺς Y.

arts qui fournissaient des instruments au tissage, nous les avons rangés dans les arts auxiliaires[1].

Socrate le Jeune. — Oui.

L'Etranger. — Eh bien, il nous faut faire la même chose
d maintenant, mais en plus large encore. Tous les arts qui fabriquent, dans la cité, un instrument petit ou grand, doivent être mis au rang d'auxiliaires. Sans eux, en effet, il n'y aurait jamais ni *polis* ni politique, mais il n'y a, d'autre part, aucune opération de l'art royal que nous devions leur attribuer.

Socrate le Jeune. — Non, en effet.

L'Etranger. — A vrai dire, c'est une œuvre difficile que nous entreprenons, en essayant de distinguer ce genre d'avec les autres, car il n'y a rien que l'on ne puisse dire instrument de ceci ou de cela avec quelque air de vraisemblance.
e Pourtant, parmi ces objets que possède la cité, il en est une sorte qu'il faut caractériser autrement.

Socrate le Jeune. — Comment alors ?

L'Etranger. — Ses propriétés sont différentes. Car elle n'est point fabriquée comme l'instrument, pour servir à produire quelque chose, mais pour conserver la chose une fois produite.

Socrate le Jeune. — Qu'est-ce donc ?

L'Etranger. — C'est cette espèce variée, faite pour contenir les objets secs ou humides, préparés au feu ou sans feu, et que nous appelons du nom commun de vase ; espèce assu-
288 a rément très riche et qui, je crois, n'appartient d'aucune manière à la science en question[2].

Socrate le Jeune. — Sans aucun doute.

L'Etranger. — Voyons maintenant une troisième espèce d'objets, tout à fait différente des autres : terrestre ou aquatique, vagabonde ou fixe, précieuse ou sans prix[3], nous l'appelons pourtant d'un seul nom, parce qu'elle n'est faite tout entière que pour fournir une assise et sert toujours de siège à quelque chose.

Socrate le Jeune. — Qu'est-ce donc ?

1. Cf. *supra*, 281 c/e.

2. Ces vases, disent les *Lois* (679 a), sont une richesse facile dont les premiers hommes après le déluge ont joui eux-mêmes, car on les fait non en fer, mais en argile ou en bois (ou jonc) tressé.

3. Campbell entend « honorée ou sans honneur ».

τὴν ὑφαντικήν, πάσας δήπου τότε ἐτίθεμεν ὡς συναιτίους.

ΝΕ. ΣΩ. Ναί.

ΞΕ. Καὶ νῦν δὴ ταὐτὸν μὲν τοῦτο, ἔτι δὲ μᾶλλον ἢ τόθ' ἡμῖν ποιητέον. Ὅσαι γὰρ σμικρὸν ἢ μέγα τι δημιουρ- d
γοῦσι κατὰ πόλιν ὄργανον, θετέον ἁπάσας ταύτας ὡς οὔσας συναιτίους. Ἄνευ γὰρ τούτων οὐκ ἄν ποτε γένοιτο πόλις οὐδὲ πολιτική, τούτων δ' αὖ βασιλικῆς ἔργον τέχνης οὐδέν που θήσομεν.

ΝΕ. ΣΩ. Οὐ γάρ.

ΞΕ. Καὶ μὲν δὴ χαλεπὸν ἐπιχειροῦμεν δρᾶν ἀποχωρίζοντες τοῦτο ἀπὸ τῶν ἄλλων τὸ γένος· ὅτι γὰρ οὖν τῶν ὄντων ἔστιν ὡς ἑνός γέ τινος ὄργανον εἰπόντα δοκεῖν εἰρηκέναι τι πιθανόν. Ὅμως δὲ ἕτερον αὖ τῶν ἐν πόλει κτημά- e
των εἴπωμεν τόδε.

ΝΕ. ΣΩ. Τὸ ποῖον ;

ΞΕ. Ὡς οὐκ ἔστι ταύτην τὴν δύναμιν ἔχον. Οὐ γὰρ ἐπὶ γενέσεως αἰτίᾳ πήγνυται, καθάπερ ὄργανον, ἀλλ' ἕνεκα τοῦ δημιουργηθέντος σωτηρίας.

ΝΕ. ΣΩ. Τὸ ποῖον ;

ΞΕ. Τοῦτο ὃ δὴ ξηροῖς καὶ ὑγροῖς καὶ ἐμπύροις καὶ ἀπύροις παντοδαπὸν εἶδος ἐργασθὲν ἀγγεῖον [ὃ δὴ] μιᾷ κλήσει προσφθεγγόμεθα, καὶ μάλα γε συχνὸν εἶδος καὶ τῇ ζητουμένῃ γε, ὡς οἶμαι, προσῆκον οὐδὲν ἀτεχνῶς ἐπι- 288 a
στήμῃ.

ΝΕ. ΣΩ. Πῶς γὰρ οὔ ;

ΞΕ. Τούτων δὴ τρίτον ἕτερον εἶδος κτημάτων πάμπολυ κατοπτέον πεζὸν καὶ ἔνυδρον καὶ πολυπλανὲς καὶ ἀπλανὲς καὶ τίμιον καὶ ἄτιμον, ἓν δὲ ὄνομα ἔχον, διότι πᾶν ἕνεκά τινος ἐφέδρας ἐστί, θᾶκος ἀεί τινι γιγνόμενον.

ΝΕ. ΣΩ. Τὸ ποῖον ;

c 8 δήπου edd. : δέ που BY που || **d** 9 ἔστιν ὡς Campbell : ὡς ἔστιν || **e** 1 αὖ τῶν : αὐτῶν B οὖν τῶν Y || 5 αἰτίᾳ πήγνυται W : -ίαι πηγνύν- || 8 καὶ ἐμπύροις καὶ ἀπύροις om. B || 9 ὃ δὴ secl. Hermann || **288 a** 7 ἐφ' ἕδρας W.

L'Etranger. — Nous l'appelons, en général, véhicule : elle est œuvre non de la politique, mais bien plutôt de l'art du charpentier, du potier ou du forgeron[1].

Socrate le Jeune. — Je saisis.

b L'Etranger. — Quelle sera la quatrième ? Ne faut-il pas distinguer des précédentes espèces celle qui comprend la plupart des choses mentionnées plus haut[2], l'ensemble des objets d'habillement, la plus grande partie des armes, les murs, tous les abris de terre ou de pierre et une foule d'autres choses pareilles ? Et puisque tout cet ensemble est fait pour abriter, il est juste de leur laisser ce nom général d'abri ; la plupart rentreront, d'ailleurs, à bien meilleur titre dans l'art de l'architecte ou du tisserand que dans celui du politique.

Socrate le Jeune. — Parfaitement.

c L'Etranger. — Accepterons-nous de poser comme cinquième espèce l'ornementation et la peinture, avec toutes les imitations que servent à produire, soit cette dernière, soit la musique, œuvres qui n'ont d'autre but que notre plaisir et qu'il est juste de rassembler sous un seul nom ?

Socrate le Jeune. — Sous quel nom ?

L'Etranger. — On leur donne, j'imagine, celui de divertissement.

Socrate le Jeune. — Sans doute.

L'Etranger. — Or, c'est bien le nom qui, à lui tout seul, leur conviendra comme appellation générale, car il n'y en a pas une qui ait un but sérieux, elles se font toutes uniquement par manière de jeu.

d Socrate le Jeune. — Cela, je le comprends encore assez bien.

L'Etranger. — Mais ce qui sert de corps à tout cela, ce de quoi et dans quoi tous les arts dont nous parlons fabriquent leurs œuvres, cette espèce diverse, produite elle-même par tant d'arts différents, ne la compterons-nous pas comme sixième ?

Socrate le Jeune. — De quoi veux-tu parler ?

L'Etranger. — De l'or, de l'argent, de tout ce qu'on

1. ὄχημα désigne non seulement tout ce qui transporte, mais aussi tout ce qui supporte. L'air divin, Zeus lui-même est γῆς ὄχημα (Eurip. *Tr.* 884). L'art du potier ne peut s'appliquer ici qu'à l'ὄχημα- support, qui est ἀπλανές.

2. Voir *supra*, 279 c/e.

ΞΕ. Ὄχημα αὐτό που λέγομεν, οὐ πάνυ πολιτικῆς ἔργον, ἀλλὰ μᾶλλον πολὺ τεκτονικῆς καὶ κεραμικῆς καὶ χαλκοτυπικῆς.

ΝΕ. ΣΩ. Μανθάνω.

ΞΕ. Τί δὲ τέταρτον ; ἆρ' ἕτερον εἶναι τούτων λεκτέον, b
ἐν ᾧ τὰ πλεῖστά ἐστι τῶν πάλαι ῥηθέντων, ἐσθής τε σύμπασα καὶ τῶν ὅπλων τὸ πολὺ καὶ τείχη πάντα θ' ὅσα γήινα περιβλήματα καὶ λίθινα, καὶ μυρία ἕτερα ; προβολῆς δὲ ἕνεκα συμπάντων αὐτῶν εἰργασμένων δικαιότατ' ἂν ὅλον προσαγορεύοιτο πρόβλημα, καὶ πολλῷ μᾶλλον τέχνης οἰκοδομικῆς ἔργον καὶ ὑφαντικῆς τὸ πλεῖστον νομίζοιτ' ἂν ὀρθότερον ἢ πολιτικῆς.

ΝΕ. ΣΩ. Πάνυ μὲν οὖν.

ΞΕ. Πέμπτον δὲ ἆρ' ἂν ἐθέλοιμεν τὸ περὶ τὸν κόσμον c
καὶ γραφικὴν θεῖναι καὶ ὅσα ταύτῃ προσχρώμενα καὶ μουσικῇ μιμήματα τελεῖται, πρὸς τὰς ἡδονὰς μόνον ἡμῶν ἀπειργασμένα, δικαίως δ' ἂν ὀνόματι περιληφθέντα ἑνί ;

ΝΕ. ΣΩ. Ποίῳ ;

ΞΕ. Παίγνιόν πού τι λέγεται.

ΝΕ. ΣΩ. Τί μήν ;

ΞΕ. Τοῦτο τοίνυν τούτοις ἓν ὄνομα ἅπασι πρέψει προσαγορευθέν· οὐ γὰρ σπουδῆς οὐδὲν αὐτῶν χάριν, ἀλλὰ παιδιᾶς ἕνεκα πάντα δρᾶται.

ΝΕ. ΣΩ. Καὶ τοῦτο σχεδόν τι μανθάνω. d

ΞΕ. Τὸ δὲ πᾶσιν τούτοις σώματα παρέχον, ἐξ ὧν καὶ ἐν οἷς δημιουργοῦσιν ὁπόσαι τῶν τεχνῶν νῦν εἴρηνται, παντοδαπὸν εἶδος πολλῶν ἑτέρων τεχνῶν ἔκγονον ὄν, ἆρ' οὐχ ἕκτον θήσομεν ;

ΝΕ. ΣΩ. Τὸ ποῖον δὴ λέγεις ;

ΞΕ. Χρυσόν τε καὶ ἄργυρον καὶ πάνθ' ὁπόσα μεταλ-

a 10 πολυτεκτονικῆς W ‖ κεραμε:κῆς W ‖ **b** 2 ἐσθή ηστε B ‖ 3 θ' edd. : δ' ‖ **c** 4 ὀνόματα B ‖ 6 πού τι B : τι ῾ὴ ‖ **d** 1 σχεδόν τι Burnet : σχεδὸν ἔτι BY σχεδὸν TW ‖ 4 ὄν om. W ‖ 6 τὸ om. B.

extrait des mines, de tout ce qu'abat la coupe de bois ou l'émondage pour le fournir à la charpenterie ou à la vanne-
e rie ; puis, du décortiquage des plantes ou de celui qu'opère le corroyeur en écorchant les animaux, de tous les arts connexes, de ceux qui préparent le liège, le papyrus, les liens, ensemble d'arts qui fournissent les genres simples dont on tirera des espèces plus complexes. De cela nous faisons un tout, que nous appellerons la première acquisition de l'homme, exempte encore de toute composition et qui n'est aucunement l'œuvre de la science royale[1].

Socrate le Jeune. — Bien.

L'Etranger. — Quant à l'aliment, à toutes les choses qui, se mélangeant à notre corps, sont aptes à entretenir les par-
289 a ties de ce corps par la vertu de leurs parties propres, il faut en faire une septième espèce, que nous appellerons collectivement notre nourricière, si nous ne trouvons pas de nom plus distingué. Or, en rangeant tout cela sous l'agriculture, la chasse, la gymnastique, la médecine et la cuisine, nous serons beaucoup plus dans le vrai qu'en l'attribuant à la politique.

Socrate le Jeune. — Sans aucun doute.

L'Etranger. — Ainsi à peu près tous les biens possédables, sauf les animaux apprivoisés, ont été énumérés dans ces sept genres. Car, vois : d'abord, ce qu'il n'aurait été que trop
b juste de mettre en tête, l'espèce primitive, puis l'instrument, le vase, le véhicule, l'abri, le divertissement, l'aliment. Nous négligeons ce que nous pouvons avoir oublié de peu important et qu'il est possible de faire rentrer dans quelqu'une de ces espèces : par exemple, tout ce qui est de l'ordre monnaie, sceau, empreinte quelconque. Car ces objets ne contiennent aucun genre qui soit de taille à figurer à côté des autres ; par contre, ils se rangeront, les uns dans l'ornementation, les autres parmi les instruments, à male peine, je l'accorde, mais, au bout du compte, en tirant bien ils cadreront. Quant aux animaux apprivoisés, à part les esclaves, ils rentreront
c manifestement dans un art précédemment analysé, l'art d'élever les troupeaux.

Socrate le Jeune. — Parfaitement.

1. Platon l'appellera ὕλη (*Timée* 69 b, proprement végétation, *silva*, cf. ici 272 a), *matériaux*. Sur ce mot et la notion de matière, cf. Rivaud, *Problème du devenir*, § 262 sq.

λεύεται καὶ ὅσα δρυοτομικὴ καὶ κουρὰ σύμπασα τέμνουσα
παρέχει τεκτονικῇ καὶ πλεκτικῇ· καὶ ἔτι φλοιστικὴ φυτῶν
τε καὶ ἐμψύχων δέρματα σωμάτων περιαιροῦσα σκυτοτο- e
μική, καὶ ὅσαι περὶ τὰ τοιαῦτά εἰσιν τέχναι, καὶ φελλῶν
καὶ βύβλων καὶ δεσμῶν ἐργαστικαὶ παρέσχον δημιουργεῖν
σύνθετα ἐκ μὴ συντιθεμένων εἴδη γενῶν. Ἓν δὲ αὐτὸ
προσαγορεύωμεν πᾶν τὸ πρωτογενὲς ἀνθρώποις κτῆμα καὶ
ἀσύνθετον καὶ βασιλικῆς ἐπιστήμης οὐδαμῶς ἔργον ὄν.

ΝΕ. ΣΩ. Καλῶς.

ΞΕ. Τὴν δὴ τῆς τροφῆς κτῆσιν, καὶ ὅσα εἰς τὸ σῶμα
συγκαταμειγνύμενα ἑαυτῶν μέρεσι μέρη σώματος εἰς τὸ
θεραπεῦσαί τινα δύναμιν εἴληχε, λεκτέον ἕβδομον ὀνομά- 289 a
σαντας αὐτὸ σύμπαν ἡμῶν εἶναι τροφόν, εἰ μή τι κάλλιον
ἔχομεν ἄλλο θέσθαι· γεωργικῇ δὲ καὶ θηρευτικῇ καὶ γυμνα-
στικῇ καὶ ἰατρικῇ καὶ μαγειρικῇ πᾶν ὑποτιθέντες ὀρθότερον
ἀποδώσομεν ἢ τῇ πολιτικῇ.

ΝΕ. ΣΩ. Πῶς γὰρ οὔ;

ΞΕ. Σχεδὸν τοίνυν ὅσα ἔχεται κτήσεως, πλὴν τῶν
ἡμέρων ζῴων, ἐν τούτοις ἑπτὰ οἶμαι γένεσιν εἰρῆσθαι.
Σκόπει δέ· ἦν γὰρ δικαιότατα μὲν ἂν τεθὲν κατ' ἀρχὰς τὸ
πρωτογενὲς εἶδος, μετὰ δὲ τοῦτο ὄργανον, ἀγγεῖον, ὄχημα, b
πρόβλημα, παίγνιον, θρέμμα. Παραλείπομεν δέ, εἴ τι μὴ
μέγα λέληθεν, εἴς τι τούτων δυνατὸν ἁρμόττειν, οἷον ἡ τοῦ
νομίσματος ἰδέα καὶ σφραγίδων καὶ παντὸς χαρακτῆρος.
Γένος τε γὰρ ἐν αὐτοῖς ταῦτα οὐδὲν ἔχει μέγα σύννομον,
ἀλλὰ τὰ μὲν εἰς κόσμον, τὰ δὲ εἰς ὄργανα βίᾳ μέν, ὅμως δὲ
πάντως ἑλκόμενα συμφωνήσει. Τὰ δὲ περὶ ζῴων κτῆσιν
τῶν ἡμέρων, πλὴν δούλων, ἡ πρότερον ἀγελαιοτροφικὴ δια- c
μερισθεῖσα πάντ' εἰληφυῖα ἀναφανεῖται.

ΝΕ. ΣΩ. Πάνυ μὲν οὖν.

d 9 φλοιστικὴ B : -ῇ || **e** 3 βύβλων B : βίβλων TY βιβλίων W || 5 προσαγορεύωμεν W : -ομεν || 8 τροφῆς : στροφικῆς B || **289 a** 1 τινα : τὴν Y || **b** 3 post τούτων add. μέγα Y (unde μόγις Stallbaum) || **c** 1 ἡμέρων : ἡμετέρων B || 2 πάντας TY || ἀναφαίνεται B.

Les subalternes rivaux du politique.

L'Etranger. — Reste le groupe des esclaves et des serviteurs de toutes sortes, parmi lesquels nous découvrirons, je crois le deviner, ceux qui disputent au Roi la confection même du tissu, conme la disputaient tout à l'heure aux tisserands les gens qui filent ou cardent ou qui font les autres travaux dont nous avons parlé. Quant à tous les autres, ils ont été, à titre d'auxiliaires, expédiés avec les métiers que
d nous venons de dire, et séparés de la profession royale et politique[1].

Socrate le Jeune. — Cela semble bien.

L'Etranger. — Allons, examinons ceux qui restent en les abordant de près, pour en avoir une connaissance plus ferme.

Socrate le Jeune. — Allons-y.

L'Etranger. — Quant aux plus serviteurs d'entre les serviteurs, à les voir d'où nous sommes, ils nous apparaissent avec une fonction et un caractère tout contraires à ce que nous avions soupçonné.

Socrate le Jeune. — Qui sont-ils ?

L'Etranger. — Ceux qu'on achète, ou qu'on acquiert par quelque voie semblable. Nous devons sans conteste les appe-
e ler esclaves, et ils n'ont pas la moindre part à l'art royal.

Socrate le Jeune. — Sans aucun doute.

L'Etranger. — Eh quoi ? Les hommes libres qui se mettent volontairement au service de ceux dont nous venons de parler, jouant, entre l'agriculture et les autres arts, le rôle de transmetteurs et de compensateurs, tantôt sur les marchés, tantôt d'une ville à l'autre par terre ou par mer, changeant monnaie contre denrée et monnaie contre monnaie, qu'ils
290 a s'appellent changeurs d'argent, commerçants, armateurs, revendeurs, ont-ils quelque prétention à la politique ?

Socrate le Jeune. — Peut-être bien, à la commerciale, tout au moins.

L'Etranger. — En tout cas, pour ces salariés et gagés que nous voyons offrir leurs services à tout venant, il n'y a pas de danger que nous les trouvions jamais tenant une part de la fonction royale.

1. Cf. *supra*, 287 b. Cette mention du tissu nous empêche d'oublier le parallèle entre tisserand et roi, qui sera repris et développé 305 e sq.

ΞΕ. Τὸ δὲ δὴ δούλων καὶ πάντων ὑπηρετῶν λοιπόν, ἐν οἷς που καὶ μαντεύομαι τοὺς περὶ αὐτὸ τὸ πλέγμα ἀμφισβητοῦντας τῷ βασιλεῖ καταφανεῖς γενήσεσθαι, καθάπερ τοῖς ὑφάνταις τότε τοὺς περὶ τὸ νήθειν τε καὶ ξαίνειν καὶ ὅσα ἄλλα εἴπομεν. Οἱ δὲ ἄλλοι πάντες, ὡς συναίτιοι λεχθέντες, ἅμα τοῖς ἔργοις τοῖς νυνδὴ ῥηθεῖσιν ἀνήλωνται καὶ ἀπεχωρίσθησαν ἀπὸ βασιλικῆς τε καὶ πολιτικῆς πράξεως. d

ΝΕ. ΣΩ. Ἐοίκασι γοῦν.

ΞΕ. Ἴθι δὴ σκεψώμεθα τοὺς λοιποὺς προσελθόντες ἐγγύθεν, ἵνα αὐτοὺς εἰδῶμεν βεβαιότερον.

ΝΕ. ΣΩ. Οὐκοῦν χρή.

ΞΕ. Τοὺς μὲν δὴ μεγίστους ὑπηρέτας, ὡς ἐνθένδε ἰδεῖν, τοὐναντίον ἔχοντας εὑρίσκομεν οἷς ὑπωπτεύσαμεν ἐπιτήδευμα καὶ πάθος.

ΝΕ. ΣΩ. Τίνας ;

ΞΕ. Τοὺς ὠνητούς τε καὶ τῷ τρόπῳ τούτῳ κτητούς· οὓς ἀναμφισβητήτως δούλους ἔχομεν εἰπεῖν, ἥκιστα βασιλικῆς e μεταποιουμένους τέχνης.

ΝΕ. ΣΩ. Πῶς δ' οὔ ;

ΞΕ. Τί δέ ; τῶν ἐλευθέρων ὅσοι τοῖς νυνδὴ ῥηθεῖσιν εἰς ὑπηρετικὴν ἑκόντες αὐτοὺς τάττουσι, τά τε γεωργίας καὶ τὰ τῶν ἄλλων τεχνῶν ἔργα διακομίζοντες ἐπ' ἀλλήλους καὶ ἀνισοῦντες, οἱ μὲν κατ' ἀγοράς, οἱ δὲ πόλιν ἐκ πόλεως ἀλλάττοντες κατὰ θάλατταν καὶ πεζῇ, νόμισμά τε πρὸς τὰ ἄλλα καὶ αὐτὸ πρὸς αὐτὸ διαμείβοντες, οὓς ἀργυραμοιβούς τε καὶ ἐμπόρους καὶ ναυκλήρους καὶ καπήλους ἐπωνομάκαμεν, μῶν τῆς πολιτικῆς ἀμφισβητήσουσί τι ; 290 a

ΝΕ. ΣΩ. Τάχ' ἂν ἴσως τῆς γε τῶν ἐμπορευτικῶν.

ΞΕ. Ἀλλ' οὐ μὴν οὕς γε ὁρῶμεν μισθωτοὺς καὶ θῆτας πᾶσιν ἑτοιμότατα ὑπηρετοῦντας, μή ποτε βασιλικῆς μεταποιουμένους εὕρωμεν.

e 5 τά τε B : τὰς || 8 νομίσματά YW || 290 a 5 ἑτοιμότατα B : -οίμως.

Socrate le Jeune. — Comment le supposer ?

L'Etranger. — Que dirons-nous donc des hommes par qui nous sont toujours rendus certains offices ?

Socrate le Jeune. — Quels hommes et quels offices ?

b L'Etranger. — Toute la gent héraldique et tous ces hommes qui, à force de prêter leurs services, deviennent savants dans les écritures, et d'autres dont l'universelle compétence s'agite en multiples besognes autour des magistratures, comment les appellerons-nous à leur tour[1] ?

Socrate le Jeune. — Comme tu disais tout à l'heure, des serviteurs, et non des chefs ayant une autorité propre dans les cités.

L'Etranger. — Je n'ai cependant pas rêvé, j'imagine, en disant que c'était de ce côté que se lèveraient les prétendants les plus déclarés à la politique. Or, il nous paraîtrait cer-
c tainement fort étrange d'avoir à les chercher dans quelque branche de service.

Socrate le Jeune. — Assurément.

L'Etranger. — Serrons donc de plus près ceux qui n'ont pas encore passé à la question. Ce sont d'abord ceux qui s'adonnent à la divination et pratiquent certes là une science de service ; car ils passent bien pour être les interprètes des dieux auprès des hommes.

Socrate le Jeune. — Oui.

L'Etranger. — De même, la race sacerdotale sait à son tour, d'après ce qu'affirme la croyance publique, offrir aux
d dieux en notre nom les sacrifices qu'ils désirent et leur adresser les prières voulues pour qu'ils nous octroient leurs faveurs. Or, l'une et l'autre fonction relèvent bien, j'imagine, d'un art de service.

Socrate le Jeune. — Selon toute apparence.

L'Etranger. — Nous voici donc, je crois, sur la piste qui conduit à notre but. Car prêtres et devins ont des airs assurément pleins d'importance et jouissent d'un prestige en rapport avec la grandeur de leurs entreprises, tellement qu'en Egypte un roi ne peut régner s'il n'a la dignité sacerdotale,

1. Chaque magistrature avait ses secrétaires, souvent ses sous-secrétaires (Arist. *Gren.*, 1083). Pour limiter leur influence, une loi les fit changer de service chaque année (Lysias, *C. Nic.* 29). Sur eux, sur les hérauts, cf. Glotz, *Cité Gr.*, p. 258/60, Brillant, *Secrétaires Athéniens*, Paris, 1911.

ΝΕ. ΣΩ. Πῶς γάρ ;

ΞΕ. Τί δὲ ἄρα τοὺς τὰ τοιάδε διακονοῦντας ἡμῖν ἑκάστοτε ;

ΝΕ. ΣΩ. Τὰ ποῖα εἶπες καὶ τίνας ;

ΞΕ. Ὧν τὸ κηρυκικὸν ἔθνος, ὅσοι τε περὶ γράμματα b σοφοὶ γίγνονται πολλάκις ὑπηρετήσαντες, καὶ πόλλ' ἄττα ἕτερα περὶ τὰς ἀρχὰς διαπονεῖσθαί τινες ἕτεροι πάνδεινοι, τί τούτους αὖ λέξομεν ;

ΝΕ. ΣΩ. Ὅπερ εἶπες νῦν, ὑπηρέτας, ἀλλ' οὐκ αὐτοὺς ἐν ταῖς πόλεσιν ἄρχοντας.

ΞΕ. Ἀλλὰ οὐ μὴν οἶμαί γε ἐνύπνιον ἰδὼν εἶπον ταύτῃ πῃ φανήσεσθαι τοὺς διαφερόντως ἀμφισβητοῦντας τῆς πολιτικῆς. Καίτοι σφόδρα γε ἄτοπον ἂν εἶναι δόξειε τὸ ζητεῖν τούτους ἐν ὑπηρετικῇ μοίρᾳ τινί. c

ΝΕ. ΣΩ. Κομιδῇ μὲν οὖν.

ΞΕ. Ἔτι δὴ προσμείξωμεν ἐγγύτερον ἐπὶ τοὺς μήπω βεβασανισμένους. Εἰσὶ δὲ οἵ τε περὶ μαντικὴν ἔχοντές τινος ἐπιστήμης διακόνου μόριον· ἑρμηνευταὶ γάρ που νομίζονται παρὰ θεῶν ἀνθρώποις.

ΝΕ. ΣΩ. Ναί.

ΞΕ. Καὶ μὴν καὶ τὸ τῶν ἱερέων αὖ γένος, ὥς τὸ νόμιμόν φησι, παρὰ μὲν ἡμῶν δωρεὰς θεοῖς διὰ θυσιῶν ἐπιστῆμόν ἐστι κατὰ νοῦν ἐκείνοις δωρεῖσθαι, παρὰ δὲ ἐκείνων ἡμῖν d εὐχαῖς κτῆσιν ἀγαθῶν αἰτήσασθαι· ταῦτα δὲ διακόνου τέχνης ἐστί που μόρια ἀμφότερα.

ΝΕ. ΣΩ. Φαίνεται γοῦν.

ΞΕ. Ἤδη τοίνυν μοι δοκοῦμεν οἷόν γέ τινος ἴχνους ἐφ' ὃ πορευόμεθα προσάπτεσθαι. Τὸ γὰρ δὴ τῶν ἱερέων σχῆμα καὶ τὸ τῶν μάντεων εὖ μάλα φρονήματος πληροῦται καὶ δόξαν σεμνὴν λαμβάνει διὰ τὸ μέγεθος τῶν ἐγχειρημάτων, ὥστε περὶ μὲν Αἴγυπτον οὐδ' ἔξεστι βασιλέα χωρὶς

a 7 γάρ : γὰρ οὔ W || b 2 πόλλ' ἄττα : πολλά τε B || 8 πῃ : που W || 9 τὸ : τοῦ B || c 4 τε om. B || d 5 γέ τινος : τ(έ-) s. l. T γείτονος B et i. m. γρ. TW || 6 πορευόμενα W.

e et, s'il s'est, par hasard, élevé par la force en partant de quelque classe inférieure, il devra finalement en venir à se faire admettre dans cette dernière caste. Chez les Grecs aussi, c'est bien souvent aux plus hautes magistratures qu'on trouverait confiée la charge d'accomplir les plus importants de ces sacrifices. Chez vous-mêmes, d'ailleurs, se vérifie non moins clairement ce que je dis, car c'est à celui des magistrats que le sort a fait roi qu'incombent ici, paraît-il, ceux de ces antiques sacrifices qui sont les plus solennels et les mieux consacrés par la tradition[1].

Socrate le Jeune. — Parfaitement.

291 a L'Étranger. — Eh bien, examinons ces rois et ces prêtres élus, avec leurs serviteurs, et aussi la troupe nouvelle, si nombreuse, qui nous apparaît maintenant à découvert, une fois les autres prétendants écartés.

Socrate le Jeune. — De qui veux-tu parler ?

L'Étranger. — De gens certainement bien étranges.

Socrate le Jeune. — Qu'est-ce donc ?

L'Étranger. — Une race aux tribus nombreuses, à ce qu'il paraît au premier regard. Des hommes dont plusieurs
b ressemblent aux lions, aux centaures, à d'autres monstres de ce genre, un plus grand nombre encore aux satyres ou bien aux bêtes qui ont peu de force et beaucoup de ruse ; et, rien qu'en un clin d'œil, ils changent entre eux d'apparences extérieures et de propriétés. Or, au fait, Socrate, je crois que j'y suis : je sais maintenant ce que sont nos hommes.

Socrate le jeune. — Explique-toi : tu as l'air de découvrir quelque chose d'étrange.

L'Étranger. — Oui, car l'étrangeté n'est jamais faite que de notre ignorance. C'est, en effet, ce qui m'est arrivé tout à l'heure à moi-même ; je n'osais croire que j'avais tout d'un
c coup, devant moi, le chœur qui s'agite autour des affaires publiques.

Socrate le Jeune. — Qu'est-ce ?

L'Étranger. — Le plus magicien de tous les sophistes, le

1. Sur les prêtres en Egypte, cf. Diodore I, 73. A Athènes, le second archonte est roi, grand pontife ; il préside aux vieilles fêtes (Anthestéries, Lénéennes), juge les procès d'impiété et de sacrilège et garde, « dans une cité qui se laïcise de jour en jour », tout le prestige religieux de l'ancienne royauté (Glotz, *Hist. Gr.* I, 399 ; II, 303).

ἱερατικῆς ἄρχειν, ἀλλ' ἐὰν ἄρα καὶ τύχῃ πρότερον ἐξ ἄλλου e
γένους βιασάμενος, ὕστερον ἀναγκαῖον εἰς τοῦτο εἰστελεῖσθαι αὐτὸν τὸ γένος· ἔτι δὲ καὶ τῶν Ἑλλήνων πολλαχοῦ ταῖς μεγίσταις ἀρχαῖς τὰ μέγιστα τῶν περὶ τὰ τοιαῦτα θύματα εὕροι τις ἂν προστατόμενα θύειν. Καὶ δὴ καὶ παρ' ὑμῖν οὐχ ἥκιστα δῆλον ὃ λέγω· τῷ γὰρ λαχόντι βασιλεῖ φασιν τῇδε τὰ σεμνότατα καὶ μάλιστα πάτρια τῶν ἀρχαίων θυσιῶν ἀποδεδόσθαι.

ΝΕ. ΣΩ. Καὶ πάνυ γε.

ΞΕ. Τούτους τε τοίνυν τοὺς κληρωτοὺς βασιλέας ἅμα 291 a
καὶ ἱερέας, καὶ ὑπηρέτας αὐτῶν καί τινα ἕτερον πάμπολυν ὄχλον σκεπτέον, ὃς ἄρτι κατάδηλος νῦν ἡμῖν γέγονεν ἀποχωρισθέντων τῶν ἔμπροσθεν.

ΝΕ. ΣΩ. Τίνας δ' αὐτοὺς καὶ λέγεις;

ΞΕ. Καὶ μάλα τινὰς ἀτόπους.

ΝΕ. ΣΩ. Τί δή;

ΞΕ. Πάμφυλόν τι γένος αὐτῶν, ὥς γε ἄρτι σκοπουμένῳ φαίνεται. Πολλοὶ μὲν γὰρ λέουσι τῶν ἀνδρῶν εἴξασι καὶ Κενταύροις καὶ τοιούτοισιν ἑτέροις, πάμπολλοι δὲ Σατύροις b
καὶ τοῖς ἀσθενέσι καὶ πολυτρόποις θηρίοις· ταχὺ δὲ μεταλλάττουσι τάς τε ἰδέας καὶ τὴν δύναμιν εἰς ἀλλήλους. Καὶ μέντοι μοι νῦν, ὦ Σώκρατες, ἄρτι δοκῶ κατανενοηκέναι τοὺς ἄνδρας.

ΝΕ. ΣΩ. Λέγοις ἄν· ἔοικας γὰρ ἄτοπόν τι καθορᾶν.

ΞΕ. Ναί· τὸ γὰρ ἄτοπον ἐξ ἀγνοίας πᾶσι συμβαίνει. Καὶ γὰρ δὴ καὶ νῦν αὐτὸς τοῦτ' ἔπαθον· ἐξαίφνης ἠμφεγνόησα κατιδὼν τὸν περὶ τὰ τῶν πόλεων πράγματα χορόν. c

ΝΕ. ΣΩ. Ποῖον;

ΞΕ. Τὸν πάντων τῶν σοφιστῶν μέγιστον γόητα καὶ

e 1 ἱερατικῆς : ἱερωτικῆς B ἰατρικῆς Y || 4 περὶ τοὺς τὰ Y || 9 καὶ om. W || **291 a** 3 νῦν habet s. l. T || 5 δ' om. B || 8 ὥς γε : ὥστε B || ἄρτι B : ἀρτίως || 9 λέουσι : λέγ- W || **b** 1 τοιούτοις W || πάμπολλοι : -πολυ W || 8 καὶ γὰρ δὴ καὶ νῦν habet i. m. B || **c** 3 σοφιστῶν : σοφῶν BY.

plus consommé dans cet art, celui qu'il est si difficile de distinguer d'avec les vrais politiques et les vrais hommes royaux, mais que nous en devons pourtant distinguer, si nous voulons découvrir clairement l'objet que nous cherchons[1].

SOCRATE LE JEUNE. — Quant à cela, il n'en faut point relâcher.

Les diverses formes de constitutions.

L'ÉTRANGER. — C'est bien mon avis. A ce propos réponds-moi.

SOCRATE LE JEUNE. — Qu'est-ce ?

d L'ÉTRANGER. — La monarchie n'est-elle pas une des formes de pouvoir politique que nous connaissons[2] ?

SOCRATE LE JEUNE. — Si.

L'ÉTRANGER. — Et, après la monarchie, on mettrait, je pense, le gouvernement d'un petit nombre.

SOCRATE LE JEUNE. — Sans aucun doute.

L'ÉTRANGER. — Quant à la troisième forme de constitution, n'est-ce pas le commandement du grand nombre, qu'on appelle démocratie ?

SOCRATE LE JEUNE. — Absolument.

L'ÉTRANGER. — Ces trois formes n'arrivent-elles pas à en faire cinq, en engendrant elles-mêmes deux nouvelles dénominations ?

SOCRATE LE JEUNE. — Quelles dénominations ?

e L'ÉTRANGER. — En considérant les caractères que présentent ces formes, contrainte et liberté, pauvreté et richesse, légalité et illégalité, on divise en deux chacune des deux premières, et, la monarchie offrant deux espèces, on l'appelle de deux noms, tyrannie ou royauté.

SOCRATE LE JEUNE. — Evidemment.

L'ÉTRANGER. — Toute cité où la force est aux mains du petit nombre s'appelle soit aristocratie, soit oligarchie.

SOCRATE LE JEUNE. — Parfaitement.

L'ÉTRANGER. — Quant à la démocratie, que la foule y
292 a commande de gré ou de force à ceux qui possèdent, qu'elle

1. Sophiste et magicien, *Rép.* 598 d ; *Soph.* 234 c-235 a ; sophiste et rhéteur, *Gorgias* 520 a ; rhéteur et politique, *Phèdre* 258 a/b.

2. Hérodote (III, 80-82) distingue monarchie (absolue ou tyrannie, suivant l'interlocuteur), aristocratie ou oligarchie (*id.*), démocratie. La classification donnée ici était courante (*Lois* 712 c ; 714 b ὅσα λέγουσιν οἱ πολλοί). Ainsi Xén. *Cyrop.* I, 1 (aristocratie non divisée),

ταύτης τῆς τέχνης ἐμπειρότατον· ὃν ἀπὸ τῶν ὄντως ὄντων πολιτικῶν καὶ βασιλικῶν καίπερ παγχάλεπον ὄντα ἀφαιρεῖν ἀφαιρετέον, εἰ μέλλομεν ἰδεῖν ἐναργῶς τὸ ζητούμενον.

ΝΕ. ΣΩ. Ἀλλὰ μὴν τοῦτό γε οὐκ ἀνετέον.

ΞΕ. Οὔκουν δὴ κατά γε τὴν ἐμήν. Καί μοι φράζε τόδε.

ΝΕ. ΣΩ. Τὸ ποῖον ;

ΞΕ. Ἆρ᾽ οὐ μοναρχία τῶν πολιτικῶν ἡμῖν ἀρχῶν ἐστι d
μία ;

ΝΕ. ΣΩ. Ναί.

ΞΕ. Καὶ μετὰ μοναρχίαν εἴποι τις ἄν, οἶμαι, τὴν ὑπὸ τῶν ὀλίγων δυναστείαν.

ΝΕ. ΣΩ. Πῶς δ᾽ οὔ ;

ΞΕ. Τρίτον δὲ σχῆμα πολιτείας οὐχ ἡ τοῦ πλήθους ἀρχή, δημοκρατία τοὔνομα κληθεῖσα ;

ΝΕ. ΣΩ. Καὶ πάνυ γε.

ΞΕ. Τρεῖς δ᾽ οὖσαι μῶν οὐ πέντε τρόπον τινὰ γίγνονται, δύ᾽ ἐξ ἑαυτῶν ἄλλα πρὸς αὑταῖς ὀνόματα τίκτουσαι ;

ΝΕ. ΣΩ. Ποῖα δή ;

ΞΕ. Πρὸς τὸ βίαιόν που καὶ ἑκούσιον ἀποσκοποῦντες e
νῦν καὶ πενίαν καὶ πλοῦτον καὶ νόμον καὶ ἀνομίαν ἐν αὐταῖς γιγνόμενα διπλῆν ἑκατέραν τοῖν δυοῖν διαιροῦντες μοναρχίαν μὲν προσαγορεύουσιν ὡς δύο παρεχομένην εἴδη δυοῖν ὀνόμασι, τυραννίδι, τὸ δὲ βασιλικῇ.

ΝΕ. ΣΩ. Τί μήν ;

ΞΕ. Τὴν δὲ ὑπ᾽ ὀλίγων γε ἑκάστοτε κρατηθεῖσαν πόλιν ἀριστοκρατίᾳ καὶ ὀλιγαρχίᾳ.

ΝΕ. ΣΩ. Καὶ πάνυ γε.

ΞΕ. Δημοκρατίας γε μήν, ἐάντ᾽ οὖν βιαίως ἐάντε
ἑκουσίως τῶν τὰς οὐσίας ἐχόντων τὸ πλῆθος ἄρχῃ, καὶ 292 a

c 4 ὄντων : ὁ τῶν B || 5 παγχάλεπον : χαλεπὸν B || **d** 1 ἆρ᾽ οὐ... 292 a 4 ἀληθῆ habet Stobaeus IV, 1, 63 || 9 καὶ om. B || 11 ἑαυτῶν : αὑτῶν Stob. || αὑταῖς : αὑτῶν Y || **e** 5 ante τυραννίδι add. τὸ μὲν Stob. || 8 ἀριστοκρατία W Stob. || ὀλιγαρχία Stob. || **292 a** 1 οὐσίας : θυσ- B.

observe exactement les lois ou les méprise, personne ne s'avise d'ordinaire de rien changer à ce nom.

Socrate le Jeune. — C'est vrai.

L'Étranger. — Quoi donc ? Pensons-nous qu'aucune de ces constitutions puisse être bonne, simplement définie par ces termes « un, quelques-uns, beaucoup — richesse ou pauvreté — contrainte ou liberté — lois écrites ou absence de lois » ?

Socrate le Jeune. — Qui l'en empêche, au fait ?

b L'Étranger. — Considère la chose plus clairement, du point de vue suivant.

Socrate le Jeune. — Lequel ?

L'Étranger. — Ce que nous avons dit au début demeure-t-il acquis, ou bien n'en sommes-nous plus d'accord ?

Socrate le Jeune. — Quoi donc ?

L'Étranger. — Que le gouvernement royal relève d'une science, nous avons bien dit cela, je pense ?

Socrate le Jeune. — Oui.

L'Étranger. — Et pas de n'importe laquelle, mais bien d'une science critique et directive, plutôt que de toute autre.

Socrate le Jeune. — Oui.

L'Étranger. — Et, dans cette science directive, nous
c avons distingué entre la direction des œuvres inanimées et la direction des êtres vivants et, toujours divisant de cette manière, nous sommes parvenus au point actuel, sans perdre de vue la science, mais sans être encore capables de la définir avec une précision suffisante.

Socrate le Jeune. — C'est exact.

L'Étranger. — Or, ne nous apercevons-nous pas que le caractère qui doit servir à distinguer ces constitutions, ce n'est ni le « quelques-uns » ou le « beaucoup », ni la liberté ou la contrainte, ni la pauvreté ou la richesse, mais bien la présence d'une science, si nous voulons être conséquents avec nos principes ?

d Socrate le Jeune. — Mais, cela, nous ne pouvons pas ne pas le vouloir.

Mém. IV, 6, 12 (ploutocratie = oligarchie), avec critères tels qu'ici (sauf pauvreté, richesse) et démocratie non divisée.

ἐάντε τοὺς νόμους ἀκριβῶς φυλάττον ἐάντε μή, πάντως τοὔνομα οὐδεὶς αὐτῆς εἴωθε μεταλλάττειν.

ΝΕ. ΣΩ. Ἀληθῆ.

ΞΕ. Τί οὖν ; οἰόμεθά τινα τούτων τῶν πολιτειῶν ὀρθὴν εἶναι τούτοις τοῖς ὅροις ὁρισθεῖσαν, ἑνὶ καὶ ὀλίγοις καὶ πολλοῖς, καὶ πλούτῳ καὶ πενίᾳ, καὶ τῷ βιαίῳ καὶ ἑκουσίῳ, καὶ μετὰ γραμμάτων καὶ ἄνευ νόμων συμβαίνουσαν γίγνεσθαι ;

ΝΕ. ΣΩ. Τί γὰρ δὴ καὶ κωλύει ;

ΞΕ. Σκόπει δὴ σαφέστερον τῇδε ἑπόμενος. b

ΝΕ. ΣΩ. Πῇ ;

ΞΕ. Τῷ ῥηθέντι κατὰ πρώτας πότερον ἐμμενοῦμεν ἢ διαφωνήσομεν ;

ΝΕ. ΣΩ. Τῷ δὴ ποίῳ λέγεις ;

ΞΕ. Τὴν βασιλικὴν ἀρχὴν τῶν ἐπιστημῶν εἶναί τινα ἔφαμεν, οἶμαι.

ΝΕ. ΣΩ. Ναί.

ΞΕ. Καὶ τούτων γε οὐχ ἁπασῶν, ἀλλὰ κριτικὴν δήπου τινὰ καὶ ἐπιστατικὴν ἐκ τῶν ἄλλων προειλόμεθα.

ΝΕ. ΣΩ. Ναί.

ΞΕ. Κἀκ τῆς ἐπιστατικῆς τὴν μὲν ἐπ' ἀψύχοις ἔργοις, τὴν δ' ἐπὶ ζῴοις· καὶ κατὰ τοῦτον δὴ τὸν τρόπον μερίζοντες c
δεῦρ' ἀεὶ προεληλύθαμεν, ἐπιστήμης οὐκ ἐπιλανθανόμενοι, τὸ δ' ἥτις οὐχ ἱκανῶς πω δυνάμενοι διακριβώσασθαι.

ΝΕ. ΣΩ. Λέγεις ὀρθῶς.

ΞΕ. Τοῦτ' αὐτὸ τοίνυν ἆρ' ἐννοοῦμεν, ὅτι τὸν ὅρον οὐκ ὀλίγους οὐδὲ πολλούς, οὐδὲ τὸ ἑκούσιον οὐδὲ τὸ ἀκούσιον, οὐδὲ πενίαν οὐδὲ πλοῦτον γίγνεσθαι περὶ αὐτῶν χρεών, ἀλλά τινα ἐπιστήμην, εἴπερ ἀκολουθήσομεν τοῖς πρόσθεν ;

ΝΕ. ΣΩ. Ἀλλὰ μὴν τοῦτό γε ἀδύνατον μὴ ποιεῖν. d

10 καὶ om. W || κωλύειν B || b 1 δὴ ante τῇδε iter. W || 3 πότερον : πρό- W || 6 τινα : τι B || c 3 ἥτις : ἥν τις T ἣν τις B || πω edd. : που Y πως || 5 τοῦτ' αὐτὸ B : τοῦτο || 9 πρόσθεν B : ἔμπρο-.

Le vrai chef au-dessus des lois.

L'Étranger. — La question qui se pose désormais est donc nécessairement celle-ci : dans laquelle de ces constitutions se réalise la science du gouvernement des hommes, la plus difficile, peut-on dire, et la plus grande qu'il soit possible d'acquérir ? Car c'est cette science qu'il faut considérer, si nous voulons voir quels concurrents nous avons à écarter du roi éclairé, concurrents qui prétendent bien être des politiques et qui le font croire à beaucoup, mais qui ne le sont d'aucune manière.

Socrate le Jeune. — Oui, cette séparation s'impose, en effet, d'après ce que nous a déjà montré la discussion.

e L'Étranger. — Eh bien, croyons-nous que, dans une cité, la foule soit capable d'acquérir cette science ?

Socrate le Jeune. — Comment le croire ?

L'Étranger. — Est-ce donc que, dans une cité de dix mille hommes, une centaine ou une cinquantaine seraient capables d'arriver à la posséder d'une façon suffisante ?

Socrate le Jeune. — La politique serait, à ce compte, le plus facile de tous les arts : nous savons trop bien que, dans tout ce qu'il y a de Grecs, on ne trouverait pas, sur dix mille, une telle proportion de champions au jeu d'échecs, sans parler de trouver autant de rois. Car, bien entendu, celui qui possède la science royale, qu'il règne ou non, n'en doit pas
293 a moins, d'après ce que nous avons dit, être appelé du titre royal.

L'Étranger. — Tu as raison de m'en faire souvenir, et la suite en est, j'imagine, que la droite forme du commandement, c'est en un seulement, ou bien en deux, ou dans quelques-uns tout au plus qu'il la faut chercher, au cas où cette droite forme se réalise.

Socrate le Jeune. — Et comment !

L'Étranger. — Mais, ceux-là, qu'ils commandent avec ou contre le gré de leurs sujets, qu'ils s'inspirent ou non de lois écrites, qu'ils soient riches ou pauvres, il faut, d'après ce que nous pensons maintenant, les tenir pour des chefs, du
b moment qu'ils commandent avec compétence par quelque forme d'autorité que ce soit. Ainsi nous n'en tenons pas moins les médecins pour tels, qu'ils nous guérissent de gré ou de force, qu'ils nous taillent ou nous brûlent ou nous infligent quelque autre traitement douloureux, qu'ils suivent

ΞΕ. Ἐξ ἀνάγκης δὴ νῦν τοῦτο οὕτω σκεπτέον, ἐν τίνι ποτὲ τούτων ἐπιστήμη συμβαίνει γίγνεσθαι περὶ ἀνθρώπων ἀρχῆς, σχεδὸν τῆς χαλεπωτάτης καὶ μεγίστης κτήσασθαι. Δεῖ γὰρ ἰδεῖν αὐτήν, ἵνα θεασώμεθα τίνας ἀφαιρετέον ἀπὸ τοῦ φρονίμου βασιλέως, οἳ προσποιοῦνται μὲν εἶναι πολιτικοὶ καὶ πείθουσι πολλούς, εἰσὶ δὲ οὐδαμῶς.

ΝΕ. ΣΩ. Δεῖ γὰρ δὴ ποιεῖν τοῦτο, ὡς ὁ λόγος ἡμῖν προείρηκεν.

ΞΕ. Μῶν οὖν δοκεῖ πλῆθός γε ἐν πόλει ταύτην τὴν e
ἐπιστήμην δυνατὸν εἶναι κτήσασθαι;

ΝΕ. ΣΩ. Καὶ πῶς;

ΞΕ. Ἀλλ' ἆρα ἐν χιλιάνδρῳ πόλει δυνατὸν ἑκατόν τινας ἢ καὶ πεντήκοντα αὐτὴν ἱκανῶς κτήσασθαι;

ΝΕ. ΣΩ. Ῥᾴστη μεντἂν οὕτω γ' εἴη πασῶν τῶν τεχνῶν· ἴσμεν γὰρ ὅτι χιλίων ἀνδρῶν ἄκροι πεττευταὶ τοσοῦτοι πρὸς τοὺς ἐν τοῖς ἄλλοις Ἕλλησιν οὐκ ἂν γένοιντό ποτε, μή τι δὴ βασιλῆς γε. Δεῖ γὰρ δὴ τόν γε τὴν βασιλικὴν ἔχοντα ἐπιστήμην, ἄν τ' ἄρχῃ καὶ ἐὰν μή, κατὰ τὸν
ἔμπροσθε λόγον ὅμως βασιλικὸν προσαγορεύεσθαι. 293 a

ΞΕ. Καλῶς ἀπεμνημόνευσας. Ἑπόμενον δέ, οἶμαι, τούτῳ τὴν μὲν ὀρθὴν ἀρχὴν περὶ ἕνα τινὰ καὶ δύο καὶ παντάπασιν ὀλίγους δεῖ ζητεῖν, ὅταν ὀρθὴ γίγνηται.

ΝΕ. ΣΩ. Τί μήν;

ΞΕ. Τούτους δέ γε, ἐάντε ἑκόντων ἐάντ' ἀκόντων ἄρχωσιν, ἐάντε κατὰ γράμματα ἐάντε ἄνευ γραμμάτων, καὶ ἐὰν πλουτοῦντες ἢ πενόμενοι, νομιστέον, ὥσπερ νῦν ἡγούμεθα, κατὰ τέχνην ἡντινοῦν ἀρχὴν ἄρχοντας. Τοὺς ἰατροὺς
δὲ οὐχ ἥκιστα νενομίκαμεν, ἐάντε ἑκόντας ἐάντε ἄκοντας b
ἡμᾶς ἰῶνται, τέμνοντες ἢ κάοντες ἤ τινα ἄλλην ἀλγηδόνα προσάπτοντες, καὶ ἐὰν κατὰ γράμματα ἢ χωρὶς γραμμάτων, καὶ ἐὰν πένητες ὄντες ἢ πλούσιοι, πάντως οὐδὲν ἧττον

d 2 νῦν habet s. l. Y || 5 θεασάμεθα W || e 1 ταύτην : αὐτὴν B || 7 ἄχροι : ἄκρα Y || 293 a 4 ὀλίγους : -ου B || 7 ἄντε... ἄντε TY || κατὰ τὰ TY || 9 ἄρχοντας; ἔχοντας Y || b 4 οὐδὲν : οὐδὲ B.

des règles écrites ou s'en dispensent, qu'ils soient pauvres ou qu'ils soient riches ; nous n'hésitons pas le moins du monde à les appeler médecins, tant que leurs prescriptions sont dictées par l'art, et tant que, nous purgeant ou diminuant notre embonpoint par tout autre moyen ou bien au contraire l'augmentant, peu importe, ils le font pour le bien du corps,
c améliorent en fait son état et, tous autant qu'ils sont, assurent le salut des êtres qui leur sont confiés. Voilà, je pense, dans quelle voie et dans quelle unique voie il faut chercher la droite définition de la médecine et de tout autre art[1].

Socrate le Jeune. — Certainement.

L'Étranger. — Forcément donc, semble-t-il, parmi les constitutions celle-là sera éminemment et uniquement la droite constitution, qui montrera des chefs doués d'une science véritable et non d'un semblant de science, et, que ces chefs s'appuient sur des lois ou s'en passent, qu'ils soient agréés ou seulement subis, riches ou pauvres, rien de tout
d cela ne doit compter le moindrement dans l'appréciation de cette norme droite.

Socrate le Jeune. — Bien.

L'Étranger. — Et qu'il leur faille tuer ou exiler celui-ci ou celui-là pour purger et assainir la cité, exporter des colonies comme on essaime des abeilles pour la faire plus petite ou bien importer des gens de l'étranger et créer des citoyens nouveaux pour la faire plus grande, tant qu'ils s'aident de la science et de la justice pour la conserver et, de mauvaise, la rendre la meilleure possible, c'est alors et c'est définie par
e de pareils termes qu'une constitution doit être pour nous la seule constitution droite[2]. Quant à toutes les autres que nous mentionnons, disons qu'elles ne sont ni de légitimes ni même de vraies constitutions : elles ne sont que des imitations, qui, si elles jouissent, comme on dit, de bonnes lois, copient les meilleurs traits de cette droite constitution, sinon, ses traits les plus mauvais.

1. Pour le médecin riche ou pauvre, *Alcib.* I, 107 c ; pour le reste, voir la réponse du médecin au tribunal d'enfants, *Gorgias* 521 e/22 a.

2. Épuration de la cité, *Rép.* 492 e, 501 a, 541 a (éd. Budé, *Introd.* LXXXVIII), *Lois* 735 d/6 a. Critère unique, cf. notice p. LI sq.

ἰατρούς φαμεν, ἕωσπερ ἂν ἐπιστατοῦντες τέχνῃ, καθαί-
ροντες εἴτε ἄλλως ἰσχναίνοντες εἴτε καὶ αὐξάνοντες, ἂν
μόνον ἐπ᾽ ἀγαθῷ τῷ τῶν σωμάτων, βελτίω ποιοῦντες ἐκ
χειρόνων, σῴζωσιν οἱ θεραπεύοντες ἕκαστοι τὰ θεραπευ- c
όμενα· ταύτῃ θήσομεν, ὡς οἶμαι, καὶ οὐκ ἄλλῃ, τοῦτον
ὅρον ὀρθὸν εἶναι μόνον ἰατρικῆς καὶ ἄλλης ἡστινοσοῦν
ἀρχῆς.

ΝΕ. ΣΩ. Κομιδῇ μὲν οὖν.

ΞΕ. Ἀναγκαῖον δὴ καὶ πολιτειῶν, ὡς ἔοικε, ταύτην
ὀρθὴν διαφερόντως εἶναι καὶ μόνην πολιτείαν, ἐν ᾗ τις ἂν
εὑρίσκοι τοὺς ἄρχοντας ἀληθῶς ἐπιστήμονας καὶ οὐ
δοκοῦντας μόνον, ἐάντε κατὰ νόμους ἐάντε ἄνευ νόμων
ἄρχωσι, καὶ ἑκόντων ἢ ἀκόντων, καὶ πενόμενοι ἢ πλου-
τοῦντες, τούτων ὑπολογιστέον οὐδὲν οὐδαμῶς εἶναι κατ᾽ d
οὐδεμίαν ὀρθότητα.

ΝΕ. ΣΩ. Καλῶς.

ΞΕ. Καὶ ἐάντε γε ἀποκτεινύντες τινὰς ἢ καὶ ἐκβάλ-
λοντες καθαίρωσιν ἐπ᾽ ἀγαθῷ τὴν πόλιν, εἴτε καὶ ἀποικίας
οἷον σμήνη μελιττῶν ἐκπέμποντές ποι σμικροτέραν
ποιῶσιν, ἤ τινας ἐπεισαγόμενοί ποθεν ἄλλους ἔξωθεν
πολίτας ποιοῦντες αὐτὴν αὔξωσιν, ἕωσπερ ἂν ἐπιστήμῃ
καὶ τῷ δικαίῳ προσχρώμενοι σῴζοντες ἐκ χείρονος βελτίω
ποιῶσι κατὰ δύναμιν, ταύτην τότε καὶ κατὰ τοὺς τοι- e
ούτους ὅρους ἡμῖν μόνην ὀρθὴν πολιτείαν εἶναι ῥητέον·
ὅσας δ᾽ ἄλλας λέγομεν, οὐ γνησίας οὐδ᾽ ὄντως οὔσας
λεκτέον, ἀλλὰ μεμιμημένας ταύτην, ἃς μὲν ὡς εὐνόμους
λέγομεν, ἐπὶ τὰ καλλίω, τὰς δὲ ἄλλας ἐπὶ τὰ αἰσχίονα
μεμιμῆσθαι.

b 6 καὶ om. B || **c** 1 σῴζωσιν : -ζου- TY || θεραπεύοντες : -άπον- Y || 2 θήσομεν B : φή- || 6 πολιτειῶν : -είαν B || 7 διαφερόντως ὀρθὴν TY || 8 εὑρίσκοι om. Y || 10 καὶ[2] B : ἢ || **d** 4 καὶ[2] om. YW || 8 ἕωσπερ : ὥσπερ B || **e** 3 γνησίας B : -ως || 4 ἃς μὲν ὡς Stallbaum : ἀσμένως || εὐνόμους : -λόγ- Y || 5 ἐπὶ τὰ[1] : ἔπειτα B ἐπὶ τοὺς Y || ἐπὶ τὰ[2] : ἐπὶ τοὺς Y.

L'illégalité idéale : la force imposant le bien.

Socrate le Jeune. — Sur tout le reste, étranger, tes réflexions me semblent sensées : mais, qu'on doive gouverner sans lois, cela est pénible à entendre.

L'Étranger. — Ta remarque devance tout juste une ques-
294 a tion de moi, Socrate. Car j'allais te demander si tu acceptais toutes ces réflexions ou s'il en était quelqu'une qui te déplût. Voilà maintenant qui est clair : ce que nous voulons discuter, c'est la question de savoir si un gouvernement sans lois est légitime.

Socrate le Jeune. — Évidemment.

L'Étranger. — Or, il est bien clair que, d'une certaine façon, la législation est fonction royale ; et pourtant ce qui vaut le mieux, ce n'est pas de donner force aux lois, mais à l'homme royal doué de prudence [1]. Sais-tu pourquoi ?

Socrate le Jeune. — Quel est donc ton pourquoi ?

L'Étranger. — C'est que la loi ne sera jamais capable de
b saisir à la fois ce qu'il y a de meilleur et de plus juste pour tous, de façon à édicter les prescriptions les plus utiles. Car la diversité qu'il y a entre les hommes et les actes, et le fait qu'aucune chose humaine n'est, pour ainsi dire, jamais en repos, ne laissent place, dans aucun art et dans aucune matière, à un absolu qui vaille pour tous les cas et pour tous les temps. Nous sommes bien d'accord là-dessus, j'imagine ?

Socrate le Jeune. — Et comment !

L'Étranger. — Or, c'est, en somme, tout juste à cet
c absolu que nous voyons la loi s'efforcer [2], comme un homme sûr de lui, ignare, qui ne permettrait à personne de rien faire contre la consigne qu'il a édictée et ne souffrirait aucune question, même en présence d'une situation nouvelle, meilleure, pour tel ou tel cas, que ne l'avaient prévu ses propres prescriptions.

Socrate le Jeune. — C'est vrai : la loi agit, à l'égard de chacun de nous, exactement comme tu viens de dire.

L'Étranger. — N'est-il donc pas impossible que ce qui demeure toujours absolu s'adapte à ce qui ne l'est jamais ?

1. Le roi parfait se passerait des lois, car aucune loi ne prime la science, l'esprit ne doit pas être asservi (*Lois*, 875 b/d).

2. Aristote, *Polit.* III, 1286 a, 9 : δοκοῦσι δή.. τὸ καθόλου μόνον οἱ νόμοι λέγειν, ἀλλ' οὐ πρὸς τὰ προσπίπτοντα ἐπιτάττειν κτλ.

ΝΕ. ΣΩ. Τὰ μὲν ἄλλα, ὦ ξένε, μετρίως ἔοικεν εἰρῆσθαι· τὸ δὲ καὶ ἄνευ νόμων δεῖν ἄρχειν χαλεπώτερον ἀκούειν ἐρρήθη.

ΞΕ. Μικρόν γε ἔφθης με ἐρόμενος, ὦ Σώκρατες.
Ἔμελλον γάρ σε διερωτήσειν ταῦτα πότερον ἀποδέχῃ 294 a
πάντα, ἤ τι καὶ δυσχεραίνεις τῶν λεχθέντων· νῦν δ' ἤδη
φανερὸν ὅτι τοῦτο βουλησόμεθα τὸ περὶ τῆς τῶν ἄνευ
νόμων ἀρχόντων ὀρθότητος διελθεῖν ἡμᾶς.

ΝΕ. ΣΩ. Πῶς γὰρ οὔ;

ΞΕ. Τρόπον μέντοι τινὰ δῆλον ὅτι τῆς βασιλικῆς ἐστιν ἡ νομοθετική· τὸ δ' ἄριστον οὐ τοὺς νόμους ἐστὶν ἰσχύειν, ἀλλ' ἄνδρα τὸν μετὰ φρονήσεως βασιλικόν. Οἶσθ' ὅπῃ;

ΝΕ. ΣΩ. Πῇ δὴ λέγεις;

ΞΕ. Ὅτι νόμος οὐκ ἄν ποτε δύναιτο τό τε ἄριστον καὶ
τὸ δικαιότατον ἀκριβῶς ἅμα πᾶσιν περιλαβὼν τὸ βέλτιστον b
ἐπιτάττειν· αἱ γὰρ ἀνομοιότητες τῶν τε ἀνθρώπων καὶ τῶν
πράξεων καὶ τὸ μηδέποτε μηδὲν ὡς ἔπος εἰπεῖν ἡσυχίαν
ἄγειν τῶν ἀνθρωπίνων οὐδὲν ἐῶσιν ἁπλοῦν ἐν οὐδενὶ περὶ
ἁπάντων καὶ ἐπὶ πάντα τὸν χρόνον ἀποφαίνεσθαι τέχνην
οὐδ' ἡντινοῦν. Ταῦτα δὴ συγχωροῦμέν που;

ΝΕ. ΣΩ. Τί μήν;

ΞΕ. Τὸν δέ γε νόμον ὁρῶμεν σχεδὸν ἐπ' αὐτὸ τοῦτο
συντείνοντα, ὥσπερ τινὰ ἄνθρωπον αὐθάδη καὶ ἀμαθῆ καὶ c
μηδένα μηδὲν ἐῶντα ποιεῖν παρὰ τὴν ἑαυτοῦ τάξιν, μηδ'
ἐπερωτᾶν μηδένα, μηδ' ἄν τι νέον ἄρα τῳ συμβαίνῃ βέλτιον
παρὰ τὸν λόγον ὃν αὐτὸς ἐπέταξεν.

ΝΕ. ΣΩ. Ἀληθῆ· ποιεῖ γὰρ ἀτεχνῶς καθάπερ εἴρηκας νῦν ὁ νόμος ἡμῖν ἑκάστοις.

ΞΕ. Οὐκοῦν ἀδύνατον εὖ ἔχειν πρὸς τὰ μηδέποτε ἁπλᾶ τὸ διὰ παντὸς γιγνόμενον ἁπλοῦν;

e 10 μικρόν B : σμι- ‖ **294 a** 6 τινὰ μέντοι B ‖ **b** 1 πᾶσιν ἅμα B ‖ 2 ἐπιτάττει B ‖ των τε B : τῶν ‖ 3 τὸ edd. : τοῦ ‖ ἔπος εἰπεῖν B : εἰπεῖν ἔπος ‖ **c** 2 μηδένα μηδὲν B : μηδὲν ‖ 3 τῳ συμβαίνῃ TY : τῷ (sed τὸ s. l.) ξυμβαίνει W τὸ συμβὰν ᾖ B et i. m. γρ. W.

Socrate le Jeune. — C'est à craindre.

L'Etranger. — Pourquoi donc est-il nécessaire de faire
d des lois, si la loi n'est pas la règle parfaite ? Il faut que nous en trouvions la raison [1].

Socrate le Jeune. — Naturellement.

L'Etranger. — N'y a-t-il pas, chez vous aussi comme dans les autres cités, des exercices communs où l'on s'essaie soit à la course, soit à d'autres épreuves, par simple esprit d'émulation ?

Socrate le Jeune. — Oui, certes, et de bien des sortes.

L'Etranger. — Eh bien, remettons-nous en mémoire les maximes que prescrivent, dans le commandement de ces exercices, les maîtres qui les conduisent d'après des règles scientifiques.

Socrate le Jeune. — Quelles maximes ?

L'Etranger. — Ils ne pensent point qu'il y ait lieu d'entrer dans la minutie des cas individuels en formulant, pour
e chaque sujet particulier, des prescriptions spéciales ; ils croient, au contraire, qu'il faut voir les choses plus en gros et envisager la majorité des cas et la majorité des sujets en édictant les préceptes qui seront utiles au corps en général.

Socrate le Jeune. — Bien.

L'Etranger. — C'est pourquoi, en fait, ils imposent, à tout un groupe de sujets, les mêmes fatigues, et les font commencer en même temps et arrêter au même moment, soit la course, soit la lutte, ou tous autres exercices du corps.

Socrate le Jeune. — C'est vrai.

L'Etranger. — Jugeons-en donc de même pour le législateur : lui, qui doit prescrire à ses ouailles leurs obligations
295 a de justice et de contrats mutuels, ne serait jamais capable, en édictant des ordres pour tout le groupe, d'appliquer à chaque individu la règle précise qui lui convient.

Socrate le Jeune. — C'est du moins vraisemblable.

L'Etranger. — Il posera plutôt, je pense, celle qui convient à la majorité des cas et à la majorité des individus, et c'est comme cela, dirai-je, en gros, qu'il légiférera pour chacun, soit en écrivant des lois, soit sans en écrire et se contentant de donner force de loi aux coutumes nationales.

1. Voir *Lois* 874 e sq. : vivre sous des lois, ou vivre en bêtes fauves, etc.

ΝΕ. ΣΩ. Κινδυνεύει.

ΞΕ. Διὰ τί δή ποτ' οὖν ἀναγκαῖον νομοθετεῖν, ἐπειδήπερ οὐκ ὀρθότατον ὁ νόμος; ἀνευρετέον τούτου τὴν αἰτίαν. d

ΝΕ. ΣΩ. Τί μήν;

ΞΕ. Οὐκοῦν καὶ παρ' ὑμῖν εἰσί τινες οἷαι καὶ ἐν ἄλλαις πόλεσιν ἀθρόων ἀνθρώπων ἀσκήσεις, εἴτε πρὸς δρόμον εἴτε πρὸς ἄλλο τι, φιλονικίας ἕνεκα;

ΝΕ. ΣΩ. Καὶ πάνυ γε πολλαί.

ΞΕ. Φέρε νῦν ἀναλάβωμεν πάλιν μνήμῃ τὰς τῶν τέχνῃ γυμναζόντων ἐπιτάξεις ἐν ταῖς τοιαύταις ἀρχαῖς.

ΝΕ. ΣΩ. Τὸ ποῖον;

ΞΕ. Ὅτι λεπτουργεῖν οὐκ ἐγχωρεῖν ἡγοῦνται καθ' ἕνα ἕκαστον, τῷ σώματι τὸ προσῆκον ἑκάστῳ προστάττοντες, ἀλλὰ παχύτερον οἴονται δεῖν ὡς ἐπὶ τὸ πολὺ καὶ ἐπὶ πολλοὺς τὴν τοῦ λυσιτελοῦντος τοῖς σώμασι ποιεῖσθαι τάξιν. e

ΝΕ. ΣΩ. Καλῶς.

ΞΕ. Διὸ δή γε καὶ ἴσους πόνους νῦν διδόντες ἀθρόοις ἅμα μὲν ἐξορμῶσιν, ἅμα δὲ καὶ καταπαύουσι δρόμου καὶ πάλης καὶ πάντων τῶν κατὰ τὰ σώματα πόνων.

ΝΕ. ΣΩ. Ἔστι ταῦτα.

ΞΕ. Καὶ τὸν νομοθέτην τοίνυν ἡγώμεθα, τὸν ταῖσιν ἀγέλαις ἐπιστατήσοντα τοῦ δικαίου πέρι καὶ τῶν πρὸς ἀλλήλους συμβολαίων, μή ποθ' ἱκανὸν γενήσεσθαι πᾶσιν 295 a
ἀθρόοις προστάττοντα ἀκριβῶς ἑνὶ ἑκάστῳ τὸ προσῆκον ἀποδιδόναι.

ΝΕ. ΣΩ. Τὸ γοῦν εἰκός.

ΞΕ. Ἀλλὰ τὸ τοῖς πολλοῖς γε, οἶμαι, καὶ ὡς ἐπὶ τὸ πολὺ καί πως οὑτωσὶ παχυτέρως ἑκάστοις τὸν νόμον θήσει, καὶ ἐν γράμμασιν ἀποδιδοὺς καὶ ἐν ἀγραμμάτοις, πατρίοις δὲ ἔθεσι νομοθετῶν.

d 4 ἡμῖν Y et ut uid. W¹ ‖ 5 ἀθρόων YW¹ : -ον ‖ **e** 5 δὲ καὶ B : δὲ ‖ 6 τὰ om. B ‖ 8 ταῖσιν : τασιν B ταῖς W ‖ **295 a** 1 μηπωθ' B ‖ 6 θήσει edd. : -σειν.

SOCRATE LE JEUNE. — C'est juste.

L'ÉTRANGER. — Certes, c'est juste. Car, Socrate, comment serait-on jamais capable de venir s'asseoir, à tout instant de
b la vie, auprès de chaque particulier pour lui prescrire exactement ce qu'il doit faire ? Il est trop clair, à mon avis, que, du jour où l'un ou l'autre en serait capable, parmi ceux qui possèdent vraiment la science royale, il ne serait plus guère en peine de s'entraver de ses propres mains en écrivant ces prétendues lois.

SOCRATE LE JEUNE. — Certainement, étranger, du moins d'après ce que nous venons de dire.

L'ÉTRANGER. — Bien plus certainement encore, mon très cher, d'après ce que nous allons dire.

SOCRATE LE JEUNE. — Quoi donc ?

L'ÉTRANGER. — Ceci, une question que nous nous poserons à nous-mêmes : un médecin ou bien un maître de
c gymnase, prêt à partir pour un voyage qui le tiendra, pense-t-il, assez longtemps éloigné des gens qu'il traite [1], persuadé que ses élèves ou clients ne se rappelleront pas ses prescriptions, voudrait leur laisser des ordonnances écrites, n'est-il pas vrai ?

SOCRATE LE JEUNE. — Oui.

L'ÉTRANGER. — Eh quoi, s'il revenait après une absence plus courte qu'il n'avait pensé, aurait-il donc peur de substituer à ces ordonnances écrites des ordonnances nouvelles, alors qu'en l'occurrence les conditions seraient devenues meil-
d leures pour les malades, vu l'état des vents ou bien quelqu'autre changement inopiné dans les phénomènes célestes ? Irait-il, au contraire, s'entêter et penser que les vieilles prescriptions une fois édictées sont inviolables, que lui ne doit rien ordonner de nouveau ni son malade rien oser faire en dehors des formules écrites, qui, seules, sont médicales et salutaires, toutes autres ordonnances ne pouvant être que malfaisantes et ignares ? Ou bien toute conduite semblable, en matière de science et d'art véritable, n'appellerait-elle

1. Médecin et maître de gymnase sont souvent accolés comme modèles de compétence technique (*Prot.* 313 d, *Gorg.* 464 b, 517 e, etc., *Rép.* 406 b, *Lois* 916 a, ici 267 e). Aussi fréquente est l'image du pilote (*infra*, 297 e sq.). Sur le voyage de Solon, cf. Glotz, *Hist. Gr.* I, p. 442, Arist., *Const. d'Ath.* XI, 1, XIII, 1 ; Plut., *Solon*, XXV.

ΝΕ. ΣΩ. Ὀρθῶς.

ΞΕ. Ὀρθῶς μέντοι. Πῶς γὰρ ἄν τις ἱκανὸς γένοιτ' ἄν ποτε, ὦ Σώκρατες, ὥστε διὰ βίου ἀεὶ παρακαθήμενος ἑκάστῳ δι' ἀκριβείας προστάττειν τὸ προσῆκον; ἐπεὶ τοῦτ' b
ἂν δυνατὸς ὤν, ὡς οἶμαι, τῶν τὴν βασιλικὴν ὁστισοῦν ὄντως ἐπιστήμην εἰληφότων σχολῇ ποτ' ἂν ἑαυτῷ θεῖτ' ἐμποδίσματα γράφων τοὺς λεχθέντας τούτους νόμους.

ΝΕ. ΣΩ. Ἐκ τῶν νῦν γοῦν, ὦ ξένε, εἰρημένων.

ΞΕ. Μᾶλλον δέ γε, ὦ βέλτιστε, ἐκ τῶν μελλόντων ῥηθήσεσθαι.

ΝΕ. ΣΩ. Τίνων δή;

ΞΕ. Τῶν τοιῶνδε. Εἴπωμεν γὰρ δὴ πρός γε ἡμᾶς αὐτοὺς ἰατρὸν μέλλοντα ἢ καί τινα γυμναστικὸν ἀποδημεῖν καὶ ἀπέσεσθαι τῶν θεραπευομένων συχνόν, ὡς οἴοιτο, χρόνον, c
μὴ μνημονεύσειν οἰηθέντα τὰ προσταχθέντα τοὺς γυμναζομένους ἢ τοὺς κάμνοντας, ὑπομνήματα γράφειν ἂν ἐθέλειν αὐτοῖς, ἢ πῶς;

ΝΕ. ΣΩ. Οὕτως.

ΞΕ. Τί δ' εἰ παρὰ δόξαν ἐλάττω χρόνον ἀποδημήσας ἔλθοι πάλιν; ἆρ' οὐκ ἂν παρ' ἐκεῖνα τὰ γράμματα τολμήσειεν ἄλλ' ὑποθέσθαι, συμβαινόντων ἄλλων βελτιόνων τοῖς κάμνουσι διὰ πνεύματα ἤ τι καὶ ἄλλο παρὰ τὴν ἐλπίδα τῶν
ἐκ Διὸς ἑτέρως πως τῶν εἰωθότων γενόμενα, καρτερῶν δ' d
ἂν ἡγοῖτο δεῖν μὴ ἐκβαίνειν τἀρχαῖά ποτε νομοθετηθέντα μήτε αὐτὸν προστάττοντα ἄλλα μήτε τὸν κάμνοντα ἕτερα τολμῶντα παρὰ τὰ γραφέντα δρᾶν, ὡς ταῦτα ὄντα ἰατρικὰ καὶ ὑγιεινά, τὰ δὲ ἑτέρως γιγνόμενα νοσώδη τε καὶ οὐκ ἔντεχνα· ἢ πᾶν τὸ τοιοῦτον ἔν γε ἐπιστήμῃ συμβαῖνον καὶ

a 10 ἄν [1] om. B || 11 ὥστε om. Y || ἀεὶ διὰ βίου TYW || b 1 ἐπεὶ : ἐπὶ B || 3 αυτῶ B || θῆτ' BW || 9 εἴπωμεν : -ομεν YW || c 1 τινα om. B || 3 μὴ om. B || μνημονεύσειν : -εύειν TY || 7 δὲ εἰ : δαὶ εἰ T δὴ B || 9 ὑποθέσθαι B : ὑποτίθεσθαι || τοῖς : αὐτοῖς Y || d 1 καὶ om. W || 4 ἄλλα rec. : ἀλλὰ.

e pas, en toute circonstance, le plus éclatant ridicule sur de telles façons de légiférer [1] ?

Socrate le Jeune. — Absolument.

L'Étranger. — Mais, quand c'est sur le juste et l'injuste que portent de pareilles lois, écrites ou non écrites, édictées pour l'un ou l'autre de ces troupeaux humains qui, répartis en cités, y vivent sous les lois de leurs législateurs respectifs, si ce législateur compétent revient lui, en personne, ou
296 a quelqu'un d'aussi qualifié, faut-il donc lui interdire de modifier ces premières prescriptions ? Une telle interdiction ne paraîtrait-elle pas, dans ce cas, aussi ridicule au moins que dans le premier ?

Socrate le Jeune. — Et comment !

L'Étranger. — Sais-tu ce que disent, à ce propos, la plupart des gens [2] ?

Socrate le Jeune. — Je ne me le remets pas à ce moment.

L'Étranger. — Leur formule a pourtant bel air. Ils disent, en effet, que si l'on connaît des lois meilleures que celles des ancêtres, on n'a le droit de les donner à sa propre cité qu'une fois obtenu le consentement de chaque citoyen ; autrement, non.

Socrate le Jeune. — Eh bien, n'ont-ils pas raison ?

b L'Étranger. — Peut-être. En tous cas, si quelqu'un se passe de ce consentement et impose de force la réforme, réponds, quel nom prendra ce coup de force ? Mais, attends, revenons d'abord aux exemples précédents.

Socrate le Jeune. — Que veux-tu dire ?

L'Étranger. — Soit donc un médecin qui néglige de persuader son malade et, maître de son art, impose à un enfant, à un homme, à une femme, en dépit de l'ordonnance écrite, le bon traitement, quel nom doit prendre alors la contrainte ? N'est-ce pas tout autre nom que celui de faute contre l'art et d'erreur pernicieuse ? Et la victime de cette contrainte n'aura-
c t-elle pas le droit de tout dire, sauf qu'elle ait été l'objet de manœuvres pernicieuses et ignares de la part des médecins qui la lui imposèrent ?

1. Aristote, *Polit.* III, cite ce raisonnement (1286 a, 11) et le réfute (1287 a 32 sq.).

2. Platon lui-même, *Criton* 51 b/c : ἢ πείθειν αὐτήν... βιάζεσθαι δὲ οὐχ ὅσιον. Cp. *Lois* 772 c, 832 c : si les constitutions ordinaires ne sont

ἀληθεῖ τέχνῃ περὶ ἅπαντα παντάπασι γέλως ἂν ὁ μέγιστος e
γίγνοιτο τῶν τοιούτων νομοθετημάτων;

ΝΕ. ΣΩ. Παντάπασι μὲν οὖν.

ΞΕ. Τῷ δὲ τὰ δίκαια δὴ καὶ ἄδικα καὶ καλὰ καὶ αἰσχρὰ καὶ ἀγαθὰ καὶ κακὰ γράψαντι καὶ ἄγραφα νομοθετήσαντι ταῖς τῶν ἀνθρώπων ἀγέλαις, ὁπόσαι κατὰ πόλιν ἐν ἑκάσταις νομεύονται κατὰ τοὺς τῶν γραψάντων νόμους, ἂν ὁ μετὰ τέχνης γράψας ἤ τις ἕτερος ὅμοιος ἀφίκηται, μὴ ἐξέστω
δὴ παρὰ ταῦτα ἕτερα προστάττειν; ἢ καὶ τοῦτο τὸ ἀπόρ- 296 a
ρημα οὐδὲν ἧττον ἂν ἐκείνου τῇ ἀληθείᾳ γελοῖον φαίνοιτο;

ΝΕ. ΣΩ. Τί μήν;

ΞΕ. Οἶσθ' οὖν ἐπὶ τῷ τοιούτῳ λόγον τὸν παρὰ τῶν πολλῶν λεγόμενον;

ΝΕ. ΣΩ. Οὐκ ἐννοῶ νῦν γ' οὕτως.

ΞΕ. Καὶ μὴν εὐπρεπής. Φασὶ γὰρ δὴ δεῖν, εἴ τις γιγνώσκει παρὰ τοὺς τῶν ἔμπροσθεν βελτίους νόμους, νομοθετεῖν τὴν ἑαυτοῦ πόλιν ἕκαστον πείσαντα, ἄλλως δὲ μή.

ΝΕ. ΣΩ. Τί οὖν; οὐκ ὀρθῶς;

ΞΕ. Ἴσως. Ἂν δ' οὖν τις μὴ πείθων βιάζηται τὸ βέλ- b
τιον, ἀπόκριναι, τί τοὔνομα τῆς βίας ἔσται; μὴ μέντοι πω, περὶ δὲ τῶν ἔμπροσθεν πρότερον.

ΝΕ. ΣΩ. Ποῖον δὴ λέγεις;

ΞΕ. Ἂν τις ἄρα μὴ πείθων τὸν ἰατρευόμενον, ἔχων δὲ ὀρθῶς τὴν τέχνην, παρὰ τὰ γεγραμμένα τὸ βέλτιον ἀναγκάζῃ δρᾶν παῖδα ἤ τινα ἄνδρα ἢ καὶ γυναῖκα, τί τοὔνομα τῆς βίας ἔσται ταύτης; ἆρ' οὐ πᾶν μᾶλλον ἢ τὸ παρὰ τὴν τέχνην λεγόμενον ἁμάρτημα τὸ νοσῶδες; καὶ
πάντα ὀρθῶς εἰπεῖν ἔστι πρότερον τῷ βιασθέντι περὶ τὸ c
τοιοῦτον πλὴν ὅτι νοσώδη καὶ ἄτεχνα πέπονθεν ὑπὸ τῶν βιασαμένων ἰατρῶν;

e 1 ἀληθεῖ : -ῆ Y ‖ 4 τῷ δὲ : τὰ δὲ τῷ TY ‖ δὴ om. TY ‖ 6 ἐν om. Y ‖ 8 ἀφίκηται : -κται Y ‖ **296 a** 1 ἀπόρρημα : -όρη- BY ‖ 2 ἂν ἧττον W ‖ 6 γ' : γοῦν W ‖ 8 τῶν om. Y ‖ **b** 1 μὴ πείθων τις B ‖ 6 τὸ om. B ‖ 7 ἀναγκάζῃ : -ει W ‖ ἤ τινα ἄνδρα om. Y ‖ καὶ om. W.

Socrate le Jeune. — Tu dis la pure vérité.

L'Etranger. — Or, comment appelons-nous ce qui pèche contre l'art politique ? Ne le qualifions-nous pas de honteux, de mauvais, d'injuste ?

Socrate le Jeune. — Absolument.

L'Etranger. — Ceux donc que l'on force à transgresser la loi écrite ou coutumière pour agir d'une façon plus juste,
d plus utile, plus belle, voyons : quand ils se plaindront de cette violence, si leur plainte ne veut pas être ce qu'il y a de plus ridicule au monde, ne doit-elle pas formuler, suivant le cas, tous les griefs possibles, plutôt que celui de traitements honteux, injustes, mauvais, qu'auraient infligés à leurs victimes les auteurs de cette violence ?

Socrate le Jeune. — C'est la vérité pure.

L'Etranger. — Serait-ce, peut-être, que la violence est juste si son auteur est riche, injuste s'il est pauvre ? Ou ne faut-il pas dire plutôt qu'un chef peut user ou non de la per-
e suasion, être riche ou pauvre, s'attacher aux lois écrites ou s'en libérer ; du moment qu'il gouverne utilement [1], c'est là qu'il faut trouver la véritable formule d'une droite administration de la cité, formule suivant laquelle l'homme sage et bon administrera les intérêts de ses sujets ? De même que
297 a c'est en ayant toujours son attention fixée sur le bien du navire et de ceux qu'il porte et, loin d'écrire un code, en posant, au contraire, sa propre science comme loi, qu'un capitaine sauve tout ce qui navigue avec lui, n'est-ce pas ainsi et par même façon que les chefs capables de pratiquer cette méthode réaliseront la droite constitution, faisant, de leur art même, une force plus puissante que ne serait celle des lois ? Et n'est-il pas vrai que des chefs sensés peuvent tout faire sans risque d'erreur, tant qu'ils observeront cette seule et grande règle : distribuer en toute occasion entre les citoyens
b une justice parfaite, pénétrée de raison et de science, et réus-

que des factions, c'est que le consentement du peuple leur manque (ἀκόντων γὰρ ἑκοῦσα οὐδεμία, ἀλλ' ἀκόντων ἑκοῦσα ἄρχει σὺν ἀεί τινι βίᾳ). Mais on ne peut demander aux législateurs de ne faire que des lois qui agréent, ni aux médecins de guérir sans douleur (*ib.*, 684 c).

1. Cicéron (*Resp.* V, 8) exigera *rectorem qui populi utilitati magis quam uoluntati consulat* ; cf. S. Aug., *ép.* 104, 7, et y noter : *Medici ... lacrymas misericorditer obsurdescunt* (*supra*, 296 b).

ΝΕ. ΣΩ. Ἀληθέστατα λέγεις.

ΞΕ. Τί δὲ ἡμῖν δὴ τὸ παρὰ τὴν πολιτικὴν τέχνην ἁμάρτημα λεγόμενόν ἐστιν ; ἆρ' οὐ τὸ αἰσχρὸν καὶ τὸ κακὸν καὶ ἄδικον ;

ΝΕ. ΣΩ. Παντάπασί γε.

ΞΕ. Τῶν δὴ βιασθέντων παρὰ τὰ γεγραμμένα καὶ
πάτρια δρᾶν ἕτερα δικαιότερα καὶ ἀμείνω καὶ καλλίω τῶν
ἔμπροσθεν, φέρε, τὸν τῶν τοιούτων αὖ ψόγον περὶ τῆς d
τοιαύτης βίας, ἆρ', εἰ μέλλει μὴ καταγελαστότατος εἶναι
πάντων, πάντ' αὐτῷ μᾶλλον λεκτέον ἑκάστοτε πλὴν ὡς
αἰσχρὰ καὶ ἄδικα καὶ κακὰ πεπόνθασιν οἱ βιασθέντες ὑπὸ
τῶν βιασαμένων ;

ΝΕ. ΣΩ. Ἀληθέστατα λέγεις.

ΞΕ. Ἀλλ' ἆρα ἐὰν μὲν πλούσιος ὁ βιασάμενος ᾖ, δίκαια,
ἂν δ' ἄρα πένης, ἄδικα τὰ βιασθέντα ἐστίν ; ἢ κἂν πείσας
κἂν μὴ πείσας τις, πλούσιος ἢ πένης, ἢ κατὰ γράμματα ἢ
παρὰ γράμματα, δρᾷ [μὴ σύμφορα ἢ] σύμφορα, τοῦτον δεῖ e
καὶ περὶ ταῦτα τὸν ὅρον εἶναι τόν γε ἀληθινώτατον ὀρθῆς
πόλεως διοικήσεως, ὃν ὁ σοφὸς καὶ ἀγαθὸς ἀνὴρ διοικήσει
τὸ τῶν ἀρχομένων ; ὥσπερ ὁ κυβερνήτης τὸ τῆς νεὼς καὶ
ναυτῶν ἀεὶ συμφέρον παραφυλάττων, οὐ γράμματα τιθείς, 297 a
ἀλλὰ τὴν τέχνην νόμον παρεχόμενος, σῴζει τοὺς συν-
ναύτας, οὕτω καὶ κατὰ τὸν αὐτὸν τρόπον τοῦτον παρὰ τῶν
οὕτως ἄρχειν δυναμένων ὀρθὴ γίγνοιτ' ἂν πολιτεία, τὴν
τῆς τέχνης ῥώμην τῶν νόμων παρεχομένων κρείττω ; καὶ
πάντα ποιοῦσι τοῖς ἔμφροσιν ἄρχουσιν οὐκ ἔστιν ἁμάρ-
τημα, μέχριπερ ἂν ἓν μέγα φυλάττωσι, τὸ μετὰ νοῦ καὶ
τέχνης δικαιότατον ἀεὶ διανέμοντες τοῖς ἐν τῇ πόλει b

c 5 ἡμῖν δὴ : εἰ μὴ δὴ B || 6 οὐ τὸ : οὕτω B || καὶ τὸ : καὶ B || **d** 2 εἰ : ἡ B || 3 αὐτῷ : αὐτῶν W || **e** 1 δρᾷ σύμφορα Cornarius : δρᾷ μὴ σύμφ. Y δρᾷ μὴ σύμφ. ἢ σύμφ. BTW || δεῖ B : δὴ || 3 διοικήσεως om. B || ὃν : ἓν Y || **297 a** 2 τὴν om. BY || σῴζει : -ειν W || τοὺς habet i. m. W || 5 τέχνης : -ην B.

sir ainsi non seulement à les préserver, mais encore, autant que possible, à les rendre meilleurs ?

SOCRATE LE JEUNE. — Ces dernières assertions au moins sont incontestables.

La légalité nécessaire : les deux dangers.

L'ETRANGER. — Mais celles-ci le sont tout autant.

SOCRATE LE JEUNE. — Lesquelles ?

L'ETRANGER. — Qu'un nombreux assemblage de gens, quels qu'ils soient, ne saura jamais s'approprier assez parfaitement une telle science pour être capable
c d'administrer une cité avec intelligence, et que c'est, au contraire, à un petit nombre, à quelques unités, à une seule, qu'il faut demander cette seule droite constitution ; que les autres, enfin, ne doivent être tenues que pour des imitations, qui, nous l'avons dit tout à l'heure, reproduisent parfois les beaux traits de la vraie constitution et, d'autres fois, la défigurent honteusement.

SOCRATE LE JEUNE. — Qu'entends-tu dire par là ? Car, même tout à l'heure, je n'ai rien compris à ces « imitations ».

L'ETRANGER. — Ce serait tout de même quelque chose de grave, que d'avoir soulevé un propos pareil pour le rejeter ensuite, au lieu de le poursuivre en montrant quelle erreur
d on commet actuellement sur ce point.

SOCRATE LE JEUNE. — Quelle erreur ?

L'ETRANGER. — Voici au moins ce qu'il faut chercher, encore que ce ne soit ni familier ni facile à découvrir. Essayons pourtant de le saisir. Voyons : n'y ayant pour nous qu'une seule droite constitution, celle que nous avons dite, sais-tu que les autres doivent, pour subsister, lui emprunter leurs lois écrites et faire ainsi ce qu'on approuve aujourd'hui, bien que ce ne soit pas le plus juste ?

SOCRATE LE JEUNE. — Quoi donc ?

L'ETRANGER. — Interdire que personne, dans la cité, ose
e rien faire contre les lois et, celui qui l'oserait, l'en punir par la mort et les derniers supplices. Et c'est là le principe le plus juste et le plus beau, en seconde ressource, une fois écarté le premier principe, que nous exposions tout à l'heure. Comment on en est venu à ce que nous appelons la seconde ressource, c'est ce qu'il nous faut expliquer. N'en es-tu pas d'avis ?

σῴζειν τε αὐτοὺς οἷοί τε ὦσιν καὶ ἀμείνους ἐκ χειρόνων ἀποτελεῖν κατὰ τὸ δυνατόν ;

ΝΕ. ΣΩ. Οὐκ ἔστ' ἀντειπεῖν παρά γε ἃ νῦν εἴρηται.

ΞΕ. Καὶ μὴν πρὸς ἐκεῖνα οὐδὲ ἀντιρρητέον.

ΝΕ. ΣΩ. Τὰ ποῖα εἶπες ;

ΞΕ. Ὡς οὐκ ἄν ποτε πλῆθος οὐδ' ὡντινωνοῦν τὴν τοιαύτην λαβὸν ἐπιστήμην οἷόν τ' ἂν γένοιτο μετὰ νοῦ διοικεῖν πόλιν, ἀλλὰ περὶ σμικρόν τι καὶ ὀλίγον καὶ τὸ ἕν c
ἐστι ζητητέον τὴν μίαν ἐκείνην πολιτείαν τὴν ὀρθήν, τὰς δ' ἄλλας μιμήματα θετέον, ὥσπερ καὶ ὀλίγον πρότερον ἐρρήθη, τὰς μὲν ἐπὶ τὰ καλλίονα, τὰς δ' ἐπὶ τὰ αἰσχίω μιμουμένας ταύτην.

ΝΕ. ΣΩ. Πῶς τί τοῦτ' εἴρηκας ; οὐδὲ γὰρ ἄρτι δῆθεν κατέμαθον τὰ περὶ τῶν μιμημάτων.

ΞΕ. Καὶ μὴν οὐ φαῦλόν γε, ἂν κινήσας τις τοῦτον τὸν λόγον αὐτοῦ καταβάλῃ καὶ μὴ διελθὼν ἐνδείξηται τὸ νῦν γιγνόμενον ἁμάρτημα περὶ αὐτό. d

ΝΕ. ΣΩ. Ποῖον δή ;

ΞΕ. Τοιόνδε τι δεῖ γε ζητεῖν, οὐ πάνυ σύνηθες οὐδὲ ῥᾴδιον ἰδεῖν· ὅμως μὴν πειρώμεθα λαβεῖν αὐτό. Φέρε γάρ· ὀρθῆς ἡμῖν μόνης οὔσης ταύτης τῆς πολιτείας ἣν εἰρήκαμεν, οἶσθ' ὅτι τὰς ἄλλας δεῖ τοῖς ταύτης συγγράμμασι χρωμένας οὕτω σῴζεσθαι, δρώσας τὸ νῦν ἐπαινούμενον, καίπερ οὐκ ὀρθότατον ὄν ;

ΝΕ. ΣΩ. Τὸ ποῖον ;

ΞΕ. Τὸ παρὰ τοὺς νόμους μηδὲν μηδένα τολμᾶν ποιεῖν τῶν ἐν τῇ πόλει, τὸν τολμῶντα δὲ θανάτῳ ζημιοῦσθαι καὶ e
πᾶσι τοῖς ἐσχάτοις. Καὶ τοῦτ' ἔστιν ὀρθότατα καὶ κάλλιστ' ἔχον ὡς δεύτερον, ἐπειδὰν τὸ πρῶτόν τις μεταθῇ τὸ νυνδὴ ῥηθέν· ᾧ δὲ τρόπῳ γεγονός ἐστι τοῦτο ὃ δὴ δεύτερον ἐφήσαμεν, διαπερανώμεθα. Ἦ γάρ ;

b 2 σῴζειν τε : -ζοντες W || 5 καὶ μὴν καὶ Y || **c** 1 τι : τε T¹Y || 3 δ' om. B || 8 τοῦτον : τοιοῦτον Y || 9 νῦν : νυνὶ TW || **d** 6 ταύτης : ταύτοις (sic) Y.

SOCRATE LE JEUNE. — Tout à fait.

L'ETRANGER. — Revenons donc aux images dont on ne saurait se passer, sitôt que l'on veut décrire les chefs de qualité royale.

SOCRATE LE JEUNE. — Quelles images ?

L'ETRANGER. — Celle du véritable capitaine et du médecin « qui en vaut plusieurs autres »[1]. Considérons la scène que nous imaginerons à leur propos.

SOCRATE LE JEUNE. — Quelle scène ?

L'ETRANGER. — Celle-ci : supposons que nous nous disions
298 a tous combien nous avons terriblement à souffrir de leur part[2]. Veulent-ils, l'un ou l'autre, sauver quelqu'un d'entre nous, l'un comme l'autre le sauvent ; veulent-ils le maltraiter indignement, ils le maltraitent en le taillant, en le brûlant, en exigeant de lui des versements qui sont de vrais tributs, dont ils n'emploient au profit du malade qu'une part faible ou même nulle, et le reste pour leur propre usage et celui de leur maison ; et, qui plus est, pour en finir, ils se laissent acheter
b par les parents ou d'autres ennemis du malade, et le tuent. Les capitaines, à leur tour, commettent mille exploits du même genre, machinent quelque ruse pour vous abandonner en quelque solitude quand ils reprennent le large, font de fausses manœuvres en pleins océans et vous jettent à la mer, et manigancent bien d'autres traîtrises[3]. Suppose donc que, nous disant tout cela, nous prenions en conseil la décision suivante : nous ne permettrons plus ni à l'un ni à l'autre de
c ces deux arts de commander en maître à qui que ce soit, esclaves ou libres ; nous nous réunirons en assemblée, soit tout le peuple, soit les riches seulement, et il y sera permis aux incompétents, aux gens de tous métiers de donner leur avis sur la navigation et les maladies, de dire comment nous devons appliquer aux malades les remèdes et les instruments de médecine, comment manœuvrer les navires et les instru-
d ments nautiques, soit pour naviguer, soit pour échapper aux

1. Cf. Homère, *Il.* XI, 514, et notre note à 295 c.

2. Aristote reprend ce παράδειγμα τῶν τεχνῶν pour le critiquer (*Polit.* III, 1287 a 38 sq.). Comparer le discours du cuisinier contre le médecin (*Gorgias*) et Molière : « Nous taillons comme il nous plaît sur l'étoffe où nous travaillons » ; mais ses médecins à lui ne pèchent que par ignorance et sottise.

3. Thème littéraire fréquent : l'aède d'Agamemnon (*Odyss.* III, 270), Arion (Hérod. I, 24).

ΝΕ. ΣΩ. Πάνυ μὲν οὖν.

ΞΕ. Εἰς δὴ τὰς εἰκόνας ἐπανίωμεν πάλιν, αἷς ἀναγκαῖον ἀπεικάζειν ἀεὶ τοὺς βασιλικοὺς ἄρχοντας.

ΝΕ. ΣΩ. Ποίας ;

ΞΕ. Τὸν γενναῖον κυβερνήτην καὶ τὸν ἑτέρων πολλῶν ἀντάξιον ἰατρόν. Κατίδωμεν γὰρ δή τι σχῆμα ἐν τούτοις αὐτοῖς πλασάμενοι.

ΝΕ. ΣΩ. Ποῖόν τι ;

ΞΕ. Τοιόνδε· οἷον εἰ πάντες περὶ αὐτῶν διανοηθεῖμεν 298 a
ὅτι δεινότατα ὑπ᾽ αὐτῶν πάσχομεν. Ὃν μὲν γὰρ ἂν ἐθελή-
σωσιν ἡμῶν τούτων ἑκάτεροι σῴζειν, ὁμοίως δὴ σῴζουσιν,
ὃν δ᾽ ἂν λωβᾶσθαι βουληθῶσιν, λωβῶνται τέμνοντες καὶ
κάοντες καὶ προστάττοντες ἀναλώματα φέρειν παρ᾽ ἑαυ-
τοὺς οἷον φόρους, ὧν σμικρὰ μὲν εἰς τὸν κάμνοντα καὶ
οὐδὲν ἀναλίσκουσιν, τοῖς δ᾽ ἄλλοις αὐτοί τε καὶ οἱ οἰκέται
χρῶνται· καὶ δὴ καὶ τελευτῶντες ἢ παρὰ συγγενῶν ἢ παρά b
τινων ἐχθρῶν τοῦ κάμνοντος χρήματα μισθὸν λαμβάνοντες
ἀποκτεινύασιν. Οἵ τ᾽ αὖ κυβερνῆται μυρία ἕτερα τοιαῦτα
ἐργάζονται, καταλείποντές τε ἔκ τινος ἐπιβουλῆς ἐν ταῖς
ἀναγωγαῖς ἐρήμους, καὶ σφάλματα ποιοῦντες ἐν τοῖς
πελάγεσιν ἐκβάλλουσιν εἰς τὴν θάλατταν, καὶ ἕτερα
κακουργοῦσιν. Εἰ δὴ ταῦτα διανοηθέντες βουλευσαίμεθα
περὶ αὐτῶν βουλήν τινα, τούτων τῶν τεχνῶν μηκέτι
ἐπιτρέπειν ἄρχειν αὐτοκράτορι μηδετέρᾳ μήτ᾽ οὖν δούλων c
μήτ᾽ ἐλευθέρων, συλλέξαι δ᾽ ἐκκλησίαν ἡμῶν αὐτῶν, ἢ
σύμπαντα τὸν δῆμον ἢ τοὺς πλουσίους μόνον, ἐξεῖναι δὲ
καὶ ἰδιωτῶν καὶ τῶν ἄλλων δημιουργῶν περί τε πλοῦ καὶ
περὶ νόσων γνώμην ξυμβάλλεσθαι καθ᾽ ὅτι χρὴ τοῖς φαρ-
μάκοις ἡμᾶς καὶ τοῖς ἰατρικοῖς ὀργάνοις πρὸς τοὺς κάμ-
νοντας χρῆσθαι, καὶ δὴ καὶ τοῖς πλοίοις τε αὐτοῖς καὶ
τοῖς ναυτικοῖς ὀργάνοις εἰς τὴν τῶν πλοίων χρείαν καὶ d

e 7 εἰκόνας : ἐκεί- Y || **298 a** 7 οἱ om. Y || **b** 4 καταλείποντές edd. : -λιπόν- || τε om. Y || ἐν : ἐπὶ W || **c** 2 αὐτῶν om. Y || 5 ξυμβάλλεσθαι : -αλέ- B || 6 πρὸς τοὺς κάμνοντας : εἰς τὴν τῶν πλοίων Y cf. **d** 1

dangers mêmes de la traversée, dangers des vents et de la mer ou rencontres de pirates, soit enfin pour lutter en combat naval, vaisseaux longs contre vaisseaux longs. Les décisions que prendra la foule à ce sujet, qu'elles aient été inspirées par des médecins ou des capitaines ou bien par de
e simples profanes, nous les écrirons sur des colonnes et des stèles[1], ou bien, sans les écrire, nous leur donnerons force de coutumes nationales, et c'est sur elles désormais que, dans toute la suite du temps, on se réglera pour naviguer sur mer et pour soigner les malades.

Socrate le Jeune. — Tu dis là des choses assurément bien drôles.

L'Etranger. — Chaque année, nous donnerons à la foule des chefs pris soit parmi les riches, soit parmi tout le peuple, par la voie du sort ; et les chefs ainsi établis commanderont d'après la lettre écrite, soit qu'ils aient à gouverner des vaisseaux ou bien à guérir des malades.

Socrate le Jeune. — Celles-là sont encore plus rudes.

L'Etranger. — Considère maintenant celles qui suivent. Lors donc que chaque gouvernant aura fini son année, il faudra faire siéger en tribunal des juges tirés au sort, soit parmi les
299 a riches, sur une liste dressée d'avance, soit directement parmi tout le peuple, amener devant eux les chefs sortants pour y rendre leurs comptes, et quiconque en aura le désir les accusera de n'avoir pas, au cours de leur année, gouverné les vaisseaux suivant la lettre écrite ou suivant les vieilles coutumes des ancêtres[2]. Même licence sera donnée contre ceux qui guérissent les malades et, pour ceux que l'on condamnera, les mêmes juges fixeront la peine à subir ou l'amende à payer.

Socrate le Jeune. — Eh bien, celui qui accepterait de bon cœur un commandement parmi ces gens-là, mériterait amplement cette peine ou cette amende quelle qu'elle fût.

b L'Etranger. — Il faudra cependant encore, en plus de tout cela, porter la loi suivante : quiconque apparaîtra cher-

1. Les κύρβεις étaient des pyramides tournantes, à trois faces, en bois ou en pierre, sur lesquelles on transcrivait les lois (Lys. 30, 17/8, Plut. *Solon* 25, Arist. *Const. Ath.* 7, 1 ; Bussolt, *Gr. Gesch.* II, 291). Les stèles étaient des plaques de marbre ou de bronze.

2. Une fois sa gestion comptable vérifiée, les *euthynes* recevaient toute plainte contre les autres actes du magistrat sortant.

περὶ τοὺς κινδύνους τούς τε πρὸς αὐτὸν τὸν πλοῦν ἀνέμων
καὶ θαλάττης πέρι καὶ πρὸς τὰς τοῖς λῃσταῖς ἐντεύξεις,
καὶ ἐὰν ναυμαχεῖν ἄρα δέῃ που μακροῖς πλοίοις πρὸς
ἕτερα τοιαῦτα· τὰ δὲ τῷ πλήθει δόξαντα περὶ τούτων, εἴτε
τινῶν ἰατρῶν καὶ κυβερνητῶν εἴτ' ἄλλων ἰδιωτῶν συμβου-
λευόντων, γράψαντας ἐν κύρβεσί τισι καὶ στήλαις, τὰ δὲ e
καὶ ἄγραφα πάτρια θεμένους ἔθη, κατὰ ταῦτα ἤδη πάντα
τὸν ἔπειτα χρόνον ναυτίλλεσθαι καὶ τὰς τῶν καμνόντων
θεραπείας ποιεῖσθαι.

ΝΕ. ΣΩ. Κομιδῇ γε εἴρηκας ἄτοπα.

ΞΕ. Κατ' ἐνιαυτὸν δέ γε ἄρχοντας καθίστασθαι τοῦ
πλήθους, εἴτε ἐκ τῶν πλουσίων εἴτε ἐκ τοῦ δήμου παντός,
ὃς ἂν κληρούμενος λαγχάνῃ· τοὺς δὲ καταστάντας
ἄρχοντας ἄρχειν κατὰ τὰ γράμματα κυβερνῶντας τὰς ναῦς
καὶ τοὺς κάμνοντας ἰωμένους.

ΝΕ. ΣΩ. Ταῦτ' ἔτι χαλεπώτερα.

ΞΕ. Θεῶ δὴ καὶ τὸ μετὰ ταῦτα ἑπόμενον. Ἐπειδὰν
γὰρ δὴ τῶν ἀρχόντων ἑκάστοις ὁ ἐνιαυτὸς ἐξέλθῃ, δεήσει
δικαστήρια καθίσαντας ἀνδρῶν, ἢ τῶν πλουσίων ἐκ προ-
κρίσεως ἢ σύμπαντος αὖ τοῦ δήμου τοὺς λαχόντας, εἰς 299 a
τούτους εἰσάγειν τοὺς ἄρξαντας καὶ εὐθύνειν, κατηγορεῖν
δὲ τὸν βουλόμενον ὡς οὐ κατὰ τὰ γράμματα τὸν ἐνιαυτὸν
ἐκυβέρνησε τὰς ναῦς οὐδὲ κατὰ τὰ παλαιὰ τῶν προγόνων
ἔθη· ταὐτὰ δὲ ταῦτα καὶ περὶ τῶν τοὺς κάμνοντας ἰωμέ-
νων· ὧν δ' ἂν καταψηφισθῇ τιμᾶν ὅτι χρὴ παθεῖν αὐτῶν
τινας ἢ ἀποτίνειν.

ΝΕ. ΣΩ. Οὐκοῦν ὅ γ' ἐθέλων καὶ ἑκὼν ἐν τοῖς τοιού-
τοις ἄρχειν δικαιότατ' ἂν ὁτιοῦν πάσχοι καὶ ἀποτίνοι. b

ΞΕ. Καὶ τοίνυν ἔτι δεήσει θέσθαι νόμον ἐπὶ πᾶσι τού-
τοις, ἄν τις κυβερνητικὴν καὶ τὸ ναυτικὸν ἢ τὸ ὑγιεινὸν καὶ

d 2 πρός : περὶ B || 4 δέῃ : δεῖν B || **e** 2 ἄγραφα om. Y || ταῦτα ἤδη om. Y || πάντα : παρὰ W[1] || 7 τοῦ : τῶν Y || 12 θεῶ : θεῷ B || 14 καθίσαντας rec. : -ήσαν- B -ιστάν- || **299 a** 1 αὖ τοῦ edd. : αὐτοῦ τοῦ BW αὐτοῦ TY || 8 γε θέλων W || **b** 2 ἔτι om. W.

cher l'art du pilotage et la science nautique, les règles de la santé, la vérité médicale sur les vents[1], le chaud et le froid, ailleurs que dans la lettre écrite, et faire le savant dans ces matières, celui-là, d'abord, on ne l'appellera ni médecin, ni capitaine, mais discoureur en l'air, sophiste phraseur ; puis,
c le dénonçant comme corrupteur des jeunes gens qu'il persuade de s'adonner à la science nautique et à la médecine sans se régler sur les lois, en commandant eux-mêmes en maîtres aux navires et aux malades, le premier venu parmi ceux qui en ont le droit le traduira devant un tribunal. S'il est convaincu d'instruire jeunes ou vieux dans le mépris des lois et de la lettre écrite, on le punira des derniers supplices[2]. Car on n'a jamais le droit d'être plus savant que les lois, vu que personne n'ignore la médecine, l'hygiène, le pilotage, la
d navigation, étant loisible à qui veut d'apprendre la lettre écrite et les coutumes reçues dans la nation. Si l'on en venait là pour ces sciences, Socrate, pour la stratégie ou toute autre branche de la chasse, pour la peinture ou toute autre partie de la mimétique, pour la menuiserie ou tout autre art d'ameublement, pour l'agriculture et toute espèce d'arboriculture ; si nous devions voir régler par un code l'élevage des chevaux ou tout autre élevage en troupeaux, la mantique
e ou toute autre partie de la science du service, les échecs ou la science des nombres tout entière, soit pure, soit appliquée au plan, au solide, au mouvement, que deviendrait tout cela, mené de la sorte, régi par la lettre écrite au lieu d'être guidé par l'art ?

Socrate le Jeune. — Il est clair que nous verrions tous les arts disparaître totalement sans aucun espoir de retour,

1. Le traité *Des airs, des eaux et des lieux* (Littré II, 12-93) étudie l'influence du climat sur les maladies. Cp. *Lois* 747 d/e : le législateur doit tenir compte des vents et des eaux, qui influent sur les tempéraments et les caractères. La science nautique suppose elle aussi des connaissances générales étendues, et le pilote qui en a souci passe pour « un discoureur en l'air, un phraseur » (*Rép.* 488 d).

2. Le souvenir du procès de Socrate inspire encore cette satire (malgré Hackforth, *The Composition of P's Apol.* Cambridge, 1933, p. 77). On accusait Socrate « d'inspirer à ses disciples le mépris des lois établies, en montrant combien l'élection par la fève est absurde, quels désordres elle créerait appliquée aux techniques, etc. » (*Mém.* I, 2, 9/10).

ἰατρικῆς ἀλήθειαν περὶ πνεύματά τε καὶ θερμὰ καὶ ψυχρὰ
ζητῶν φαίνηται παρὰ τὰ γράμματα καὶ σοφιζόμενος ὁτιοῦν
περὶ τὰ τοιαῦτα, πρῶτον μὲν μήτε ἰατρικὸν αὐτὸν μήτε
κυβερνητικὸν ὀνομάζειν, ἀλλὰ μετεωρολόγον, ἀδολέσχην
τινὰ σοφιστήν, εἶθ' ὡς διαφθείροντα ἄλλους νεωτέρους καὶ
ἀναπείθοντα ἐπιτίθεσθαι κυβερνητικῇ καὶ ἰατρικῇ μὴ κατὰ c
νόμους, ἀλλ' αὐτοκράτορας ἄρχειν τῶν πλοίων καὶ τῶν
νοσούντων, γραψάμενον εἰσάγειν τὸν βουλόμενον οἷς
ἔξεστιν εἴς δή τι δικαστήριον· ἂν δὲ παρὰ τοὺς νόμους
καὶ τὰ γεγραμμένα δόξῃ πείθειν εἴτε νέους εἴτε πρεσβύτας,
κολάζειν τοῖς ἐσχάτοις. Οὐδὲν γὰρ δεῖν τῶν νόμων εἶναι
σοφώτερον· οὐδένα γὰρ ἀγνοεῖν τό τε ἰατρικὸν καὶ τὸ
ὑγιεινὸν οὐδὲ τὸ κυβερνητικὸν καὶ ναυτικόν· ἐξεῖναι γὰρ
τῷ βουλομένῳ μανθάνειν γεγραμμένα καὶ πάτρια ἔθη d
κείμενα. Ταῦτα δὴ περί τε ταύτας τὰς ἐπιστήμας εἰ
γίγνοιτο οὕτως ὡς λέγομεν, ὦ Σώκρατες, καὶ στρατηγικῆς
καὶ συμπάσης ἡστινοσοῦν θηρευτικῆς καὶ γραφικῆς ἢ
συμπάσης ὁτιοῦν μέρος μιμητικῆς καὶ τεκτονικῆς καὶ
συνόλης ὁποιασοῦν σκευουργίας ἢ καὶ γεωργίας καὶ τῆς
περὶ τὰ φυτὰ συνόλης τέχνης, ἢ καί τινα ἱπποφορβίαν αὖ
κατὰ συγγράμματα θεασαίμεθα γιγνομένην ἢ σύμπασαν
ἀγελαιοκομικὴν ἢ μαντικὴν ἢ πᾶν ὅτι μέρος διακονικὴ
περιείληφεν, ἢ πεττείαν ἢ σύμπασαν ἀριθμητικὴν ψιλὴν e
εἴτε ἐπίπεδον εἴτ' ἐν βάθεσιν εἴτ' ἐν τάχεσιν οὖσάν που,
— περὶ ἅπαντα ταῦτα οὕτω πραττόμενα τί ποτ' ἂν
φανείη, κατὰ συγγράμματα γιγνόμενα καὶ μὴ κατὰ τέχνην;

ΝΕ. ΣΩ. Δῆλον ὅτι πᾶσαί τε αἱ τέχναι παντελῶς ἂν
ἀπόλοιντο ἡμῖν, καὶ οὐδ' εἰς αὖθις γένοιντ' ἄν ποτε διὰ τὸν

b 4 πνεύματά : πνεῦμά B || 5 ζητῶν om. Y || 6 μὲν om. B || 7 ὀνομάζειν : -ζῃ B || **c** 3 γράψαμενοι Y || 4 νόμους om. Y || 5 δόξῃ : δεί- Y || 6 δεῖν : δεῖ Y || **d** 4-5 ἢ ξυμπάσης B : συμπάσης || 5 μέρος ὁτιοῦν B || 6 ὁποιασοῦν... d 7 συνόλης om. Y || 6 σὺν ὅλης ubique B || τῆς ante τέχνης B || **e** 4 συγγράμματα B : τὰ συγ- || 5 τε om. B || 6 οὐδὲ εἱς : οὐδεὶς B || γένοιντ' : -οιτ' B.

chassés par cette loi qui prohibe toute recherche, et la vie,
300 a si dure à cette heure, deviendrait alors totalement invivable[1].

L'Etranger. — Et que dis-tu de cette autre hypothèse ? Quand nous aurons asservi à la lettre écrite la pratique de chacun de ces arts, et imposé ce code de commandement au chef que l'élection ou le sort désignera, supposons que celui-ci ne fasse aucun cas de la lettre écrite et entreprenne, par amour du gain ou par caprice personnel, d'agir contre la teneur de la lettre, lui qui ne sait rien, ne sera-ce pas là un mal encore plus grand que le précédent ?

Socrate le Jeune. — En toute vérité.

b L'Etranger. — Car, à mon avis, enfreindre des lois qui résultent de multiples tâtonnements et dont chaque article n'a été posé par le peuple que sur le conseil et l'exhortation de conseillers bien intentionnés, celui qui osera faire cela commettra une faute cent fois pire que la première, et anéantira toute activité plus sûrement encore que ne faisait la lettre écrite.

Socrate le Jeune. — Comment en douter ?

L'Etranger. — Par conséquent, dans quelque domaine que
c l'on établisse des lois et des codes écrits, ce qui s'impose
comme second parti[2], c'est de ne jamais permettre ni à un individu ni à la foule de rien faire qui puisse les enfreindre en quoi que ce soit.

Socrate le Jeune. — C'est juste.

Les constitutions imparfaites.

L'Etranger. — Ces codes seraient donc, en chaque domaine, des imitations de la vérité, tracées le plus parfaitement possible sous l'inspiration de ceux qui savent ?

Socrate le Jeune. — Sans aucun doute.

L'Etranger. — Et pourtant, nous avons dit, s'il nous en souvient, que celui qui sait, le véritable politique, s'inspirera, dans bien des cas, uniquement de son art et, pour sa propre pratique, ne se souciera aucunement de la lettre écrite, s'il trouve qu'une façon nouvelle d'agir vaut mieux que les prescriptions
d rédigées par lui et promulguées pour le temps de son absence.

1. Comparer *Apologie* 38 a : ὁ δὲ ἀνεξέταστος βίος οὐ βιωτὸς ἀνθρώπῳ. Quant au progrès des sciences, cf. Hippoc., *Ancienne Médecine* 4 (L. I, 578) et surtout Platon, *Rép.* 528 c.

2. Second parti, δεύτερος πλοῦς, cf. *Phédon* 99 d, *Philèbe* 19 c,

ἀποκωλύοντα τοῦτον ζητεῖν νόμον· ὥστε ὁ βίος, ὢν καὶ
νῦν χαλεπός, εἰς τὸν χρόνον ἐκεῖνον ἀβίωτος γίγνοιτ' ἂν
τὸ παράπαν. 300 a

ΞΕ. Τί δὲ τόδε ; εἰ κατὰ συγγράμματα μὲν ἀναγκάζοι-
μεν ἕκαστον γίγνεσθαι τῶν εἰρημένων καὶ τοῖς συγγράμμα-
σιν ἡμῶν ἐπιστατεῖν τὸν χειροτονηθέντα ἢ λαχόντα ἐκ
τύχης, οὗτος δὲ μηδὲν φροντίζων τῶν γραμμάτων ἢ κέρδους
ἕνεκέν τινος ἢ χάριτος ἰδίας παρὰ ταῦτ' ἐπιχειροῖ δρᾶν
ἕτερα, μηδὲν γιγνώσκων, ἆρα οὐ τοῦ κακοῦ τοῦ πρόσθεν
μεῖζον ἂν ἔτι τοῦτο γίγνοιτο κακόν ;

ΝΕ. ΣΩ. Ἀληθέστατά γε.

ΞΕ. Παρὰ γάρ, οἶμαι, τοὺς νόμους τοὺς ἐκ πείρας b
πολλῆς κειμένους καί τινων συμβούλων ἕκαστα χαριέντως
συμβουλευσάντων καὶ πεισάντων θέσθαι τὸ πλῆθος, ὁ παρὰ
ταῦτα τολμῶν δρᾶν, ἁμαρτήματος ἁμάρτημα πολλαπλάσιον
ἀπεργαζόμενος, ἀνατρέποι πᾶσαν ἂν πρᾶξιν ἔτι μειζόνως
τῶν συγγραμμάτων.

ΝΕ. ΣΩ. Πῶς δ' οὐ μέλλει ;

ΞΕ. Διὰ ταῦτα δὴ τοῖς περὶ ὁτουοῦν νόμους καὶ συγ-
γράμματα τιθεμένοις δεύτερος πλοῦς τὸ παρὰ ταῦτα μήτε c
ἕνα μήτε πλῆθος μηδὲν μηδέποτε ἐᾶν δρᾶν μηδ' ὁτιοῦν.

ΝΕ. ΣΩ. Ὀρθῶς.

ΞΕ. Οὐκοῦν μιμήματα μὲν ἂν ἑκάστων ταῦτα εἴη τῆς ἀλη-
θείας, τὰ παρὰ τῶν εἰδότων εἰς δύναμιν εἶναι γεγραμμένα ;

ΝΕ. ΣΩ. Πῶς δ' οὔ ;

ΞΕ. Καὶ μὴν τόν γε εἰδότα ἔφαμεν, τὸν ὄντως πολιτι-
κόν, εἰ μεμνήμεθα, ποιήσειν τῇ τέχνῃ πολλὰ εἰς τὴν αὐτοῦ
πρᾶξιν τῶν γραμμάτων οὐδὲν φροντίζοντα, ὁπόταν ἄλλ'
αὐτῷ βελτίω δόξῃ παρὰ τὰ γεγραμμένα ὑφ' αὐτοῦ καὶ d
ἐπεσταλμένα ἀποῦσίν τισιν.

e 7 βίος ὢν : βιώσων B || **300 a** 4 ἐπιστατεῖν ἡμῶν TYW || 5 γραμμάτων : πραγ- T[1]Y || 6 ἐπιχειροῖ B : -εῖ || 8 κακόν τι B || 9 γε om. B || **b** 3 πεισάντων B : συμπ- || 5 ἀνατρέπει Y || 8 δὴ om. B || ὁτουοῦν : ὅτ' οὖν B ὁτιοῦν T || **c** 4 ἂν om. Y.

Socrate le Jeune. — Nous l'avons dit, en effet.

L'Etranger. — Quand le premier individu venu ou la première foule venue, ayant des lois, entreprennent d'agir contre leur texte, croyant mieux agir, ne font-ils donc pas, autant qu'il est en leur pouvoir, la même chose que ce politique véritable [1] ?

Socrate le Jeune. — Parfaitement.

L'Etranger. — Est-ce donc que, agissant par ignorance, tout en essayant d'imiter le vrai, ils l'imiteraient tout de travers, mais, s'ils agissent avec compétence, ce n'est plus là de
e l'imitation, c'est la réalité même dans toute sa vérité ?

Socrate le Jeune. — Absolument.

L'Etranger. — Nous étions cependant convenus, précédemment, que le grand nombre ne serait jamais capable de s'assimiler quelque art que ce soit.

Socrate le Jeune. — Cela reste bien convenu.

L'Etranger. — Si donc il existe un art royal, la masse des riches et la foule du peuple ne s'approprieront jamais cette science politique.

Socrate le Jeune. — Comment le pourraient-ils ?

L'Etranger. — Il faut donc que de tels semblants de constitutions, si elles veulent imiter le plus parfaitement pos-
301 a sible cette constitution véritable, gouvernement de l'unique compétent, se gardent, une fois leurs lois établies, de jamais rien faire contre la lettre écrite et les coutumes nationales [2].

Socrate le Jeune. — C'est excellemment dit.

L'Etranger. — Quand donc ce sont les riches qui réalisent cette imitation, la constitution se nomme alors une aristocratie, mais, s'ils n'ont aucun souci des lois, c'est une oligarchie.

Socrate le Jeune. — Probablement.

L'Etranger. — Cependant, lorsqu'un chef unique gou-

Lettre VII 337 e et *Lois* 875 d : διὸ δὴ τὸ δεύτερον αἱρετέον, τάξιν τε καὶ νόμους.

1. Le véritable politique reste ici un idéal (cf. *infra*, 301 c/d) ; sa pratique infaillible et libre, modèle pour les gouvernants, tient la place du juste, du beau en soi, etc., que les philosophes de *Rép.* VI (501 b) essaient de reproduire en « copie humaine » sur la toile au tissu complexe qu'est la Cité.

2. Elles n'approcheront de l'infaillibilité du politique idéal qu'en renonçant à sa liberté souveraine : leur fidélité au substitut d'infaillibilité qu'est la loi est le critère de leur valeur.

ΝΕ. ΣΩ. Ἔφαμεν γάρ.

ΞΕ. Οὐκοῦν ἀνὴρ ὁστισοῦν εἷς ἢ πλῆθος ὁτιοῦν, οἷς ἂν νόμοι κείμενοι τυγχάνωσι, παρὰ ταῦτα ὅτι ἂν ἐπιχειρήσωσι ποιεῖν ὡς βέλτιον ἕτερον ὄν, ταὐτὸν δρῶσι κατὰ δύναμιν ὅπερ ὁ ἀληθινὸς ἐκεῖνος ;

ΝΕ. ΣΩ. Πάνυ μὲν οὖν.

ΞΕ. Ἆρ᾽ οὖν εἰ μὲν ἀνεπιστήμονες ὄντες τὸ τοιοῦτον
δρῷεν, μιμεῖσθαι μὲν ἂν ἐπιχειροῖεν τὸ ἀληθές, μιμοῖντ᾽ ἂν
μέντοι παγκάκως· εἰ δ᾽ ἔντεχνοι, τοῦτο οὐκ ἔστιν ἔτι e
μίμημα, ἀλλ᾽ αὐτὸ τὸ ἀληθέστατον ἐκεῖνο ;

ΝΕ. ΣΩ. Πάντως που.

ΞΕ. Καὶ μὴν ἔμπροσθέ γε ὡμολογημένον ἡμῖν κεῖται μηδὲν πλῆθος μηδ᾽ ἡντινοῦν δυνατὸν εἶναι λαβεῖν τέχνην.

ΝΕ. ΣΩ. Κεῖται γὰρ οὖν.

ΞΕ. Οὐκοῦν εἰ μὲν ἔστι βασιλική τις τέχνη, τὸ τῶν πλουσίων πλῆθος καὶ ὁ σύμπας δῆμος οὐκ ἄν ποτε λάβοι τὴν πολιτικὴν ταύτην ἐπιστήμην.

ΝΕ. ΣΩ. Πῶς γὰρ ἄν ;

ΞΕ. Δεῖ δὴ τὰς τοιαύτας γε ὡς ἔοικε πολιτείας, εἰ μέλ-
λουσι καλῶς τὴν ἀληθινὴν ἐκείνην τὴν τοῦ ἑνὸς μετὰ τέχνης
ἄρχοντος πολιτείαν εἰς δύναμιν μιμήσεσθαι, μηδέποτε κει- 301 a
μένων αὐτοῖς τῶν νόμων μηδὲν ποιεῖν παρὰ τὰ γεγραμμένα
καὶ πάτρια ἔθη.

ΝΕ. ΣΩ. Κάλλιστ᾽ εἴρηκας.

ΞΕ. Ὅταν ἄρα οἱ πλούσιοι ταύτην μιμῶνται, τότε ἀριστοκρατίαν καλοῦμεν τὴν τοιαύτην πολιτείαν· ὁπόταν δὲ τῶν νόμων μὴ φροντίζωσιν, ὀλιγαρχίαν.

ΝΕ. ΣΩ. Κινδυνεύει.

ΞΕ. Καὶ μὴν ὁπόταν αὖθις εἷς ἄρχῃ κατὰ νόμους,

d 5 ὅταν ἐπιχειρῶσι B || 6 βέλτιστον B || ὂν om. B || 9 τὸ om. B || **e** 1 παγκάκως Burnet : πανκακῶς B πᾶν. κ- TW πᾶν κ- Y || ἔτι μίμημα : ἐπιτί- TY || 3 πάντως που om. Y || 5 λαβεῖν δυνατὸν εἶναι TYW || 6 οὖν : νῦν B || **301 a** 1 μιμήσασθαι BW || 2 τῷ νόμῳ B || 8 ὁπότε Y || 9 ἄρχει W.

b verne conformément aux lois en imitant le chef compétent, nous l'appelons roi, sans user de noms différents suivant que ce monarque respectueux des lois est guidé par la science ou bien par l'opinion.

SOCRATE LE JEUNE. — Apparemment.

L'ETRANGER. — Lors même que le chef unique posséderait vraiment la science, on lui donnera donc sans hésiter ce même nom de roi, tout uniment; c'est pourquoi l'ensemble des constitutions que l'on distingue actuellement ne comporte pas plus de cinq noms [1].

SOCRATE LE JEUNE. — A ce qu'il semble, au moins.

c L'ETRANGER. — Mais quoi ? Lorsque ce chef unique agit sans tenir compte ni des lois ni des coutumes et, contrefaisant le chef compétent, prétexte qu'il faut se résoudre à violer la lettre écrite si le plus grand bien l'exige, alors qu'en fait c'est la passion et l'ignorance qui inspirent son imitation, est-ce qu'un tel chef ne mérite pas, toujours et partout, le nom de tyran ?

SOCRATE LE JEUNE. — Et comment !

L'ETRANGER. — Voilà donc comment naissent, disons-nous, le tyran, le roi, l'oligarchie, l'aristocratie, la démocratie : par l'antipathie que les hommes éprouvent pour le
d monarque unique dont nous parlions. Ils se refusent à croire que personne puisse être jamais assez digne d'une telle autorité pour vouloir et pouvoir gouverner avec vertu et science, distribuant impartialement à tous la justice et l'équité, et non pas outrager, maltraiter, tuer qui il lui plaît en toute occasion. Car un monarque réellement tel que nous disons, il serait acclamé, il régenterait et gouvernerait dans la félicité la seule constitution dont la rectitude soit absolue.

SOCRATE LE JEUNE. — Comment en douter ?

L'ETRANGER. — Mais, puisqu'en fait, comme nous disons,

1. Avec le texte des mss. (ἓν μόνον γέγονεν), il faudrait traduire : « Les cinq noms de constitutions actuellement distingués n'en font plus qu'un. » Cette idée cadre mal avec l'ensemble, mais la correction de Badham (cf. apparat) est irrecevable. Au lieu de supprimer ἕν, regardons-le comme une mauvaise correction de ε = πέντε. En ce cas, πέντε devant ὀνόματα devient explétif. C'est que, de la marge où il figurait comme très juste correction de ἕν, il est venu se substituer à πάντα.

μιμούμενος τὸν ἐπιστήμονα, βασιλέα καλοῦμεν, οὐ διορί- b ζοντες ὀνόματι τὸν μετ᾽ ἐπιστήμης ἢ δόξης κατὰ νόμους μοναρχοῦντα.

ΝΕ. ΣΩ. Κινδυνεύομεν.

ΞΕ. Οὐκοῦν κἂν τις ἄρα ἐπιστήμων ὄντως ὢν εἷς ἄρχῃ, πάντως τό γε ὄνομα ταὐτὸν βασιλεὺς καὶ οὐδὲν ἕτερον προσρηθήσεται· δι᾽ ἃ δὴ τὰ πάντα ὀνόματα τῶν νῦν λεγομένων πολιτειῶν πέντε μόνον γέγονεν.

ΝΕ. ΣΩ. Ἔοικε γοῦν.

ΞΕ. Τί δ᾽ ὅταν μήτε κατὰ νόμους μήτε κατὰ ἔθη πράττῃ τις εἷς ἄρχων, προσποιῆται δὲ ὥσπερ ὁ ἐπιστήμων ὡς ἄρα c παρὰ τὰ γεγραμμένα τό γε βέλτιστον ποιητέον, ᾖ δέ τις ἐπιθυμία καὶ ἄγνοια τούτου τοῦ μιμήματος ἡγουμένη, μῶν οὐ τότε τὸν τοιοῦτον ἕκαστον τύραννον κλητέον;

ΝΕ. ΣΩ. Τί μήν;

ΞΕ. Οὕτω δὴ τύραννός τε γέγονε, φαμέν, καὶ βασιλεὺς καὶ ὀλιγαρχία καὶ ἀριστοκρατία καὶ δημοκρατία, δυσχερανάντων τῶν ἀνθρώπων τὸν ἕνα ἐκεῖνον μόναρχον, καὶ ἀπιστησάντων μηδένα τῆς τοιαύτης ἀρχῆς ἄξιον ἂν γενέσθαι ποτέ, ὥστε ἐθέλειν καὶ δυνατὸν εἶναι μετ᾽ ἀρετῆς καὶ d ἐπιστήμης ἄρχοντα τὰ δίκαια καὶ ὅσια διανέμειν ὀρθῶς πᾶσιν, λωβᾶσθαι δὲ καὶ ἀποκτεινύναι καὶ κακοῦν ὃν ἂν βουληθῇ ἑκάστοτε ἡμῶν· ἐπεὶ γενόμενόν γ᾽ ἂν οἷον λέγομεν ἀγαπᾶσθαί τε ἂν καὶ οἰκεῖν διακυβερνῶντα εὐδαιμόνως ὀρθὴν ἀκριβῶς μόνον πολιτείαν.

ΝΕ. ΣΩ. Πῶς δ᾽ οὔ;

ΞΕ. Νῦν δέ γε ὁπότε οὐκ ἔστι γιγνόμενος, ὡς δὴ

b 1 οὐ : καὶ Y || 5 οὐκοῦν om. B || ἄρχῃ : -οι ex -ει Y || 7 δι᾽ ἃ edd. : διὰ codd. Δ (i. e. τέτταρα) Badham || πάντα scripsi auctore Mazon : πέντε || 8 πέντε scripsi : ἓν (ex E i. e. πέντε) codd. secl. Badham || **c** 2 τό γε B : τόδε || 3 τούτου : τοῦδε Y || μιμήματος : μαθή- Y || 6 τε om. B || 7 δυσχερανάντων : -ράντ- Y || **d** 3 ὃν : ὃ Y || 4 γιγνόμενόν Y || λέγομεν : -ωμεν B || 8 ὁπότε B : ὅτε || γιγνόμενον Y.

e il ne pousse point de roi dans les cités comme il en éclôt dans les ruches, tout de suite unique par sa supériorité de corps et d'âme[1], il faut donc, semble-t-il, se rassembler pour écrire des codes en essayant de suivre les traces de la plus véritable constitution.

Socrate le Jeune. — Apparemment.

L'Etranger. — Admirons-nous donc, Socrate, tout ce qu'il arrive de maux dans de telles constitutions, et tout ce qu'il en arrivera, fondées qu'elles sont sur cette base de régler leur action sur la lettre écrite et la coutume et non sur la science, alors qu'ailleurs un tel usage ruinerait mani-
302 a festement toutes les œuvres ainsi conduites ? Ou bien, ce qu'il faut admirer davantage, n'est-ce pas quelle force innée de résistance possède une cité ? Car, malgré ce mal qui ronge les cités depuis un temps infini, certaines d'entre elles pourtant demeurent stables, sans se laisser renverser ; plusieurs, de temps à autre, comme des vaisseaux qui sombrent, périssent, périrent et périront encore, par la faute de leurs misérables pilotes et matelots, coupables de la plus grave ignorance dans les matières les plus graves, puisque, sans rien connaître à
b la politique, ils s'imaginent posséder cette science dans tous ses détails plus exactement que toutes les autres[2].

Socrate le Jeune. — C'est la pure vérité.

L'Etranger. — Quelle est donc, parmi ces constitutions imparfaites, celle où la vie est la moins pénible, car elle est pénible en toutes, et quelle est la plus insupportable ? Voilà ce qu'il nous faut voir, encore que ce soit accessoire par rapport à notre sujet actuel ; mais, peut-être, en somme, est-ce cette question-là qui domine toutes nos actions, à nous tous.

Socrate le Jeune. — Traitons-la : comment l'éviter ?

L'Etranger. — Eh bien, il te faut dire alors que, sur ces
c trois, la même est, à la fois, la plus pénible et la plus aisée.

1. Voir *Lois* 875 a/d la même opposition entre l'idéal rêvé (εἴ ποτέ τις ἀνθρώπων φύσει ἱκανός) et la réalité (νῦν δὲ οὐ γάρ ἐστιν οὐδαμοῦ οὐδαμῶς). Là aussi (et 713 c) on constate, comme ici 301 d, que nul homme ne peut porter le pouvoir absolu. Aristote raisonnera de même (*Polit.* VII, 1332 b 16 sq.). Noter que le Cyrus de Xén., *Cyrop.* V, 1, 24, est dit βασιλεὺς... φύσει πεφυκέναι οὐδὲν ἧττον ἢ ὁ ἐν τῷ σμήνει φυόμενος τῶν μελιττῶν ἡγεμών, alors que, ici, οὐκ ἔστι γιγνόμενος, et que, *Répub.* VII 520 b, la Cité-essaim *façonne* ses rois.

2. Cf. *Lois* 676 b/c, Xén., *Cyrop.* I, 1 (les Cités), *Lois* 688 e/9 a (ignorance politique).

φαμεν, ἐν ταῖς πόλεσι βασιλεὺς οἷος ἐν σμήνεσιν ἐμφύεται, e
τό τε σῶμα εὐθὺς καὶ τὴν ψυχὴν διαφέρων εἷς, δεῖ δὴ συνελθόντας συγγράμματα γράφειν, ὥς ἔοικεν, μεταθέοντας τὰ τῆς ἀληθεστάτης πολιτείας ἴχνη.

ΝΕ. ΣΩ. Κινδυνεύει.

ΞΕ. Θαυμάζομεν δῆτα, ὦ Σώκρατες, ἐν ταῖς τοιαύταις πολιτείαις ὅσα συμβαίνει γίγνεσθαι κακὰ καὶ ὅσα συμβήσεται, τοιαύτης τῆς κρηπῖδος ὑποκειμένης αὐταῖς, τῆς κατὰ γράμματα καὶ ἔθη μὴ μετὰ ἐπιστήμης πραττούσης
τὰς πράξεις, ⟨ᾗ⟩ ἑτέρα προσχρωμένη παντὶ κατάδηλος ὡς 302 a
πάντ᾽ ἂν διολέσειε τὰ ταύτῃ γιγνόμενα ; ἢ ἐκεῖνο ἡμῖν θαυμαστέον μᾶλλον, ὡς ἰσχυρόν τι πόλις ἐστὶ φύσει ; πάσχουσαι γὰρ δὴ τοιαῦτα αἱ πόλεις νῦν χρόνον ἀπέραντον, ὅμως ἔνιαί τινες αὐτῶν μόνιμοί τέ εἰσι καὶ οὐκ ἀνατρέπονται· πολλαὶ μὴν ἐνίοτε καὶ καθάπερ πλοῖα καταδυόμεναι διόλλυνται καὶ διολώλασι καὶ ἔτι διολοῦνται διὰ τὴν τῶν κυβερνητῶν καὶ ναυτῶν μοχθηρίαν τῶν περὶ τὰ
μέγιστα μεγίστην ἄγνοιαν εἰληφότων, οἳ περὶ τὰ πολιτικὰ b
κατ᾽ οὐδὲν γιγνώσκοντες ἡγοῦνται κατὰ πάντα σαφέστατα πασῶν ἐπιστημῶν ταύτην εἰληφέναι.

ΝΕ. ΣΩ. Ἀληθέστατα.

ΞΕ. Τίς οὖν δὴ τῶν οὐκ ὀρθῶν πολιτειῶν τούτων ἥκιστα χαλεπὴ συζῆν, πασῶν χαλεπῶν οὐσῶν, καὶ τίς βαρυτάτη ; δεῖ τι κατιδεῖν ἡμᾶς, καίπερ πρός γε τὸ νῦν προτεθὲν ἡμῖν πάρεργον λεγόμενον ; οὐ μὴν ἀλλ᾽ εἴς γε τὸ ὅλον ἴσως ἅπανθ᾽ ἕνεκα τοῦ τοιούτου πάντες δρῶμεν χάριν.

ΝΕ. ΣΩ. Δεῖ· πῶς δ᾽ οὔ ;

ΞΕ. Τὴν αὐτὴν τοίνυν φάθι τριῶν οὐσῶν χαλεπὴν δια- c
φερόντως γίγνεσθαι καὶ ῥᾴστην.

e 1 οἷος : οἷον B || **302 a** 1 ᾗ add. Stephanus e Ficino : οἷς Schleiermacher || ἑτέρᾳ TY || 2 τὰ ταύτῃ : τὰ ταύταις Y τἀπ᾽ αὐτῇ Badham τὰ ὑπ᾽ αὐτῇ susp. Campbell || ἐκεῖνον B || 4 τοιαῦται Y || 6 καὶ καθάπερ B : καθάπερ || **b** 9 πάνθ᾽ B || **c** 1 αὐτὴν : τοιαύτην Y || διαφερόντως γίγνεσθαι καὶ ῥᾴστην B : διαφερόντως ἅμα καὶ ῥᾴστην γίγνεσθαι TYW.

Socrate le Jeune. — Que veux-tu dire ?

L'Etranger. — Rien, sinon que le gouvernement d'un seul, celui de quelques-uns et celui de la multitude sont les trois grandes constitutions dont nous avons parlé au début de ce débordant propos.

Socrate le Jeune. — C'est vrai.

L'Etranger. — Scindons-les donc chacune en deux pour en faire six, et mettons à part la droite constitution comme septième.

Socrate le Jeune. — Comment donc cela ?

d L'Etranger. — Le gouvernement d'un seul donne, avons-nous dit, la royauté et la tyrannie ; le gouvernement de quelques-uns, l'aristocratie au nom prometteur et l'oligarchie ; quant au gouvernement du grand nombre, nous en avons tiré ce que nous nommions alors du seul nom de démocratie, mais il nous faut maintenant la regarder comme double à son tour.

Socrate le Jeune. — Comment double, et par où la diviserons-nous ?

L'Etranger. — Pas autrement que les autres, encore
e qu'elle n'ait pas de second nom ; en tout cas, gouverner conformément aux lois ou contrairement aux lois est possible chez elle aussi bien que chez les autres.

Socrate le Jeune. — En effet.

L'Etranger. — Or, dans le moment où nous cherchions la droite constitution, cette division n'était pas nécessaire, nous l'avons alors démontré. Mais une fois écartée cette constitution parfaite et les autres acceptées comme inévitables, la légalité et l'illégalité sont, en chacune, un principe de dichotomie.

Socrate le Jeune. — Apparemment, d'après cette explication.

L'Etranger. — Eh bien, la monarchie, liée par de bonnes règles écrites que nous appelons des lois, est la meilleure des six constitutions, mais, sans lois, c'est elle qui rend la vie la plus pénible et la plus insupportable.

303 a Socrate le Jeune. — C'est à craindre.

L'Etranger. — Quant au gouvernement du petit nombre, comme « peu » est le milieu entre l'unité et le grand nombre, il nous faut le regarder comme intermédiaire entre les deux autres. Enfin, celui de la multitude est faible en tout, sans

ΝΕ. ΣΩ. Πῶς φῄς ;

ΞΕ. Οὐκ ἄλλως, πλὴν μοναρχίαν φημὶ καὶ ὀλίγων ἀρχὴν καὶ πολλῶν εἶναι τρεῖς ταύτας ἡμῖν λεγομένας τοῦ νῦν ἐπικεχυμένου λόγου κατ' ἀρχάς.

ΝΕ. ΣΩ. Ἦσαν γὰρ οὖν.

ΞΕ. Ταύτας τοίνυν δίχα τέμνοντες μίαν ἑκάστην ἓξ ποιῶμεν, τὴν ὀρθὴν χωρὶς ἀποκρίναντες τούτων ἑβδόμην.

ΝΕ. ΣΩ. Πῶς ;

ΞΕ. Ἐκ μὲν τῆς μοναρχίας βασιλικὴν καὶ τυραννικήν, d
ἐκ δ' αὖ τῶν μὴ πολλῶν τήν τε εὐώνυμον ἔφαμεν εἶναι ἀριστοκρατίαν καὶ ὀλιγαρχίαν· ἐκ δ' αὖ τῶν πολλῶν τότε μὲν ἁπλῆν ἐπονομάζοντες ἐτίθεμεν δημοκρατίαν, νῦν δ' αὖ καὶ ταύτην ἡμῖν θετέον ἐστὶ διπλῆν.

ΝΕ. ΣΩ. Πῶς δή ; καὶ τίνι διαιροῦντες ταύτην ;

ΞΕ. Οὐδὲν διαφέροντι τῶν ἄλλων, οὐδ' εἰ τοὔνομα ἤδη διπλοῦν ἐστι ταύτης· ἀλλὰ τό γε κατὰ νόμους ἄρχειν καὶ e
παρανόμως ἔστι καὶ ταύτῃ καὶ ταῖς ἄλλαις.

ΝΕ. ΣΩ. Ἔστι γὰρ οὖν.

ΞΕ. Τότε μὲν τοίνυν τὴν ὀρθὴν ζητοῦσι τοῦτο τὸ τμῆμα οὐκ ἦν χρήσιμον, ὡς ἐν τοῖς πρόσθεν ἀπεδείξαμεν· ἐπειδὴ δὲ ἐξείλομεν ἐκείνην, τὰς δ' ἄλλας ἔθεμεν ἀναγκαίας, ἐν ταύταις δὴ τὸ παράνομον καὶ ἔννομον ἑκάστην διχοτομεῖ τούτων.

ΝΕ. ΣΩ. Ἔοικεν τούτου νῦν ῥηθέντος τοῦ λόγου.

ΞΕ. Μοναρχία τοίνυν ζευχθεῖσα μὲν ἐν γράμμασιν ἀγαθοῖς, οὓς νόμους λέγομεν, ἀρίστη πασῶν τῶν ἕξ· ἄνομος δὲ χαλεπὴ καὶ βαρυτάτη συνοικῆσαι.

ΝΕ. ΣΩ. Κινδυνεύει. 303 a

ΞΕ. Τὴν δέ γε τῶν μὴ πολλῶν, ὥσπερ ἑνὸς καὶ πλήθους τὸ ὀλίγον μέσον, οὕτως ἡγησώμεθα μέσην ἐπ' ἀμφότερα· τὴν δ' αὖ τοῦ πλήθους κατὰ πάντα ἀσθενῆ καὶ μηδὲν μήτε

c 5 εἶναι : οὖν Y || d 2 εἶναι om. TYW || e 1 γε : τε BW || 2 παρανόμως B : -νομεῖν :

grande puissance ni pour le bien ni pour le mal comparativement aux autres, parce que les pouvoirs y sont émiettés entre trop de personnes. Aussi, quand ces constitutions sont soumises aux lois, celle-ci est-elle la pire de toutes, mais, quand elles violent les lois, la meilleure ; et, toutes étant déré-
b glées, c'est en démocratie qu'il fait meilleur vivre[1], mais, si toutes sont bien ordonnées, elle est la dernière où l'on choisira de vivre, celle que nous avons nommée en premier lieu étant, à ce point de vue, la première et la meilleure de toutes, sauf la septième : car, celle-là, c'est comme un dieu parmi les hommes[2], il faut la mettre à part de toutes les autres constitutions.

Socrate le Jeune. — Il semble qu'il en doit être et qu'il en est ainsi : faisons donc comme tu dis.

L'Etranger. — Par suite, tous ceux qui ont un rôle dans
c ces constitutions, celle qui est scientifique étant exceptée, sont à rejeter comme n'étant pas des politiques, mais des factieux, meneurs des pires illusions, illusions eux-mêmes, mimes et charlatans insignes et, à ce titre, sophistes insignes entre tous les sophistes.

Socrate le Jeune. — Voilà un mot qui m'a l'air d'être retourné aux prétendus politiques avec une justesse parfaite[3].

L'Etranger. — Eh bien, nous en sommes donc, l'on peut dire, à la clôture d'un drame — ne parlions-nous pas tout à l'heure d'une troupe de centaures et de satyres qu'il fallait
d séparer de l'art politique ? — voilà maintenant, bien qu'à grand peine, la séparation faite.

Socrate le Jeune. — Apparemment.

Elimination des arts auxiliaires.

L'Etranger. — Mais il reste une autre troupe, beaucoup plus difficile à écarter, parce qu'à la fois plus proche de la race royale et plus malaisée à bien saisir : aussi m'avons-nous l'air d'être un peu dans la situation des gens qui épurent l'or.

Socrate le Jeune. — Comment cela ?

1. Comparer Anatole France sur la république et sa « facilité de vivre » (*Orme du Mail*). Aristote, *Polit.* IV 1289 b 5-10, ne fait que répéter ce jugement de Platon tout en le critiquant.

2. Cp. Arist., *Polit.* III 1284 a 10 pour le roi idéal.

3. Les « politiques » méprisaient les sophistes, cf. *Gorgias* 520 a, *Ménon* 91 c.

ἀγαθὸν μήτε κακὸν μέγα δυναμένην ὡς πρὸς τὰς ἄλλας διὰ
τὸ τὰς ἀρχὰς ἐν ταύτῃ διανενεμῆσθαι κατὰ σμικρὰ εἰς πολ-
λούς. Διὸ γέγονε πασῶν μὲν νομίμων τῶν πολιτειῶν οὐσῶν
τούτων χειρίστη, παρανόμων δὲ οὐσῶν συμπασῶν βελτίστη·
καὶ ἀκολάστων μὲν πασῶν οὐσῶν ἐν δημοκρατίᾳ νικᾷ ζῆν, b
κοσμίων δ' οὐσῶν ἥκιστα ἐν ταύτῃ βιωτέον, ἐν τῇ πρώτῃ
δὲ πολὺ πρῶτόν τε καὶ ἄριστον, πλὴν τῆς ἑβδόμης· πασῶν
γὰρ ἐκείνην γε ἐκκριτέον, οἷον θεὸν ἐξ ἀνθρώπων, ἐκ τῶν
ἄλλων πολιτειῶν.

ΝΕ. ΣΩ. Φαίνεται ταῦθ' οὕτω γίγνεσθαί τε καὶ συμ-
βαίνειν, καὶ ποιητέον ᾗπερ λέγεις.

ΞΕ. Οὐκοῦν δὴ καὶ τοὺς κοινωνοὺς τούτων τῶν πολιτειῶν
πασῶν πλὴν τῆς ἐπιστήμονος ἀφαιρετέον ὡς οὐκ ὄντας c
πολιτικούς, ἀλλὰ στασιαστικούς, καὶ εἰδώλων μεγίστων προ-
στάτας ὄντας καὶ αὐτοὺς εἶναι τοιούτους, μεγίστους δὲ
ὄντας μιμητὰς καὶ γόητας μεγίστους γίγνεσθαι τῶν σοφι-
στῶν σοφιστάς.

ΝΕ. ΣΩ. Κινδυνεύει τοῦτο εἰς τοὺς πολιτικοὺς λεγο-
μένους περιεστράφθαι τὸ ῥῆμα ὀρθότατα.

ΞΕ. Εἶεν· τοῦτο μὲν ἀτεχνῶς ἡμῖν ὥσπερ δρᾶμα, καθά-
περ ἐρρήθη νυνδὴ Κενταυρικὸν ὁρᾶσθαι καὶ Σατυρικόν τινα
θίασον, ὃν δὴ χωριστέον ἀπὸ πολιτικῆς εἴη τέχνης· νῦν d
δ' οὕτω πάνυ μόγις ἐχωρίσθη.

ΝΕ. ΣΩ. Φαίνεται.

ΞΕ. Τούτου δέ γ' ἕτερον ἔτι χαλεπώτερον λείπεται τῷ
συγγενές τε ὁμοῦ τ' εἶναι μᾶλλον τῷ βασιλικῷ γένει καὶ
δυσκαταμαθητότερον· καί μοι φαινόμεθα τοῖς τὸν χρυσὸν
καθαίρουσι πάθος ὅμοιον πεπονθέναι.

ΝΕ. ΣΩ. Πῶς;

303 b 1 νικᾷ edd. : νικαη B νικᾶν || 4 ἐκείνης Y || ἐκκριτέον : ἐγκ- B || 6 ταῦθ' : τοῦθ' B || γίγνεσθαί τε καὶ συμβαίνειν : ξυμβαίνειν τε B || **c** 3 εἶναι : οὖν Y || 7 περιεστράφθαι edd. : -εστρέφθαι TYW -στρέφεσθαι Y || 8 ὥσπερ δρᾶμα om. Y || 9 νῦν δὲ W || **d** 2 δ' om. BW || 4 τῷ : τὸ B || 5 τ' εἶναι : εἶναι B.

L'ÉTRANGER. — Ceux qui font ce travail commencent, eux aussi, par une élimination, en rejetant la terre, les pierres et beaucoup d'autres impuretés ; après quoi, il reste,
e dans le mélange, les métaux précieux, de la même famille que l'or et qu'on n'en sépare que par le feu : le cuivre, l'argent, et parfois aussi l'adamas [1], ainsi péniblement séparés par l'épreuve de la flamme, nous laissent voir à l'état libre ce que nous appelons l'or pur.

SOCRATE LE JEUNE. — C'est bien ainsi, en effet, que cela se passe, à ce qu'on raconte.

L'ÉTRANGER. — Nous avons, semble-t-il, suivi le même procédé en séparant, de la science politique, tout ce qui en diffère, tout ce qui lui est étranger et hostile, et ne gardant que les sciences précieuses qui sont ses parentes. Telles sont la science militaire, la science judiciaire, et toute cette rhéto-
304 a rique, alliée de la science royale, qui, de concert avec elle, prêtant à la justice sa force persuasive, gouverne tout activité à l'intérieur des cités. Quel serait donc le moyen le plus aisé pour les écarter, et laisser ainsi paraître, à l'état nu et pur de tout alliage, l'objet que nous cherchons ?

SOCRATE LE JEUNE. — C'est évidemment ce qu'il nous faut essayer par quelque moyen.

L'ÉTRANGER. — S'il ne s'agit que d'essayer, soit ! nous le trouverons. Et, pour le faire bien voir, recourons à la musique. Ainsi, dis-moi...

SOCRATE LE JEUNE. — Quoi ?

b L'ÉTRANGER. — La musique demande un apprentissage, n'est-ce pas, ainsi qu'en général toutes les sciences qui exigent des mains exercées ?

SOCRATE LE JEUNE. — Oui.

L'ÉTRANGER. — Mais quoi ? Décider s'il faut ou non apprendre telle ou telle de ces sciences, ne dirons-nous pas que c'est une science encore qui le fera ? Qu'en penses-tu ?

SOCRATE LE JEUNE. — Oui, nous dirons que c'est une science.

L'ÉTRANGER. — Ne conviendrons-nous pas qu'elle est distincte des premières ?

SOCRATE LE JEUNE. — Si.

L'ÉTRANGER. — Dirons-nous aussi qu'aucune ne doit

1. Sur l'*adamas* (l'indomptable), cf. *Timée* 59 et note de Rivaud, *ad loc.*

ΞΕ. Γῆν που καὶ λίθους καὶ πόλλ' ἄττα ἕτερα ἀποκρίνουσι καὶ ἐκεῖνοι πρῶτον οἱ δημιουργοί· μετὰ δὲ ταῦτα λείπεται συμμεμειγμένα τὰ συγγενῆ τοῦ χρυσοῦ τίμια καὶ e
πυρὶ μόνον ἀφαιρετά, χαλκὸς καὶ ἄργυρος, ἔστι δ' ὅτε καὶ ἀδάμας, ⟨ἃ⟩ μετὰ βασάνων ταῖς ἑψήσεσι μόγις ἀφαιρεθέντα τὸν λεγόμενον ἀκήρατον χρυσὸν εἴασεν ἡμᾶς ἰδεῖν αὐτὸν μόνον ἐφ' ἑαυτοῦ.

ΝΕ. ΣΩ. Λέγεται γὰρ οὖν δὴ ταῦτα οὕτω γίγνεσθαι.

ΞΕ. Κατὰ τὸν αὐτὸν τοίνυν λόγον ἔοικε καὶ νῦν ἡμῖν τὰ μὲν ἕτερα καὶ ὁπόσα ἀλλότρια καὶ τὰ μὴ φίλα πολιτικῆς ἐπιστήμης ἀποκεχωρίσθαι, λείπεσθαι δὲ τὰ τίμια καὶ συγγενῆ. Τούτων δ' ἐστί που στρατηγία καὶ δικαστικὴ καὶ ὅση βασιλικῇ κοινωνοῦσα ῥητορεία πείθουσα τὸ δίκαιον συνδια- 304 a
κυβερνᾷ τὰς ἐν ταῖς πόλεσι πράξεις· ἃ δὴ τίνι τρόπῳ ῥᾷστά τις ἀπομερίζων δείξει γυμνὸν καὶ μόνον ἐκεῖνον καθ' αὑτὸν τὸν ζητούμενον ὑφ' ἡμῶν;

ΝΕ. ΣΩ. Δῆλον ὅτι τοῦτό πῃ δρᾶν πειρατέον.

ΞΕ. Πείρας μὲν τοίνυν ἕνεκα φανερὸς ἔσται· διὰ δὲ μουσικῆς αὐτὸν ἐγχειρητέον δηλῶσαι. Καί μοι λέγε.

ΝΕ. ΣΩ. Τὸ ποῖον;

ΞΕ. Μουσικῆς ἔστι πού τις ἡμῖν μάθησις, καὶ ὅλως τῶν b
περὶ χειροτεχνίας ἐπιστημῶν;

ΝΕ. ΣΩ. Ἔστιν.

ΞΕ. Τί δέ; τὸ δ' αὖ τούτων ἡντινοῦν εἴτε δεῖ μανθάνειν ἡμᾶς εἴτε μή, πότερα φήσομεν ἐπιστήμην αὖ καὶ ταύτην εἶναί τινα περὶ αὐτὰ ταῦτα, ἢ πῶς;

ΝΕ. ΣΩ. Οὕτως, εἶναι φήσομεν.

ΞΕ. Οὐκοῦν ἑτέραν ὁμολογήσομεν ἐκείνων εἶναι ταύτην,

ΝΕ. ΣΩ. Ναί.

ΞΕ. Πότερα δὲ αὐτῶν οὐδεμίαν ἄρχειν δεῖν ἄλλην

d 10 πρῶτον : πρότερον B || ταῦτα : τοῦτο Y || **e** 3 ἃ add. Stephanus e Ficino || 6 οὖν δὴ B : οὖν || **304 a** 1 ξυνδιακυβερνεῖ Y || 7 αὐτόν : αὐτὸ B || **b** 1 τῶν : τὸ W.

commander aux autres, ou que les premières doivent régenter
c celle-ci, ou bien que c'est à elle qu'appartient le contrôle et le commandement général ?

Socrate le Jeune. — A elle, sur toutes les autres.

L'Etranger. — Entre la science qui décide s'il faut apprendre ou non et celle qui apprend et enseigne, tu déclares donc que c'est à la première qu'il nous faut donner le commandement ?

Socrate le Jeune. — Energiquement.

L'Etranger. — Et, de même, entre celle qui décide s'il faut ou non persuader et celle qui sait persuader ?

Socrate le Jeune. — Sans hésiter.

L'Etranger. — Eh bien, à quelle science attribuerons-
d nous donc la vertu de persuader les masses et les foules en leur contant des fables au lieu de les instruire ?

Socrate le Jeune. — Evidemment, je crois, cela encore appartient à la rhétorique.

L'Etranger. — Mais, sur la question de savoir s'il faut, envers telles ou telles personnes et dans tels ou tels cas, user de force ou de persuasion ou simplement ne rien faire, à quelle science encore donnerons-nous la décision ?

Socrate le Jeune. — A celle qui régente l'art de persuader et l'art de dire.

L'Etranger. — Or, celle-là n'est autre, j'imagine, que celle dont est doué le politique[1].

Socrate le Jeune. — On ne saurait mieux dire.

L'Etranger. — Voilà donc, semble-t-il, cette fameuse
e rhétorique rapidement séparée de la politique : elle est d'une autre espèce, et subordonnée.

Socrate le Jeune. — Oui.

L'Etranger. — Mais que penser de cette autre faculté ?

Socrate le Jeune. — Laquelle ?

L'Etranger. — Celle de savoir comment faire la guerre à ceux à qui nous avons décidé de la faire, dirons-nous qu'elle relève d'un art ou qu'elle est étrangère à l'art ?

Socrate le Jeune. — Comment la croirions-nous étrangère à l'art, alors qu'elle est le ressort de la stratégie et de toute opération guerrière ?

1. L'*Euthydème* compte la politique parmi les sciences subordonnées (289-92). Ici, définissant le politique, c'est à son art qu'on mesure le reste.

ἄλλης, ἢ ἐκείνας ταύτης, ἢ ταύτην δεῖν ἐπιτροπεύουσαν c
ἄρχειν συμπασῶν τῶν ἄλλων ;

ΝΕ. ΣΩ. Ταύτην ἐκείνων.

ΞΕ. ⟨Τὴν⟩ εἰ δεῖ μανθάνειν ἢ μὴ τῆς μανθανομένης καὶ διδασκούσης ἄρα σύ γε ἀποφαίνῃ δεῖν ἡμῖν ἄρχειν ;

ΝΕ. ΣΩ. Σφόδρα γε.

ΞΕ. Καὶ τὴν εἰ δεῖ πείθειν ἄρα ἢ μὴ τῆς δυναμένης πείθειν ;

ΝΕ. ΣΩ. Πῶς δ' οὔ ;

ΞΕ. Εἶεν· τίνι τὸ πειστικὸν οὖν ἀποδώσομεν ἐπι-
στήμῃ πλήθους τε καὶ ὄχλου διὰ μυθολογίας, ἀλλὰ μὴ διὰ d
διδαχῆς ;

ΝΕ. ΣΩ. Φανερὸν οἶμαι καὶ τοῦτο ῥητορικῇ δοτέον ὄν.

ΞΕ. Τὸ δ' εἴτε διὰ πειθοῦς εἴτε καὶ διά τινος βίας δεῖ πράττειν πρός τινας ὁτιοῦν ἢ καὶ τὸ παράπαν ⟨ἡσυχίαν⟩ ἔχειν, τοῦτ' αὖ ποίᾳ προσθήσομεν ἐπιστήμῃ ;

ΝΕ. ΣΩ. Τῇ τῆς πειστικῆς ἀρχούσῃ καὶ λεκτικῆς.

ΞΕ. Εἴη δ' ἂν οὐκ ἄλλη τις, ὡς οἶμαι, πλὴν ἡ τοῦ πολιτικοῦ δύναμις.

ΝΕ. ΣΩ. Κάλλιστ' εἴρηκας.

ΞΕ. Καὶ τοῦτο μὲν ἔοικε ταχὺ κεχωρίσθαι πολιτικῆς τὸ
ῥητορικόν, ὡς ἕτερον εἶδος ὄν, ὑπηρετοῦν μὴν ταύτῃ. e

ΝΕ. ΣΩ. Ναί.

ΞΕ. Τί δὲ περὶ τῆς τοιᾶσδ' αὖ δυνάμεως διανοητέον ;

ΝΕ. ΣΩ. Ποίας ;

ΞΕ. Τῆς ὡς πολεμητέον ἑκάστοις οἷς ἂν προελώμεθα πολεμεῖν, εἴτε αὐτὴν ἄτεχνον εἴτε ἔντεχνον ἐροῦμεν ;

ΝΕ. ΣΩ. Καὶ πῶς ἂν ἄτεχνον διανοηθεῖμεν, ἥν γε ἡ στρατηγικὴ καὶ πᾶσα ἡ πολεμικὴ πρᾶξις πράττει ;

c 1 ἄλλης : ἀλλ' ἤ γε B || ταύτης : -ην Y || ἐπιτρέπουσαν B || 4 τὴν εἰ add. : εἰ || εἰ. -μὴ Socrati codd. hospiti restituit Stallbaum || 7 μὴ : μὴν Y || **d** 4 καὶ διά B : διά || 5 καὶ om. W || ἡσυχίαν add. Hermann || 8 ἂν οὐκ B : οὐκ ἂν || **e** 6 εἴτε ἔντεχνον om. W || 8 πολεμικὴ : πολιτ- W.

L'Etranger. — Mais celle qui sait et peut décider s'il faut faire la guerre ou traiter à l'amiable, la distinguerons-nous de celle-là, ou penserons-nous qu'elle est la même?

Socrate le Jeune. — Nous l'en distinguerons nécessairement, pour être conséquents avec nous-mêmes.

305 a L'Etranger. — Nous déclarerons donc qu'elle commande à l'autre, si nous voulons rester fidèles à nos affirmations précédentes?

Socrate le Jeune. — C'est mon avis.

L'Etranger. — Mais, savant et vaste comme est l'art de la guerre en son ensemble, de quelle science voudrions-nous jamais déclarer qu'elle est sa souveraine, si ce n'est de la véritable science royale?

Socrate le Jeune. — D'aucune autre.

L'Etranger. — Nous ne mettrons donc point au rang de la politique une science qui n'est que sa servante, la science des généraux.

Socrate le Jeune. — Il n'y a pas d'apparence.

b L'Etranger. — Voyons, examinons aussi la puissance qu'ont les juges lorsqu'ils jugent droitement.

Socrate le Jeune. — Volontiers.

L'Etranger. — Va-t-elle donc plus loin qu'à décider en matière de contrats, sur le vu d'autant d'articles de lois qu'elle reçoit tout faits de la main du roi législateur, quels actes sont classés comme justes ou comme injustes, y ajoutant ce qui est le propre de la vertu judiciaire, que ni présents ni craintes ni pitiés ni haines ou amours d'aucune sorte ne la
c puissent réduire à violer volontairement le classement établi par le législateur dans le départ qu'elle doit faire entre les griefs opposés des plaignants[1]?

Socrate le Jeune. — Non, leur puissance ne va guère plus loin que tu ne dis.

L'Etranger. — Nous voyons ainsi que les juges ne se haussent point à la force royale : la leur n'est que gardienne des lois et servante de cette force.

Socrate le Jeune. — Apparemment.

1. Sur cette vertu d'impartialité, cf. *Apologie* 35 c. Là où les passions envahissent le prétoire, la loi y obviera en fixant jusqu'au détail des peines ; ailleurs, elle laissera latitude aux juges (*Lois* 876 b/6 c).

ΞΕ. Τὴν δὲ εἴτε πολεμητέον εἴτε διὰ φιλίας ἀπαλλακτέον οἵαν τε καὶ ἐπιστήμονα διαβουλεύσασθαι, ταύτης ἑτέραν ὑπολάβωμεν ἢ τὴν αὐτὴν ταύτῃ ;

ΝΕ. ΣΩ. Τοῖς πρόσθεν ἀναγκαῖον ἑπομένοισιν ἑτέραν.

ΞΕ. Οὐκοῦν ἄρχουσαν ταύτης αὐτὴν ἀποφανούμεθα, 305 a
εἴπερ τοῖς ἔμπροσθέν γε ὑποληψόμεθα ὁμοίως ;

ΝΕ. ΣΩ. Φημί.

ΞΕ. Τίν' οὖν ποτε καὶ ἐπιχειρήσομεν οὕτω δεινῆς καὶ μεγάλης τέχνης συμπάσης τῆς πολεμικῆς δεσπότιν ἀποφαίνεσθαι πλήν γε δὴ τὴν ὄντως οὖσαν βασιλικήν ;

ΝΕ. ΣΩ. Οὐδεμίαν ἄλλην.

ΞΕ. Οὐκ ἄρα πολιτικὴν θήσομεν, ὑπηρετικήν γε οὖσαν, τὴν τῶν στρατηγῶν ἐπιστήμην.

ΝΕ. ΣΩ. Οὐκ εἰκός.

ΞΕ. Ἴθι δή, καὶ τὴν τῶν δικαστῶν τῶν ὀρθῶς δικα- b
ζόντων θεασώμεθα δύναμιν.

ΝΕ. ΣΩ. Πάνυ μὲν οὖν.

ΞΕ. Ἆρ' οὖν ἐπὶ πλέον τι δύναται τοῦ περὶ τὰ συμβόλαια πάνθ' ὁπόσα κεῖται νόμιμα παρὰ νομοθέτου βασιλέως παραλαβοῦσα, κρίνειν εἰς ἐκεῖνα σκοποῦσα τά τε δίκαια ταχθέντ' εἶναι καὶ ἄδικα, τὴν αὑτῆς ἰδίαν ἀρετὴν παρεχομένη τοῦ μήθ' ὑπό τινων δώρων μήθ' ὑπὸ φόβων μήτε οἴκτων μήθ' ὑπό τινος ἄλλης ἔχθρας μηδὲ φιλίας ἡττηθεῖσα παρὰ τὴν τοῦ νομοθέτου τάξιν ἐθέλειν ἂν τἀλλή- c
λων ἐγκλήματα διαιρεῖν ;

ΝΕ. ΣΩ. Οὔκ, ἀλλὰ σχεδὸν ὅσον εἴρηκας ταύτης ἐστὶ τῆς δυνάμεως ἔργον.

ΞΕ. Καὶ τὴν τῶν δικαστῶν ἄρα ῥώμην ἀνευρίσκομεν οὐ βασιλικὴν οὖσαν, ἀλλὰ νόμων φύλακα καὶ ὑπηρέτιν ἐκείνης.

ΝΕ. ΣΩ. Ἔοικέν γε.

e 9 εἴτε prius om. B || φιλίαν Y || 12 ἑτέροις Y || **305 a** 1 ταύτην αὐτῆς TYW || 8 οὐκ ἄρα : οὐκέτι Y || γε post πολιτικὴν B || **b** 1 ἴθι... c 4 ἔργον habet Stobaeus IV, v, 107 || post δικαστῶν iter. τὴν Stob. || τῶν ante ὀρθῶς om. W¹ || 5 ὁπόσα : ὅσα Stob. || **c** 6 νόμων : -ον B.

L'Etranger. — Ce qu'il nous faut constater après avoir ainsi examiné toutes ces sciences, c'est qu'aucune d'elles ne nous est apparue comme étant la science politique. La véri-
d table science royale n'a point, en effet, de tâches pratiques[1] : elle commande, au contraire, à celles qui sont faites pour ces tâches, car elle sait quelles occasions seront favorables ou défavorables aux cités pour commencer ou pousser de grandes entreprises, et les autres n'ont qu'à exécuter ses ordres.

Socrate le Jeune. — Tu as raison.

L'Etranger. — Ainsi les sciences que nous venons de passer en revue, bien qu'aucune d'elles ne soit maîtresse ni des autres ni d'elle-même, n'en ont pas moins chacune en propre un certain genre d'activité et en tirent justement leurs noms particuliers.

e Socrate le Jeune. — Apparemment, du moins.

L'Etranger. — Mais celle qui leur commande à toutes, qui a le souci des lois et de toutes les affaires de la *polis*, et qui unit toutes choses en un tissu parfait[2], nous ne ferons, semble-t-il, que lui rendre justice en choisissant un nom assez ample pour l'universalité de sa fonction, et en l'appelant la *politique*.

Socrate le Jeune. — Absolument.

La matière sociale et ses contradictions.

L'Etranger. — Ne voudrons-nous pas utiliser notre paradigme du tissage pour expliquer à son tour la politique, maintenant que nous avons une vue claire de tous les genres contenus dans la cité ?

Socrate le Jeune. — Très certainement.

306 a L'Etranger. — En ce cas, c'est la royale fonction d'entrecroisement[3] qu'il nous faut, semble-t-il, exposer : sa nature, sa manière d'entrecroiser, et la qualité du tissu qu'elle nous livre ainsi.

Socrate le Jeune. — Evidemment.

1. Pour ce sens péjoratif de πράττειν (travailler manuellement, fabriquer) comparer *Rép.* 527 a sur le caractère des « opérations » mathématiques, et revoir *supra*, 258 d sq., la définition de la science directive.

2. Le mot συνυφαίνουσα est glissé ici pour ménager le retour au parallélisme royauté-tissage. Pour un tel artifice de transition, cf. 294 e.

3. Comparer *Rép.* 519 e-20 a, *Lois* 921 c et ici 310 a (σύνδεσμος τῆς πόλεως).

ΞΕ. Τόδε δὴ κατανοητέον ἰδόντι συναπάσας τὰς ἐπιστήμας αἳ εἴρηνται, ὅτι πολιτική γε αὐτῶν οὐδεμία ἀνεφάνη. Τὴν γὰρ ὄντως οὖσαν βασιλικὴν οὐκ αὐτὴν δεῖ d
πράττειν, ἀλλ' ἄρχειν τῶν δυναμένων πράττειν, γιγνώσκουσαν τὴν ἀρχήν τε καὶ ὁρμὴν τῶν μεγίστων ἐν ταῖς πόλεσιν ἐγκαιρίας τε πέρι καὶ ἀκαιρίας, τὰς δ' ἄλλας τὰ προσταχθέντα δρᾶν.

ΝΕ. ΣΩ. Ὀρθῶς.

ΞΕ. Διὰ ταῦτα ἄρα ἃς μὲν ἄρτι διεληλύθαμεν, οὔτ' ἀλλήλων οὔθ' αὐτῶν ἄρχουσαι, περὶ δέ τινα ἰδίαν αὐτῆς οὖσα ἑκάστη πρᾶξιν, κατὰ τὴν ἰδιότητα τῶν πράξεων τοὔνομα δικαίως εἴληφεν ἴδιον.

ΝΕ. ΣΩ. Ἐοίκασι γοῦν. e

ΞΕ. Τὴν δὲ πασῶν τε τούτων ἄρχουσαν καὶ τῶν νόμων καὶ συμπάντων τῶν κατὰ πόλιν ἐπιμελουμένην καὶ πάντα συνυφαίνουσαν ὀρθότατα, τοῦ κοινοῦ τῇ κλήσει περιλαβόντες τὴν δύναμιν αὐτῆς, προσαγορεύοιμεν δικαιότατ' ἄν, ὡς ἔοικε, πολιτικήν.

ΝΕ. ΣΩ. Παντάπασι μὲν οὖν.

ΞΕ. Οὐκοῦν δὴ καὶ κατὰ τὸ τῆς ὑφαντικῆς παράδειγμα βουλοίμεθ' ἂν ἐπεξελθεῖν αὐτὴν νῦν, ὅτε καὶ πάντα τὰ γένη τὰ κατὰ πόλιν δῆλα ἡμῖν γέγονε ;

ΝΕ. ΣΩ. Καὶ σφόδρα γε.

ΞΕ. Τὴν δὴ βασιλικὴν συμπλοκήν, ὡς ἔοικε, λεκτέον 306 a
ποία τέ ἐστι καὶ τίνι τρόπῳ συμπλέκουσα ποῖον ἡμῖν ὕφασμα ἀποδίδωσιν.

ΝΕ. ΣΩ. Δῆλον.

c 8 τόδε... d 6 ὀρθῶς habet Stobaeus IV, vii, 22 || τόδε BW Stob. : τό γε || ἰδόντε B || τὰς ἐπιστήμας αἳ εἴρηνται B : τὰς εἰρημένας ἐπιστήμας TYW τὰς ἐπιστήμας Stob. || 9 γε B Stob : τις || ἀνεφάνη B Stob. : ἐφάνη || d 1 οὖσαν om. Stob. || δεῖ : αἰεὶ B || 2 ἀλλ'... πράττειν om. Y || 5 προσταχθέντα : πραχ- W || 8 τινα ἰδίαν : την αιδιαν B || οὖσα : οὖσαι B || e 7 παντάπασι B : πάνυ || 8 καὶ om. BW¹ || 9 αὐτὴν : -ῇ B || νῦν αὐτὴν Y || 306 a 2 τίνι : ποίῳ B.

L'ETRANGER. — A quelle démonstration difficile nous voici engagés, à ce que je vois !

SOCRATE LE JEUNE. — Il la faut cependant faire, coûte que coûte.

L'ETRANGER. — Qu'une partie de la vertu soit, en un certain sens, différente d'une autre espèce de la vertu[1], voilà ce qui offre, en effet, belle matière de dispute aux chicaneurs du discours, étant données les opinions populaires.

SOCRATE LE JEUNE. — Je ne comprends pas.

L'ETRANGER. — Je m'expliquerai donc autrement. Tu regardes le courage, je pense, comme constituant pour nous
b une partie de la vertu.

SOCRATE LE JEUNE. — Parfaitement.

L'ETRANGER. — Et pourtant, la sagesse est autre chose que le courage, encore qu'elle soit elle-même une portion de la vertu.

SOCRATE LE JEUNE. — Oui.

L'ETRANGER. — Eh bien, osons donc dire, à leur propos, une chose qui étonnera.

SOCRATE LE JEUNE. — Laquelle ?

L'ETRANGER. — C'est qu'elles sont, en un certain sens, fortement ennemies l'une de l'autre, et s'opposent en factions adverses dans plusieurs des êtres en qui elles résident.

SOCRATE LE JEUNE. — Que veux-tu dire ?

L'ETRANGER. — Point du tout ce qu'on dit d'ordinaire :
c car on affirme plutôt que toutes les parties de la vertu sont naturellement amies.

SOCRATE LE JEUNE. — Oui.

L'ETRANGER. — Examinons donc avec beaucoup d'attention si leur amitié est aussi absolue qu'on le dit, ou si, bien plutôt, il n'en est pas quelqu'une qui soit en différend avec ses congénères.

SOCRATE LE JEUNE. — Entendu ; explique seulement comment doit se faire cet examen.

L'ETRANGER. — En cherchant, dans tous les domaines, les choses que nous appelons belles et que, cependant, nous rangeons sous deux espèces contraires l'une à l'autre.

1. Sur ce problème « unité de la vertu, opposition des vertus », cf. *Protag.* 329 c sq., 349 b-50 c, et *Lois* 963 a/4 b. Si on insiste ici sur l'opposition, c'est pour faire ressortir la nécessité de la synthèse.

ΞΕ. Ἦ χαλεπὸν ἐνδείξασθαι πρᾶγμα ἀναγκαῖον ἄρα γέγονεν, ὡς φαίνεται.

ΝΕ. ΣΩ. Πάντως γε μὴν ῥητέον.

ΞΕ. Τὸ γὰρ ἀρετῆς μέρος ἀρετῆς εἴδει διάφορον εἶναί τινα τρόπον τοῖς περὶ λόγους ἀμφισβητητικοῖς καὶ μάλ' εὐεπίθετον πρὸς τὰς τῶν πολλῶν δόξας.

ΝΕ. ΣΩ. Οὐκ ἔμαθον.

ΞΕ. Ἀλλ' ὧδε πάλιν. Ἀνδρείαν γὰρ οἶμαί σε ἡγεῖσθαι
μέρος ἓν ἀρετῆς ἡμῖν εἶναι. b

ΝΕ. ΣΩ. Πάνυ γε.

ΞΕ. Καὶ μὴν σωφροσύνην γε ἀνδρείας μὲν ἕτερον, ἓν δ' οὖν καὶ τοῦτο μόριον ἧς κἀκεῖνο.

ΝΕ. ΣΩ. Ναί.

ΞΕ. Τούτων δὴ πέρι θαυμαστόν τινα λόγον ἀποφαίνεσθαι τολμητέον.

ΝΕ. ΣΩ. Ποῖον ;

ΞΕ. Ὡς ἐστὸν κατά δή τινα τρόπον εὖ μάλα πρὸς ἀλλήλας ἐχθρὰ καὶ στάσιν ἐναντίαν ἔχετον ἐν πολλοῖς τῶν ὄντων.

ΝΕ. ΣΩ. Πῶς λέγεις ;

ΞΕ. Οὐκ εἰωθότα λόγον οὐδαμῶς· πάντα γὰρ οὖν δὴ
ἀλλήλοις τά γε τῆς ἀρετῆς μόρια λέγεταί που φίλια. c

ΝΕ. ΣΩ. Ναί.

ΞΕ. Σκοπῶμεν δὴ προσσχόντες τὸν νοῦν εὖ μάλα πότερον οὕτως ἁπλοῦν ἐστι τοῦτο, ἢ παντὸς μᾶλλον αὐτῶν ἔχον διαφορὰν τοῖς συγγενέσιν ἐστί τι ;

ΝΕ. ΣΩ. Ναί. Λέγοις ἂν πῇ σκεπτέον.

ΞΕ. Ἐν τοῖς σύμπασι χρὴ ζητεῖν ὅσα καλὰ μὲν λέγομεν, εἰς δύο δὲ αὐτὰ τίθεμεν ἐναντία ἀλλήλων εἴδη.

a 9 ἀμφισβητητικοῖς WT²: -βητικοῖς || a 12-b 3 ἀνδρείαν, -ας : ἀνδρίαν *bis* Y || 6 τούτων : τοῦτον W || 10 ἀλλήλας : -ους Y || ἐχθρὰ Campbell : ἔχθραν || ἔχετον : ἔχοντε Parisini 1809 et 1814 || 13 δὴ om. Y || c 3 προσσχόντες : προσεχ- B || 5 ἔχον T² : ἔχει || ἐστί τι Heindorf : ἐστί(ν) codd. (ἐσ τί Y) || 8 δὲ αὐτὰ : ταῦτὰ Y.

Socrate le Jeune. — Explique-toi plus clairement encore.

L'Etranger. — Promptitude et vitesse, qu'elles apparais-
d sent dans les corps, dans les âmes, ou dans les mouvements de la voix, qu'elles appartiennent aux réalités mêmes ou bien aux images qu'anime l'effort de traduction du musicien ou du peintre, en as-tu jamais fait toi-même l'éloge, ou l'as-tu entendu faire par quelqu'un devant toi[1] ?

Socrate le Jeune. — Eh bien ?

L'Etranger. — Te rappelles-tu aussi comment s'exprime cet éloge en toutes ces occasions ?

Socrate le Jeune. — Aucunement.

L'Etranger. — Serais-je capable de t'expliquer cela par des formules qui traduisent bien ma pensée ?

Socrate le Jeune. — Pourquoi pas ?

e L'Etranger. — Tu as l'air de croire que ce n'est rien à faire : voyons-le sur des genres contraires les uns aux autres. Pour beaucoup d'actions, en effet, et dans beaucoup de circonstances, quand nous sommes charmés par la vitesse, la force, la vivacité de la pensée, du corps ou de la voix, notre admiration ne trouve qu'un mot pour s'exprimer : celui d'énergie.

Socrate le Jeune. — Comment cela ?

L'Etranger. — Nous disons, par exemple, que c'est vif et énergique, prompt et énergique, ou fort, et ainsi de suite : bref, c'est en appliquant à toutes ces qualités l'épithète commune dont je parle, que nous exprimons leur éloge.

Socrate le Jeune. — Oui.

L'Etranger. — Eh quoi ? la façon tranquille dont une chose se fait, n'est-ce pas là une espèce nouvelle, que nous
307 a louons elle aussi bien souvent à propos de beaucoup d'actions ?

Socrate le Jeune. — Très certainement.

L'Etranger. — Et n'employons-nous pas, en en parlant, des expressions contraires aux précédentes ?

1. Le jeune Socrate a même entendu soutenir que mouvement et être vont de pair (*Théétète*, 153 a-57 b). Quant au côté actuel du débat, cf. *Charmide* 159 a-160 d (vivacité du corps et de l'âme), *Cratyle* 417 c (le bien τάχιστον ὂν τοῦ ὄντος), 426 c/7 d (mouvement et phonétique) ; *Théétète* 144 a/b, *Rép.* 503 c/d, *Epinomis* 989 b/c (vivacité et lenteur dans les caractères).

ΝΕ. ΣΩ. Λέγ' ἔτι σαφέστερον.

ΞΕ. Ὀξύτητα καὶ τάχος, εἴτε κατὰ σώματα εἴτ' ἐν
ψυχαῖς εἴτε κατὰ φωνῆς φοράν, εἴτε αὐτῶν τούτων εἴτε ἐν d
εἰδώλοις ὄντων, ὁπόσα μουσικὴ μιμουμένη καὶ ἔτι γραφικὴ μιμήματα παρέχεται, τούτων τινὸς ἐπαινέτης εἴτε αὐτὸς πώποτε γέγονας εἴτε ἄλλου παρὼν ἐπαινοῦντος ᾔσθησαι ;

ΝΕ. ΣΩ. Τί μήν ;

ΞΕ. Ἦ καὶ μνήμην ἔχεις ὅντινα τρόπον αὐτὸ δρῶσιν ἐν ἑκάστοις τούτων ;

ΝΕ. ΣΩ. Οὐδαμῶς.

ΞΕ. Ἆρ' οὖν δυνατὸς αὐτὸ ἂν γενοίμην, ὥσπερ καὶ διανοοῦμαι, διὰ λόγων ἐνδείξασθαί σοι ;

ΝΕ. ΣΩ. Τί δ' οὔ ; e

ΞΕ. Ῥᾴδιον ἔοικας ἡγεῖσθαι τὸ τοιοῦτον· σκοπώμεθα δ' οὖν αὐτὸ ἐν τοῖς ὑπεναντίοις γένεσι. Τῶν γὰρ δὴ πράξεων ἐν πολλαῖς καὶ πολλάκις ἑκάστοτε τάχος καὶ σφοδρότητα καὶ ὀξύτητα διανοήσεώς τε καὶ σώματος, ἔτι δὲ καὶ φωνῆς, ὅταν ἀγασθῶμεν, λέγομεν αὐτὸ ἐπαινοῦντες μιᾷ χρώμενοι προσρήσει τῇ τῆς ἀνδρείας.

ΝΕ. ΣΩ. Πῶς ;

ΞΕ. Ὀξὺ καὶ ἀνδρεῖον πρῶτόν πού φαμεν, καὶ ταχὺ καὶ ἀνδρικόν, καὶ σφοδρὸν ὡσαύτως· καὶ πάντως ἐπιφέροντες τοὔνομα ὃ λέγω κοινὸν πάσαις ταῖς φύσεσι ταύταις ἐπαινοῦμεν αὐτάς.

ΝΕ. ΣΩ. Ναί.

ΞΕ. Τί δέ ; τὸ τῆς ἠρεμαίας αὖ γενέσεως εἶδος ἆρ' οὐ 307 a
πολλάκις ἐπῃνέκαμεν ἐν πολλαῖς τῶν πράξεων ;

ΝΕ. ΣΩ. Καὶ σφόδρα γε.

ΞΕ. Μῶν οὖν οὐ τἀναντία λέγοντες ἢ περὶ ἐκείνων τοῦτο φθεγγόμεθα ;

c 9 λέγ' ἔτι B : λέγε τί ‖ e 5 διανοήσεώς : διὰ νο- TY ‖ 6 λέγομεν om. B ‖ 9 πρῶτόν om. B ‖ 10 πάντες Y ‖ 11 λέγομεν Y ‖ 307 a 1 ἠρεμαίας : -μίας BY ‖ 2 ἐπηνέγκαμεν B ‖ πολλοῖς B ‖ 4 οὐ : om. T αὖ Y et i. m. T.

Socrate le Jeune. — Comment ?

L'Etranger. — Toutes les fois que nous appelons paisibles et sages des pensées ou des actions dont nous admirons la lenteur et la douceur, ou bien des sons unis et graves, ou encore tout mouvement bien cadencé et toute production artis-
b tique où se déploie une lenteur opportune, ce n'est pas d'énergie, c'est plutôt de sobriété que nous parlons dans tous ces cas[1].

Socrate le Jeune. — C'est très vrai.

L'Etranger. — Par contre, si l'une ou l'autre de ces qualités opposées se manifeste hors de propos, nous changeons de langage et, pour les blâmer, nous recourons à des épithètes dont l'intention est toute contraire.

Socrate le Jeune. — Comment cela ?

L'Etranger. — Si les choses dont nous parlions nous apparaissent plus vives, plus rapides, plus rudes qu'il ne convient, nous les appelons violentes, extravagantes ; plus
c graves, plus lentes, plus molles qu'il ne faut, nous les disons lâches, indolentes. Et, presque toujours, ces qualités, aussi bien que les qualités opposées de modération et d'énergie, se révèlent à nous comme des caractères que le sort a fixés en deux factions ennemies, incapables qu'ils sont de se mêler les uns aux autres dans les actions où ils se réalisent ; et quant aux esprits qui les possèdent, nous trouverons entre eux les mêmes conflits, pour peu que nous voulions les suivre[2].

Socrate le Jeune. — Où donc ?

L'Etranger. — Dans toutes les circonstances que nous venons de dire, et, naturellement, dans beaucoup d'autres.
d Car, suivant, j'imagine, les affinités qu'ils ont en eux avec l'une ou l'autre tendance, ils louent celle où ils retrouvent un peu de leur propre nature, ils blâment l'autre, qu'ils sentent leur être étrangère, et ils en viennent ainsi à des haines sans fin pour des sujets sans nombre.

1. Sobriété et paix, cf. *Charmide* 159 b κοσμίως πράττειν καὶ ἡσυχῇ, *Rép.* 503 c κοσμίως μετὰ ἡσυχίας ζῆν. Pour les sons, *Timée* 67 b/c ; les rythmes, *Rép.* 400.

2. Pour ce conflit de caractères, comparer, à *Théét.* 144, *Rép.* 503, le parallèle que dressent les députés de Corinthe (Thucydide I, 69-70) entre les Lacédémoniens, hésitants et temporisateurs, et les Athéniens, nés « pour n'être jamais en repos et n'y jamais laisser les autres ».

ΝΕ. ΣΩ. Πῶς ;

ΞΕ. Ὡς ἡσυχαῖά πού φαμεν ἑκάστοτε καὶ σωφρονικά,
περί τε διάνοιαν πραττόμενα ἀγασθέντες καὶ κατὰ τὰς
πράξεις αὖ βραδέα καὶ μαλακά, καὶ ἔτι περὶ φωνὰς γιγνό-
μενα λεῖα καὶ βαρέα, καὶ πᾶσαν ῥυθμικὴν κίνησιν καὶ ὅλην
μοῦσαν ἐν καιρῷ βραδυτῆτι προσχρωμένην, οὐ τὸ τῆς b
ἀνδρείας, ἀλλὰ τὸ τῆς κοσμιότητος ὄνομα ἐπιφέρομεν
αὐτοῖς σύμπασιν.

ΝΕ. ΣΩ. Ἀληθέστατα.

ΞΕ. Καὶ μὴν ὁπόταν αὖ γε ἀμφότερα γίγνηται ταῦθ᾽
ἡμῖν ἄκαιρα, μεταβάλλοντες ἑκάτερα αὐτῶν ψέγομεν ἐπὶ
τἀναντία πάλιν ἀπονέμοντες τοῖς ὀνόμασιν.

ΝΕ. ΣΩ. Πῶς ;

ΞΕ. Ὀξύτερα μὲν αὐτὰ γιγνόμενα τοῦ καιροῦ καὶ
θάττω καὶ σκληρότερα φαινόμενα ὑβριστικὰ καὶ μανικὰ
λέγοντες, τὰ δὲ βαρύτερα καὶ βραδύτερα καὶ μαλακώτερα c
δειλὰ καὶ βλακικά· καὶ σχεδὸν ὡς τὸ πολὺ ταῦτά τε
καὶ τὴν σώφρονα φύσιν καὶ τὴν ἀνδρείαν τὴν τῶν ἐναν-
τίων, οἷον πολεμίαν διαλαχούσας στάσιν ἰδέας, οὔτ᾽ ἀλλή-
λαις μειγνυμένας ἐφευρίσκομεν ἐν ταῖς περὶ τὰ τοιαῦτα
πράξεσιν, ἔτι τε τοὺς ἐν ταῖς ψυχαῖς αὐτὰς ἴσχοντας
διαφερομένους ἀλλήλοις ὀψόμεθα, ἐὰν μεταδιώκωμεν.

ΝΕ. ΣΩ. Ποῦ δὴ λέγεις ;

ΞΕ. Ἐν πᾶσί τε δὴ τούτοις οἷς νῦν εἴπομεν, ὡς εἰκός
γε ἐν ἑτέροις πολλοῖς. Κατὰ γάρ, οἶμαι, τὴν αὐτῶν ἑκατέ- d
ροις συγγένειαν τὰ μὲν ἐπαινοῦντες ὡς οἰκεῖα σφέτερα, τὰ
δὲ τῶν διαφόρων ψέγοντες ὡς ἀλλότρια, πολλὴν εἰς ἔχθραν
ἀλλήλοις καὶ πολλῶν πέρι καθίστανται.

a 8 πραττόμενα : πράττομεν TY || b 5 αὖ γε : αὖτε B || 6 ἄκαιρα Stephanus e Ficino : ἀκέραια || 10 φαινόμενα ὑβριστικὰ Ven. 184 : -καὶ ὑβρ- || c 1 βαρύτερα καὶ om. BY || 2 ταὐτά : αὐτά B || 4 πολεμίαν Campbell : -ίας || 8 ποῦ δὴ (πουδή T^1) T^1Y : σπουδῇ (ι add. B^2) || 9 τε : δὲ W^2 || d 1 γε : τε T^2W^2 || 2 σφέτερα ex ἐφέτερα W (ε semierasum): ἐφ᾽ ἕτερα || 3 εἰς om. Y.

Socrate le Jeune. — On serait porté à le croire.

L'Etranger. — Or, ce simple conflit de caractères n'est encore qu'un jeu. Mais, dans les choses graves, il devient une maladie, la plus affreuse qu'il y ait pour les cités.

Socrate le Jeune. — Dans quelles choses graves veux-tu dire ?

e L'Etranger. — Naturellement, dans celles qui concernent l'organisation de la vie. Il y a, en effet, des gens d'un tempérament extrêmement modéré : tout prêts à vivre une vie de tranquillité perpétuelle, ils s'écartent et s'isolent pour vaquer à leurs affaires à eux et, portant cette humeur dans tout leur domestique, la gardent avec les cités étrangères, toujours prêts, là aussi, à quelque genre de paix. Par cet amour vraiment intempestif, ils en viennent inconsciemment, lorsqu'ils peuvent vivre au gré de leurs désirs, à perdre eux-mêmes toute aptitude à la guerre, à élever leurs jeunes gens dans cette impuissance et à se mettre à la merci du premier assaillant : aussi n'ont-ils pas besoin de beaucoup d'années pour se
308 a trouver, eux, leurs enfants et leur cité tout entière, glissés, sans y prendre garde, de la liberté à l'esclavage[1].

Socrate le Jeune. — Dur et terrible sort !

L'Etranger. — Que dire de ceux qui sont plutôt portés vers l'énergie ? N'ont-ils pas toujours quelque nouvelle guerre où pousser leur cité, par la trop grande passion qu'ils ont pour ce genre de vie, exposant leur patrie à des haines si nombreuses et si puissantes qu'ils l'amènent à sa ruine complète ou la mettent sous la servitude et le joug ennemi[2] ?

b Socrate le Jeune. — C'est encore vrai.

L'Etranger. — Comment donc ne pas avouer qu'il y a là, entre ces deux genres d'esprits, une source continue et profonde d'inimitié et de discorde ?

Socrate le Jeune. — Impossible de ne pas l'avouer.

L'Etranger. — N'avons-nous pas ainsi vérifié le premier point de notre enquête, à savoir que certaines parties de la

1. Cf. *Rép.* 549 c, le père de l'homme timocratique fuyant honneurs, charges, procès, et « consentant à se diminuer pour éviter les ennuis » (tr. Chambry) ; *Lois* 829 a sq., l'entraînement en temps de paix exigé (au moins un jour par mois). Cp. les exhortations de Démosthène au service personnel *ap.* P. Cloché, *La politique étrangère d'Ath.*, p. 205 et *passim*.

ΝΕ. ΣΩ. Κινδυνεύουσιν.

ΞΕ. Παιδιὰ τοίνυν αὕτη γέ τις ἡ διαφορὰ τούτων ἐστὶ τῶν εἰδῶν· περὶ δὲ τὰ μέγιστα νόσος συμβαίνει πασῶν ἐχθίστη γίγνεσθαι ταῖς πόλεσιν.

ΝΕ. ΣΩ. Περὶ δὴ ποῖα φῄς;

ΞΕ. Περὶ ὅλην, ὥς γε εἰκός, τὴν τοῦ ζῆν παρασκευήν. e
Οἱ μὲν γὰρ δὴ διαφερόντως ὄντες κόσμιοι τὸν ἥσυχον ἀεὶ βίον ἕτοιμοι ζῆν, αὐτοὶ καθ' αὑτοὺς μόνοι τὰ σφέτερα αὐτῶν πράττοντες, οἴκοι τε αὖ πρὸς ἅπαντας οὕτως ὁμιλοῦντες, καὶ πρὸς τὰς ἔξωθεν πόλεις ὡσαύτως ἕτοιμοι πάντα ὄντες τρόπον τινὰ ἄγειν εἰρήνην· καὶ διὰ τὸν ἔρωτα δὴ τοῦτον ἀκαιρότερον ὄντα ἢ χρή, ὅταν ἃ βούλονται πράττουσιν, ἔλαθον αὐτοί τε ἀπολέμως ἴσχοντες καὶ τοὺς νέους ὡσαύτως διατιθέντες, ὄντες τε ἀεὶ τῶν ἐπιτιθεμένων, ἐξ ὧν οὐκ ἐν πολλοῖς ἔτεσιν αὐτοὶ καὶ παῖδες καὶ σύμπασα ἡ πόλις ἀντ' ἐλευθέρων πολλάκις ἔλαθον αὐτοὺς γενόμενοι 308 a
δοῦλοι.

ΝΕ. ΣΩ. Χαλεπὸν εἶπες καὶ δεινὸν πάθος.

ΞΕ. Τί δ' οἱ πρὸς τὴν ἀνδρείαν μᾶλλον ῥέποντες; ἆρ' οὐκ ἐπὶ πόλεμον ἀεί τινα τὰς αὑτῶν συντείνοντες πόλεις διὰ τὴν τοῦ τοιούτου βίου σφοδροτέραν τοῦ δέοντος ἐπιθυμίαν εἰς ἔχθραν πολλοῖς καὶ δυνατοῖς καταστάντες ἢ πάμπαν διώλεσαν ἢ δούλας αὖ καὶ ὑποχειρίους τοῖς ἐχθροῖς ὑπέθεσαν τὰς αὑτῶν πατρίδας;

ΝΕ. ΣΩ. Ἔστι καὶ ταῦτα. b

ΞΕ. Πῶς οὖν μὴ φῶμεν ἐν τούτοις ἀμφότερα ταῦτα τὰ γένη πολλὴν πρὸς ἄλληλα ἀεὶ καὶ τὴν μεγίστην ἴσχειν ἔχθραν καὶ στάσιν;

ΝΕ. ΣΩ. Οὐδαμῶς ὡς οὐ φήσομεν.

ΞΕ. Οὐκοῦν ὅπερ ἐσκοποῦμεν κατ' ἀρχὰς ἀνηυρήκαμεν,

d 6 παιδιὰ edd. : -δεία || 9 δὴ : δὲ Y || e 2 δὴ om. Y || διαφέροντες Y || ἥσυχον B : ἡσύχιον || 4 αὖ om. BW || 7 χρή : χρὴν T χρῆν Y || βούλονται edd. : -ωνται || 10 πολλοῖς : πολέμοις Y || 308 b 2 τὰ om. B || 6 ἐσκοποῦμεν : ἐπεσκ- B.

vertu, et non des moindres, sont opposées entre elles par nature, et engendrent, dans les esprits où elles résident, les mêmes oppositions ?

Socrate le Jeune. — Il semble bien.

Le royal tisserand et la fusion des contraires.

L'Etranger. — Prenons maintenant le point suivant.

Socrate le Jeune. — Lequel ?

c L'Etranger. — Demandons-nous, si, parmi les sciences combinatoires, il en est une qui, pour composer l'une ou l'autre de ses œuvres, fût-ce la plus humble, accepte d'employer les mauvais comme les bons éléments, ou si l'effort de toute science n'est pas, en tout domaine, d'éliminer le plus possible les éléments mauvais, de conserver les éléments utiles et bons et, que ceux-ci soient semblables ou dissemblables, de les fondre tous ensemble dans une œuvre qui soit parfaitement une par les propriétés et la structure.

Socrate le Jeune. — Comment donc !

d L'Etranger. — Notre politique, la politique vraiment conforme à la nature, ne choisira donc jamais de prendre en tas bons et méchants pour constituer une cité, mais elle commencera évidemment par soumettre ses sujets à l'épreuve du jeu, puis l'épreuve achevée, les confiera à des éducateurs compétents et qualifiés pour ce service, non d'ailleurs sans garder le commandement et la direction, comme fait la science du tisserand à l'égard des cardeurs et de tous autres aides qui lui préparent les matériaux qu'elle ourdira, se tenant toujours auprès
e d'eux pour commander et diriger tous leurs mouvements, et leur assignant à chacun les besognes qu'elle estime utiles pour son propre travail de tissage [1].

Socrate le Jeune. — Parfaitement.

L'Etranger. — Or, ainsi fera, je crois, la science royale à l'égard de tous ceux qui, sous l'égide des lois, dispensent l'instruction et l'éducation : elle se réservera l'autorité directive, ne leur permettra aucun exercice qui ne tende à faciliter son propre amalgame en formant des caractères qui s'y prêtent, et leur recommandera de ne rien enseigner que dans

1. Épreuve des caractères par le jeu, *Lois* 646-50 (cp. *Rép.* 558 b) ; cardeurs, aides du tissage, *supra*, 282 sq. ; l'éducation, ministère d'État, *Lois* 765 d/6 b.

ὅτι μόρια ἀρετῆς οὐ σμικρὰ ἀλλήλοις διαφέρεσθον φύσει
καὶ δὴ καὶ τοὺς ἴσχοντας δρᾶτον τὸ αὐτὸ τοῦτο;

ΝΕ. ΣΩ. Κινδυνεύετον.

ΞΕ. Τόδε τοίνυν αὖ λάβωμεν.

ΝΕ. ΣΩ. Τὸ ποῖον;

ΞΕ. Εἴ τίς που τῶν συνθετικῶν ἐπιστημῶν πρᾶγμα c
ὁτιοῦν τῶν αὑτῆς ἔργων, κἂν εἰ τὸ φαυλότατον, ἑκοῦσα
ἐκ μοχθηρῶν καὶ χρηστῶν τινων συνίστησιν, ἢ πᾶσα
ἐπιστήμη πανταχοῦ τὰ μὲν μοχθηρὰ εἰς δύναμιν ἀποβάλλει,
τὰ δὲ ἐπιτήδεια καὶ τὰ χρηστὰ ἔλαβεν, ἐκ τούτων δὲ καὶ
ὁμοίων καὶ ἀνομοίων ὄντων, πάντα εἰς ἓν αὐτὰ συνάγουσα,
μίαν τινὰ δύναμιν καὶ ἰδέαν δημιουργεῖ.

ΝΕ. ΣΩ. Τί μήν;

ΞΕ. Οὐδ᾽ ἄρα ἡ κατὰ φύσιν ἀληθῶς οὖσα ἡμῖν πολιτικὴ d
μή ποτε ἐκ χρηστῶν καὶ κακῶν ἀνθρώπων ἑκοῦσα εἶναι
συστήσηται πόλιν τινά, ἀλλ᾽ εὔδηλον ὅτι παιδιᾷ πρῶτον
βασανιεῖ, μετὰ δὲ τὴν βάσανον αὖ τοῖς δυναμένοις παι-
δεύειν καὶ ὑπηρετεῖν πρὸς τοῦτ᾽ αὐτὸ παραδώσει, προστάτ-
τουσα καὶ ἐπιστατοῦσα αὐτή, καθάπερ ὑφαντικὴ τοῖς τε
ξαίνουσι καὶ τοῖς τἆλλα προπαρασκευάζουσιν ὅσα πρὸς
τὴν πλέξιν αὐτῆς συμπαρακολουθοῦσα προστάττει καὶ
ἐπιστατεῖ, τοιαῦτα ἑκάστοις ἐνδεικνῦσα τὰ ἔργα ἀπο- e
τελεῖν οἷα ἂν ἐπιτήδεια ἡγῆται πρὸς τὴν αὑτῆς εἶναι
συμπλοκήν.

ΝΕ. ΣΩ. Πάνυ μὲν οὖν.

ΞΕ. Ταὐτὸν δή μοι τοῦθ᾽ ἡ βασιλικὴ φαίνεται πᾶσι
τοῖς κατὰ νόμον παιδευταῖς καὶ τροφεῦσιν, τὴν τῆς
ἐπιστατικῆς αὐτὴ δύναμιν ἔχουσα, οὐκ ἐπιτρέψειν ἀσκεῖν
ὅτι μὴ τις πρὸς τὴν αὑτῆς σύγκρασιν ἀπεργαζόμενος ἦθός
τι πρέπον ἀποτελεῖ, ταῦτα δὲ μόνα παρακελεύεσθαι

b 8 δρᾷ τὸν T || **c** 5 τά² om. B || **d** 2 μηδέποτε T || 3 τινα πόλιν TW || παιδιᾷ: -δεία W || **e** 1 ἀποτελεῖ TY || 2 ἡγεῖται ut uid. W¹ || αὑτῆς: αὐτοῖς Y || 5 ἡ post τοῦθ᾽ om. B || φαίνηται W || 7 αὐτη YW || ἐπιτρέψειν: -πειν T¹YW¹.

cet esprit. S'il est des caractères à qui l'on ne puisse communiquer l'énergie, la tempérance et tous les autres penchants vertueux, et que la fougue d'une nature mauvaise pousse au
309 a contraire à l'athéisme, à la démesure et l'injustice, elle s'en débarrasse par des sentences de mort ou d'exil et par les peines les plus infamantes [1].

Socrate le Jeune. — Du moins c'est bien un peu la doctrine habituelle.

L'Etranger. — Ceux qui se vautrent dans l'ignorance et l'abjection, elle les plie au joug de l'esclavage.

Socrate le Jeune. — Très bien.

L'Etranger. — Quant aux autres, assez bien nés pour
b qu'un bon dressage les puisse former aux vertus généreuses et une méthode experte les amalgamer les uns aux autres, s'ils sont plutôt portés vers l'énergie, elle estime que la raideur de leur caractère marque leur place dans sa chaîne ; s'ils inclinent vers la modération, elle trouve en eux, pour continuer notre image, l'étoffe souple et molle de la trame [2], et leurs tendances étant opposées, elle s'efforce de les lier ensemble et de les entrecroiser de la façon suivante.

Socrate le Jeune. — De quelle façon ?

c L'Etranger. — Elle assemble d'abord, suivant les parentés, la partie éternelle de leur âme avec un fil divin, puis, après cette partie divine, assemble la partie animale avec des fils humains.

Socrate le Jeune. — Que veux-tu dire encore par là ?

L'Etranger. — Si, à propos du beau, du bien, du juste et de leurs contraires, une opinion réellement vraie et ferme vient à s'établir dans les âmes, je dis que c'est quelque chose de divin réalisé dans une race démonique [3].

Socrate le Jeune. — Il convient assurément de le dire.

d L'Etranger. — Or, ne savons-nous pas que le politique

1. Athéisme, négation ou mépris des dieux (*Lois* 967 c ; *Ep*. VII, 337 b) ; puni de prison ou de mort (*Lois*, 907 e sq. *Autour de Platon*, 578-81). La mort pour les inéducables, cf. *Rép*. 410 a.

2. Chaîne et trame, gouvernants et gouvernés *Lois*, 734 e.

3. Partie éternelle, partie animale, *Timée* 69 c-71 a ; l'opinion vraie et ferme (*Timée* 37 b, *Lois* 653, cp. *Ménon* 98 a) a pour facteurs la loi, l'éducation, l'expérience du disciple (*Lois* 659 d).

παιδεύειν· καὶ τοὺς μὲν μὴ δυναμένους κοινωνεῖν ἤθους ἀνδρείου καὶ σώφρονος ὅσα τε ἄλλα ἐστὶ τείνοντα πρὸς ἀρετήν, ἀλλ' εἰς ἀθεότητα καὶ ὕβριν καὶ ἀδικίαν ὑπὸ κακῆς 309 a
βίᾳ φύσεως ἀπωθουμένους, θανάτοις τε ἐκβάλλει καὶ φυγαῖς καὶ ταῖς μεγίσταις κολάζουσα ἀτιμίαις.

ΝΕ. ΣΩ. Λέγεται γοῦν πως οὕτως.

ΞΕ. Τοὺς δὲ ἐν ἀμαθίᾳ τ' αὖ καὶ ταπεινότητι πολλῇ κυλινδουμένους εἰς τὸ δουλικὸν ὑποζεύγνυσι γένος.

ΝΕ. ΣΩ. Ὀρθότατα.

ΞΕ. Τοὺς λοιποὺς τοίνυν, ὅσων αἱ φύσεις ἐπὶ τὸ γενναῖον ἱκαναὶ παιδείας τυγχάνουσαι καθίστασθαι καὶ b
δέξασθαι μετὰ τέχνης σύμμειξιν πρὸς ἀλλήλας, τούτων τὰς μὲν ἐπὶ τὴν ἀνδρείαν μᾶλλον συντεινούσας, οἷον στημονοφυὲς νομίσασ' αὐτῶν εἶναι τὸ στερεὸν ἦθος, τὰς δὲ ἐπὶ τὸ κόσμιον πίονί τε καὶ μαλακῷ καὶ κατὰ τὴν εἰκόνα κροκώδει διανήματι προσχρωμένας, ἐναντία δὲ τεινούσας ἀλλήλαις, πειρᾶται τοιόνδε τινὰ τρόπον συνδεῖν καὶ συμπλέκειν.

ΝΕ. ΣΩ. Ποῖον δή ;

ΞΕ. Πρῶτον μὲν κατὰ τὸ συγγενὲς τὸ ἀειγενὲς ὂν τῆς c
ψυχῆς αὐτῶν μέρος θείῳ συναρμοσαμένη δεσμῷ, μετὰ δὲ τὸ θεῖον τὸ ζῳογενὲς αὐτῶν αὖθις ἀνθρωπίνοις.

ΝΕ. ΣΩ. Πῶς τοῦτ' εἶπες αὖ ;

ΞΕ. Τὴν τῶν καλῶν καὶ δικαίων πέρι καὶ ἀγαθῶν καὶ τῶν τούτοις ἐναντίων ὄντως οὖσαν ἀληθῆ δόξαν μετὰ βεβαιώσεως, ὁπόταν ἐν ταῖς ψυχαῖς ἐγγίγνηται, θείαν φημὶ ἐν δαιμονίῳ γίγνεσθαι γένει.

ΝΕ. ΣΩ. Πρέπει γοῦν οὕτω.

ΞΕ. Τὸν δὴ πολιτικὸν καὶ τὸν ἀγαθὸν νομοθέτην ἆρ' d

e 11 ἐστὶ om. Y || 309 a 2 ἀπωθουμένους Stallbaum : -ούμενα || 5 τ' αὖ : γ' αὖ W^1 || ταπεινότητος Y || b 4 νομίσασ' Heusde : -σας || 6 διανήματι Cornarius : -νθή- || c 5 τὴν... c 8 γένει habet Stobaeus II, vii, 37 || δικαίων : οἰκείων Y || πέρι καὶ : περὶ Stob. || 7 ταῖς om. B Stob.

et le sage législateur a seul ce privilège de pouvoir, aidé par la muse de la science royale, imprimer une telle opinion dans les esprits qu'a formés la bonne éducation dont nous parlions tout à l'heure[1] ?

Socrate le Jeune. — C'est au moins vraisemblable.

L'Etranger. — Mais n'allons jamais, Socrate, à qui n'a pas ce pouvoir, donner les titres en question.

Socrate le Jeune. — C'est très juste.

L'Etranger. — Eh bien, est-ce qu'une âme énergique ne
e s'apaise pas lorsqu'elle se pénètre ainsi de vérité[2], et n'est-ce pas alors qu'elle s'ouvrirait plus volontiers à des idées de justice, tandis qu'autrement elle tombe plutôt dans une férocité presque bestiale ?

Socrate le Jeune. — Sans aucun doute.

L'Etranger. — Mais que dire du naturel modéré ? De telles opinions ne le rendent-elles pas vraiment tempéré et sage, autant du moins que le requiert la vie en cité, alors que, privé des lumières que nous disons, il s'attire à bon droit une humiliante réputation de niaiserie[3] ?

Socrate le Jeune. — Parfaitement.

L'Etranger. — Ne faut-il pas alors affirmer que ce lien n'entrecroisera jamais de façon durable ni les méchants entre eux ni les méchants avec les bons, et qu'aucune science ne songera jamais sérieusement à s'en servir pour des gens de cette sorte ?

Socrate le Jeune. — Comment y songer, en effet ?

310 a L'Etranger. — C'est seulement dans les caractères en qui la noblesse est innée et entretenue par l'éducation que les lois pourront le faire naître ; c'est pour eux que l'art a créé ce remède ; il est, comme nous le disions, le lien vraiment divin, qui unit entre elles les parties de la vertu, si dissemblables qu'elles soient par nature et si contraires que puissent être leurs tendances.

1. Le courage, par exemple, est une telle opinion indélébile (δευσοποιός) que la loi crée « par le moyen de l'éducation » (*Rép.* 429 c-30 a).

2. Pour ce qui suit, cf. *Rép.* 375/6 : courage et douceur des chiens de garde ; — 410 e-12 b : par une culture modérée de la « musique », l'homme énergique s'adoucit et perd sa rudesse ; adonné à la seule gymnastique, il vit comme une bête féroce (Chambry, p. 131).

3. Modération et niaiserie, cf. *Rép.* 348 c, 400 e ; [Lysias] 26, 2.

ἴσμεν ὅτι προσήκει μόνον δυνατὸν εἶναι τῇ τῆς βασιλικῆς μούσῃ τοῦτο αὐτὸ ἐμποιεῖν τοῖς ὀρθῶς μεταλαβοῦσι παιδείας, οὓς ἐλέγομεν νυνδή ;

ΝΕ. ΣΩ. Τὸ γοῦν εἰκός.

ΞΕ. Ὃς δ' ἂν δρᾶν γε, ὦ Σώκρατες, ἀδυνατῇ τὸ τοιοῦτον, μηδέποτε τοῖς νῦν ζητουμένοις ὀνόμασιν αὐτὸν προσαγορεύωμεν.

ΝΕ. ΣΩ. Ὀρθότατα.

ΞΕ. Τί οὖν ; ἀνδρεία ψυχὴ λαμβανομένη τῆς τοιαύτης
ἀληθείας ἆρ' οὐχ ἡμεροῦται καὶ τῶν δικαίων μάλιστα οὕτω e
κοινωνεῖν ἂν ἐθελήσειεν, μὴ μεταλαβοῦσα δὲ ἀποκλινεῖ μᾶλλον πρὸς θηριώδη τινὰ φύσιν ;

ΝΕ. ΣΩ. Πῶς δ' οὔ ;

ΞΕ. Τί δὲ τὸ τῆς κοσμίας φύσεως ; ἆρ' οὐ τούτων μὲν μεταλαβὸν τῶν δοξῶν ὄντως σῶφρον καὶ φρόνιμον, ὥς γε ἐν πολιτείᾳ, γίγνεται, μὴ κοινωνῆσαν δὲ ὧν λέγομεν ἐπονείδιστόν τινα εὐηθείας δικαιότατα λαμβάνει φήμην ;

ΝΕ. ΣΩ. Πάνυ μὲν οὖν.

ΞΕ. Οὐκοῦν συμπλοκὴν καὶ σύνδεσμον τοῦτον τοῖς μὲν κακοῖς πρὸς σφᾶς αὐτοὺς καὶ τοῖς ἀγαθοῖς πρὸς τοὺς κακοὺς μηδέποτε μόνιμον φῶμεν γίγνεσθαι, μηδέ τινα ἐπιστήμην αὐτῷ σπουδῇ πρὸς τοὺς τοιούτους ἂν χρῆσθαί ποτε ;

ΝΕ. ΣΩ. Πῶς γάρ ;

ΞΕ. Τοῖς δ' εὐγενέσι γενομένοις τε ἐξ ἀρχῆς ἤθεσι 310 a
θρεφθεῖσί τε κατὰ φύσιν μόνοις διὰ νόμων ἐμφύεσθαι, καὶ ἐπὶ τούτοις δὴ τοῦτ' εἶναι τέχνῃ φάρμακον, καὶ καθάπερ εἴπομεν τοῦτον θειότερον εἶναι τὸν σύνδεσμον ἀρετῆς μερῶν φύσει ἀνομοίων καὶ ἐπὶ τὰ ἐναντία φερομένων.

d 3 ἐμποιεῖν : ποιεῖν W || 6 γε : τε TY || ἀδυνατεῖ Y || e 2 ἀποκλινεῖ Burnet : -κλίνει || 3 πρός : εἰς Y || 6 μεταλαβόντων δοξῶν B || φρόνιμον B : κόσμιον || 10 σύνδεσμον : δεσμὸν B || 12 φῶμεν γίγνεσθαι μόνιμον TY || **310 a** 1 τε ed. : γε codd. || γε ἐξ ἀρχῆς γενομένοις TYW || 3 τούτοις : τούτους B || εἶναι : οὖν Y || καὶ om. B || 4 θειότατον BY || 5 φύσει Steph. e Fic. : -εως.

Socrate le Jeune. — C'est la vérité même.

Les liens humains : mariages et alliances.

L'Etranger. — Quant aux autres liens, purement humains, il n'est plus difficile, une fois ce lien créé, ni de les concevoir, ni, les ayant conçus, de les réaliser.

b Socrate le Jeune. — Comment cela, et de quels liens s'agit-il ?

L'Etranger. — De ceux que créent, entre cités, les mariages qu'elles autorisent et l'échange qu'elles font de leurs jeunesses, et, entre particulier, les filles qu'ils établissent et les mariages qu'ils contractent. Or, la plupart contractent ces alliances dans des conditions défavorables pour la procréation des enfants.

Socrate le Jeune. — Comment cela ?

L'Etranger. — Qu'on poursuive, en cette occasion, des buts d'argent et de puissance, cela vaut-il même l'honneur d'une critique [1] ?

Socrate le Jeune. — Pas même.

L'Etranger. — Nous ferons mieux de parler des gens que
c préoccupe le souci de la race, et de montrer en quoi leur façon d'agir est erronée.

Socrate le Jeune. — C'est juste.

L'Etranger. — Or, ils agissent en dehors de toute raison droite, ils ne poursuivent que la commodité immédiate, et, s'attachant à leurs pareils, pleins d'aversion pour les autres, se laissent guider surtout par leurs antipathies [2].

Socrate le Jeune. — Comment ?

L'Etranger. — Les modérés cherchent des gens de leur humeur, prennent autant que possible leurs femmes dans
d ce milieu, et, en retour, y marient leurs filles ; ainsi font, d'ailleurs, ceux de la race énergique, voulant retrouver leur propre nature, alors que l'une et l'autre race devraient faire tout le contraire.

Socrate le Jeune. — Comment et pourquoi ?

1. Les *Lois* essaieront de détourner par la honte ceux qui, dans le mariage, n'ont en vue que l'argent (773 d/e).

2. C'est l'avantage de la Cité qu'il faut chercher dans les mariages, non son plaisir propre, mais chacun va naturellement vers son pareil (*Lois* 773 b).

ΝΕ. ΣΩ. Ἀληθέστατα.

ΞΕ. Τοὺς μὴν λοιπούς, ὄντας ἀνθρωπίνους δεσμούς, ὑπάρχοντος τούτου τοῦ θείου σχεδὸν οὐδὲν χαλεπὸν οὔτε ἐννοεῖν οὔτε ἐννοήσαντα ἀποτελεῖν.

ΝΕ. ΣΩ. Πῶς δή, καὶ τίνας; b

ΞΕ. Τοὺς τῶν ἐπιγαμιῶν καὶ παίδων κοινωνήσεων καὶ τῶν περὶ τὰς ἰδίας ἐκδόσεις καὶ γάμους. Οἱ γὰρ πολλοὶ τὰ περὶ ταῦτα οὐκ ὀρθῶς συνδοῦνται πρὸς τὴν τῶν παίδων γέννησιν.

ΝΕ. ΣΩ. Τί δή;

ΞΕ. Τὰ μὲν πλούτου καὶ δυνάμεων ἐν τοῖς τοιούτοις διώγματα τί καί τις ἂν ὡς ἄξια λόγου σπουδάζοι μεμφόμενος;

ΝΕ. ΣΩ. Οὐδέν.

ΞΕ. Μᾶλλον δέ γε δίκαιον τῶν περὶ τὰ γένη ποιουμένων
ἐπιμέλειαν τούτων πέρι λέγειν, εἴ τι μὴ κατὰ τρόπον c
πράττουσιν.

ΝΕ. ΣΩ. Εἰκὸς γὰρ οὖν.

ΞΕ. Πράττουσι μὲν δὴ οὐδ' ἐξ ἑνὸς ὀρθοῦ λόγου, τὴν ἐν τῷ παραχρῆμα διώκοντες ῥαστώνην καὶ τῷ τοὺς μὲν προσομοίους αὐτοῖς ἀσπάζεσθαι, τοὺς δ' ἀνομοίους μὴ στέργειν, πλεῖστον τῇ δυσχερείᾳ μέρος ἀπονέμοντες.

ΝΕ. ΣΩ. Πῶς;

ΞΕ. Οἱ μέν που κόσμιοι τὸ σφέτερον αὐτῶν ἦθος ζητοῦσι, καὶ κατὰ δύναμιν γαμοῦσί τε παρὰ τούτων καὶ τὰς
ἐκδιδομένας παρ' αὐτῶν εἰς τοιούτους ἐκπέμπουσι πάλιν· d
ὡς δ' αὔτως τὸ περὶ τὴν ἀνδρείαν γένος δρᾷ, τὴν αὑτοῦ μεταδιῶκον φύσιν, δέον ποιεῖν ἀμφότερα τὰ γένη τούτων τοὐναντίον ἅπαν.

ΝΕ. ΣΩ. Πῶς, καὶ διὰ τί;

a 7 μὴν : μὲν Y || 8 οὐδὲν : οὐ Y || 8-9 οὔτε ἐννοεῖν om. B || b 8 διώγματα τί (sed Δό (i. e. δόγματα) i. m. T) : -μάτι Y || c 1 εἴ τι : ὅτι Y || 4 μὲν δὴ B : μὴν δὴ W μὴν TY || 10 τε : τε καὶ B || d 1 τοιούτους : τούτους B || 2 δρᾷ : δρᾶν Y.

L'ÉTRANGER. — Parce qu'il est naturel à l'énergie, si elle reste plusieurs générations sans aucun mélange avec le caractère tempéré, de donner tout l'éclat de sa force au début pour dégénérer finalement en de vraies folies furieuses.

SOCRATE LE JEUNE. — C'est l'issue vraisemblable.

L'ÉTRANGER. — D'autre part, une âme trop pleine de ré-
e serve et qui, au lieu de s'allier à l'audace énergique, se reproduit telle quelle pendant plusieurs générations, ne peut que devenir nonchalante à l'excès et finir dans un état d'infirmité complète.

SOCRATE LE JEUNE. — Cela encore est vraisemblable.

L'ÉTRANGER. — Voilà donc de quels liens je disais qu'ils ne seraient nullement difficiles à former, pourvu seulement que ces deux races aient la même opinion sur le bien et le mal. Car c'est là toute la fonction de ce royal art de tissage : de ne jamais laisser laisser le divorce s'établir entre le caractère tempéré et le caractère énergique, de les ourdir ensemble, au contraire, par la communauté d'opinions, d'honneurs, de gloires, par l'échange mutuel de gages, pour en faire un tissu souple et, comme on dit, bien serré, et leur confier
311 a toujours en commun les magistratures dans les cités [1].

SOCRATE LE JEUNE. — Comment ?

L'ÉTRANGER. — Là où il faut un seul chef, en choisir un qui ait ce double caractère ; là où il en faut plusieurs, faire les parts égales aux deux natures. Les gens d'humeur tempérée sont, en effet, des gens très circonspects, justes, et qui ne risquent rien, mais à qui manque le mordant et cet allant résolu qui est fait pour l'action [2].

SOCRATE LE JEUNE. — Cela aussi semble vrai.

b L'ÉTRANGER. — Les énergiques, à leur tour, manquent davantage de justice et de circonspection, mais, lorsqu'il faut agir, ils ont plus d'allant que personne. Aussi est-il impossi-

1. Même image, *Lois* 734 e/5 a ; autre image et même idée, 773 c/d : « Il n'est pas facile de comprendre que la Cité se doit mélanger et doser comme une coupe : le vin qu'on y verse tout seul bouillonne en furieux, mais, corrigé par une divinité plus sobre, il devient, par cette alliance, un breuvage sain et modéré. »

2. Le substantif « allant » ἰταμότης, ne se rencontre qu'ici ; l'adjectif ἰταμός (au lieu de ἴτης, *Banquet* 203 d, *Protag.* 349 e, 359 c/d), ici et *Lois* 773 b : corriger le caractère « trop allant, et qui se porte trop vite vers toute action qui se présente ».

ΞΕ. Διότι πέφυκεν ἀνδρεία τε ἐν πολλαῖς γενέσεσιν
ἄμεικτος γεννωμένη σώφρονι φύσει κατὰ μὲν ἀρχὰς ἀκμά-
ζειν ῥώμῃ, τελευτῶσα δὲ ἐξανθεῖν παντάπασι μανίαις.

ΝΕ. ΣΩ. Εἰκός.

ΞΕ. Ἡ δὲ αἰδοῦς γε αὖ λίαν πλήρης ψυχὴ καὶ ἀκέ-
ραστος τόλμης ἀνδρείας, ἐπὶ δὲ γενεὰς πολλὰς οὕτω e
γεννηθεῖσα, νωθεστέρα φύεσθαι τοῦ καιροῦ καὶ ἀποτελευ-
τῶσα δὴ παντάπασιν ἀναπηροῦσθαι.

ΝΕ. ΣΩ. Καὶ τοῦτ' εἰκὸς οὕτω συμβαίνειν.

ΞΕ. Τούτους δὴ τοὺς δεσμοὺς ἔλεγον ὅτι χαλεπὸν
οὐδὲν συνδεῖν ὑπάρξαντος τοῦ περὶ τὰ καλὰ κἀγαθὰ μίαν
ἔχειν ἀμφότερα τὰ γένη δόξαν. Τοῦτο γὰρ ἓν καὶ ὅλον
ἐστὶ βασιλικῆς συνυφάνσεως ἔργον, μηδέποτε ἐᾶν ἀφίστα-
σθαι σώφρονα ἀπὸ τῶν ἀνδρείων ἤθη, συγκερκίζοντα δὲ
ὁμοδοξίαις καὶ τιμαῖς καὶ δόξαις καὶ ὁμηρειῶν ἐκδόσεσιν
εἰς ἀλλήλους, λεῖον καὶ τὸ λεγόμενον εὐήτριον ὕφασμα
συνάγοντα ἐξ αὐτῶν, τὰς ἐν ταῖς πόλεσιν ἀρχὰς ἀεὶ 311 a
κοινῇ τούτοις ἐπιτρέπειν.

ΝΕ. ΣΩ. Πῶς;

ΞΕ. Οὗ μὲν ἂν ἑνὸς ἄρχοντος χρεία συμβαίνῃ, τὸν
ταῦτα ἀμφότερα ἔχοντα αἱρούμενον ἐπιστάτην· οὗ δ' ἂν
πλειόνων, τούτων μέρος ἑκατέρων συμμειγνύντα. Τὰ μὲν
γὰρ σωφρόνων ἀρχόντων ἤθη σφόδρα μὲν εὐλαβῆ καὶ δίκαια
καὶ σωτήρια, δριμύτητος δὲ καί τινος ἰταμότητος ὀξείας
καὶ πρακτικῆς ἐνδεῖται.

ΝΕ. ΣΩ. Δοκεῖ γοῦν δὴ καὶ τάδε.

ΞΕ. Τὰ δ' ἀνδρεῖά γε αὖ πρὸς μὲν τὸ δίκαιον καὶ εὐλα- b
βὲς ἐκείνων ἐπιδεέστερα, τὸ δὲ ἐν ταῖς πράξεσι ἰταμὸν
διαφερόντως ἴσχει. Πάντα δὲ καλῶς γίγνεσθαι τὰ περὶ τὰς

d 10 γε : τε B || e 6 ξυνδεῖν ὑπάρξαντος W (-ξον- TY) : ξυνυπάρ-
ξαντος B || 8 συνυφάνσεως : ξυνφύσεως B || 10 καὶ τιμαῖς καὶ ἀτιμίαις
TW || 311 a 6 τὰ μὲν... a 10 γοῦν δὴ habet Stobaeus IV, v, 103 ||
10 δὴ : μὴ Y || καὶ τάδε om. Stob. || b 1 τὰ δ' om. TY || 2 ἰταμὸν
Ast : τὸ μὲν.

ble que tout arrive à bien dans les cités pour les particuliers et pour l'Etat, si ces deux caractères ne sont pas associés.

Socrate le Jeune. — Evidemment.

L'Etranger. — Disons donc que voici achevée en droit tissage l'étoffe qu'ourdit l'action politique, lorsque, prenant les caractères humains d'énergie et de tempérance, la science
c royale assemble et unit leurs deux vies par la concorde et l'amitié, et, réalisant ainsi le plus magnifique et le plus excellent de tous les tissus, en enveloppe, dans chaque cité, tout le peuple, esclaves ou hommes libres, les serre ensemble dans sa trame et, assurant à la cité, sans manque ni défaillance, tout le bonheur dont elle peut jouir, commande et dirige.

Socrate. — Encore un excellent portrait, Etranger, celui que tu nous achèves là de l'homme royal et de l'homme politique.

πόλεις ἰδίᾳ καὶ δημοσίᾳ τούτοιν μὴ παραγενομένοιν ἀμφοῖν ἀδύνατον.

ΝΕ. ΣΩ. Πῶς γὰρ οὔ;

ΞΕ. Τοῦτο δὴ τέλος ὑφάσματος εὐθυπλοκίᾳ συμπλακὲν γίγνεσθαι φῶμεν πολιτικῆς πράξεως τὸ τῶν ἀνδρείων καὶ σωφρόνων ἀνθρώπων ἦθος, ὁπόταν ὁμονοίᾳ καὶ φιλίᾳ κοινὸν συναγαγοῦσα αὐτῶν τὸν βίον ἡ βασιλικὴ τέχνη, πάντων c
μεγαλοπρεπέστατον ὑφασμάτων καὶ ἄριστον ἀποτελέσασα [ὥστ' εἶναι κοινόν] τούς τ' ἄλλους ἐν ταῖς πόλεσι πάντας δούλους καὶ ἐλευθέρους ἀμπίσχουσα, συνέχῃ τούτῳ τῷ πλέγματι, καὶ καθ' ὅσον εὐδαίμονι προσήκει γίγνεσθαι πόλει τούτου μηδαμῇ μηδὲν ἐλλείπουσα ἄρχῃ τε καὶ ἐπιστατῇ.

ΣΩ. Κάλλιστα αὖ τὸν βασιλικὸν ἀπετέλεσας ἄνδρα ἡμῖν, ὦ ξένε, καὶ τὸν πολιτικόν.

b 7 συμπλακὲν Y : -πλέκειν B -πλεκὲν TW || 8 φῶμεν : φαμὲν B || c 3 ὥστ' εἶναι κοινόν secl. Ast || 4 ἀμπίσχουσα : ἀμφ- B || 7 κάλλιστα κτλ. maiori Socrati pro minore restituit Schleiermacher.

ERRATA

P. XXIV, n. 1, *au lieu de* 265 c, *lire* 255 e.
P. XLVII, l. 19, *au lieu de* la politique, *lire* le politique.
P. LVII, n. 2, *au lieu de* Raymond, *lire* Reymond.
Sigles, l. 15, *au lieu de* Viguier, *lire* Viger.
Ibid., l. 29, *au lieu de* Raesler, *lire* Raeder.
P. 7, l. 19, *au lieu de* ni nous arrêter à lui imposer à son tour quelque nom, *lire* et laissant à quelque autre le soin d'y mettre un nom.
P. 16, n. 1, dern. l., *au lieu de* $2\sqrt{2}$, *lire* $\sqrt{4}$.
P. 22, n. 1, l. 3, *au lieu de* 28 a, *lire* 28 c.
Ibid., apparat, l. 7, *au lieu de* B || Eusebii O, *lire* B Eusebii O.
P. 29, n. 1, l. 1, *ne pas ouvrir de parenthèse.*
P. 44, l. 16, *au lieu de* d'après nous, ce qui, *lire* d'après nous, chose qui arrive et qui.
P. 58, l. 16 et 21, *au lieu de* dix mille, *lire* mille.
P. 59, l. 10-11, *au lieu de* tout autre art, *lire* toute autre autorité.
P. 69, l. 2, *au lieu de* invivable, *lire* non viable.
P. 75, l. 17, *au lieu de* tout activité, *lire* toute activité.
Ibid., texte, l. 3 (du bas), *au lieu de* ταύτην, *lire* ταύτην ;
P. 80, apparat, l. 3, *au lieu de* ἠρεμαίας, *lire* ἠρεμαίας.
P. 81, texte, l. 5-4 du bas, *au lieu de* ὡς εἰκός γε, *lire* ὡς εἰκός τε, et dans l'apparat l. 5, τε T²W² : γε.
P. 82, l. 27, *au lieu de* ennemi [2] ? *lire* ennemi ?
P. 82, texte, l. 12, *au lieu de* πράττουσιν, *lire* πράττωσιν.

ERRATA

TABLE DES MATIÈRES

Ce volume,
le soixante-dix-huitième
de la série grecque
de la Collection des Universités de France,
publié aux Éditions Les Belles Lettres,
a été achevé d'imprimer
en février 2012
sur presse rotative numérique
de Jouve
11, bd de Sébastopol, 75001 Paris

N° d'édition : 7371
Dépôt légal : mars 2012

Imprimé en France